《国际关系研究》2010 年第 3 辑　总第 18 辑

Energy Politics and Global Economic New Trends

能源政治与世界经济新走向

上海社会科学院世界经济与政治研究院

时 事 出 版 社

目 录

能源政治问题

世界经济新走向

中国对外关系

软权力与国家形象

专题探讨

会议综述

Content

Global Energy Issues

New Trends of Global Economy

China's International Relations

Soft Power and National Image

Theoretical Investigation

Symposium Summaries

能源政治问题

当前国际能源格局对中国的影响及其应对[①]

王　震[*]

内容提要：席卷全球的金融危机使国际市场对于能源的需求一度有所下降，同时也使能源类产品的价格经历了一个“过山车”式的变化，从而推动了传统的国际能源战略格局重新洗牌。对中国来说，金融危机后的国际能源新格局在给我们带来挑战的同时，也为中国能源企业“走出去”创造了良好机遇。面临金融危机影响下的国际能源新形势，中国政府和能源企业果断抓住机遇，积极应对挑战：对内进一步深化能源体制改革与能源结构调整，稳步推进中国的国家能源安全战略。国际能源格局的变化虽然暂时缓解了国际能源供需关系中的短期矛盾，但并未从根本上解决中国当前面临的能源安全问题，因为中国当前所面临的能源供应和供应与运输之间的矛盾并未消除。金融危机对于中国能源行业领域

① 本文部分内容曾发表于张幼文、黄仁伟主编的《2010年中国国际地位报告》一书（人民出版社，2010年版），此处又有较大的更新和修改；上海科学院欧亚研究所余建华研究员曾对本文的写作给予了大量的帮助和指导，特此致谢。

* 王震，上海社会科学院欧亚研究所国际安全研究室助理研究员。

造成的负面影响更可能是一种短期性影响，而中国能源企业在“走出去”过程中所面临的“非市场因素”则可能是长期性的战略性问题。这是因为，能源资源所具有的双重属性决定了某些西方保守势力对与中国开展国际能源合作的担忧和警惕短期内不会消失，但其影响将会越来越有限。而在全球化背景下，由“新能源安全观”和市场因素推动下的互惠型国际能源合作将会日益成为各国的共识和主流。

2008 年以来的全球金融危机不仅导致国际能源市场发生了重大变化，而且推动了国际能源战略格局的调整。对中国而言，国际能源战略格局的快速变化带给我们的机遇和挑战并存。本文主要分析当前国际能源战略格局带给中国的机遇和挑战，以及中国针对金融危机后国际能源格局所采取的国内因应之道。

一、当前国际能源格局带给中国的挑战

随着近年来中国能源对外依存度的不断上升，[①] 国际能源环境对中国经济与社会发展的影响也与日俱增。因此，金融危机后国际能源格局的变化也会不可避免地对中国造成一定影响。概而言之，这些挑战主要集中于以下几点：

首先，对中国能源类行业的短期发展形成了挑战。受金融危机的影响，能源市场一度处于萎缩和不稳定状态。由于能源价格下跌，整个能源与资源类行业收益随之下滑。国际市场如此，国

① 即能源年进口量与本国能源消费总量的比值，是衡量一国能源对外依赖程度和能源安全的重要指标。

内市场也同样如此。以石油为例，自2008年11月起，中国月度石油需求连续五个月持续下降。直到2009年4月，中国月度石油需求才实现同比上升4%，但需求增幅一直处于波动状态。5月增长率进一步提高至5.96%，但6月份同比增长仅为2.58%，而7月增长率为4.21%。① 在出口方面，石油与化工行业的形势也一度恶化。有统计显示，2009年1—3月份，出口交值同比下降24.1%。② 市场需求下降使有关能源企业出现了产能过剩、库存增加和利润下降的情况，与此同时，由于市场的惯性作用，全球油气开采的单位成本并没有随着国际油价的大幅跳水而同步下降，油气与资源企业承受着巨大的成本压力。据统计，2008年前11个月，中国油气开采行业利润总额为4565.76亿元，虽比上年增长了37.2%，但比前8个月回落了17.5%；亏损企业为46家，比上年增长39.4%，亏损面为22.1%；亏损企业亏损额为38.41亿元，比上年增长171.8%。③ 直到2009年3月国内成品油价格上调后，有关能源企业的赢利情况才开始改善，但一些成本较高的海外油气合作项目仍然受到了不同程度的影响。

其次，中国能源企业在"走出去"过程中仍面临一些"非市场"因素。虽然2009年中国能源资源企业海外合作捷报频传，但这些企业在"走出去"过程中仍然面临一些障碍，特别是一些"非市场"因素的消极影响。这些"非市场"因素包括有关国家之间的地缘政治竞争、战略上的不信任，以及通过国际舆论制造的所谓"中国威胁论"等。在金融危机背景下，一些国外能源类企业和中国企业进行合作的意愿大大增加，但是部分西方政客和

① 李远方："中国石油需求量正在摆脱负增长"，《中国商报》2009年10月20日。

② 陈其珏："中国石油和化学工业协会最新报告显示：3月份五大石油公司利润环比猛增160%"，《上海证券报》2009年4月24日。

③ 谢祥俊等："浅析金融危机对我国石油产业的影响和对策"，《中国西部科技》2009年第10期。

保守势力对中国参与海外能源合作的疑虑和敌视并未减少。比如，美国新安全研究中心 2009 年 9 月公布的一份战略报告中指出："能源安全问题不在于中国预订石油供应的努力，而在于中国日益扩大的需求，而这种需求会推高国际油价。更为重要的问题是中国与无赖政权的交往，这与美国的能源安全无关，而是反映出中国有能力破坏针对美国不喜欢的国家实施的制裁。"[①] 这种担心和指责也表明了西方在此问题上一贯奉行的"双重标准"政策。法国学者魏柳南一针见血地指出：在美国看来，中国在中东和非洲地区的能源外交活动"直接影响了美国的能源安全战略"。他认为，表面上美国谴责中国同一些所谓的"流氓国家"建立紧密联系，实际上"揭露一些政体的弊端也仅仅是美欧争夺利益的战略手段，而与真正存在这些问题的国家毫不相干"。[②]

最后，金融危机暂时缓解了国际能源供需紧张的局面，但并未从根本上缓解中国当前面临的能源安全局势。一方面，中国对于能源资源刚性需求不断上升的局面并未发生根本性变化。以石油为例，2008 年全年石油净进口量高达 2.0067 亿吨，同比增长 9.5%，石油和原油对外依存度分别达到 52% 和 48%。[③] 2009 年，虽然出现了严重的国际金融危机，但全年石油进口仍出现了接近 10%的增长。由于中国目前仍处于工业化和城市化加速发展的阶段，由此产生的能源与资源需求在未来一段时期内仍将呈现出刚性上升的势头。工业与制造业目前仍是中国能源消费的重点行业，占中国整个能源消费的三分之二，而且仍呈现不断增长的势头。以汽车行业为例，2008－2009 年全球车市一片低迷，

① 亚伯拉罕·丹马克、尼拉夫·帕特尔主编：《中国登场：创建一种全球关系的战略框架》，美国新安全研究中心网站 2009 年 9 月，http: //www.cnas.org/files/documents/publications/CNAS%20China's%20Arrival _ Final%20Report.pdf。

② [法] 魏柳南著，王宝泉、叶寅晶译：《中国的威胁?》，人民日报出版社，2009 年版，第 132—133 页。

③ 田春荣："2008 年中国石油进出口状况分析"，《国际石油经济》2009 年第 3 期。

唯有中国汽车产销市场“风景这边独好”。据中国汽车协会发布的数据显示：2009 年国内汽车产、销量分别为 1379.10 万辆和 1364.48 万辆，同比增长 48.3％和 46.1％。[①] 有人估计，到 2030 年，中国的汽车保有量将达到 3.7 亿辆，届时将不可避免地引发更多的能源需求。2009 年 11 月，突如其来的寒流引发了中国诸多地区一场大面积的“气荒”，其中部分城市的燃气供应缺口高达 40％。杭州、武汉、重庆等城市不得不采取了限供、停供等紧急措施。这次“气荒”，除了天气影响及调峰能力不足之外，还缘于中国天然气供应脆弱的平衡状态。因此，在未来相当长的一段时间内，能源与资源问题仍然是制约中国经济与社会发展的重要瓶颈。

另一方面，中国面临的能源供应来源和能源运输安全问题仍未得到根本性解决。中国对外能源合作大多集中于政治动荡与社会冲突高发的国家和地区，存在着较高的政治与安全风险。以石油为例，目前中国大约 60％的原油进口来自中东地区，这里的伊拉克、伊朗、苏丹、也门等国或是国内政治局势不稳，或是与美国等西方国家的关系相对紧张，长期面临国际制裁的风险。非洲作为中国另一个主要能源合作伙伴，提供了中国所需原油进口总量的 30％，但非洲的安哥拉、尼日利亚、阿尔及利亚、利比亚、苏丹等国也面临国内动荡或西方制裁等问题。此外，海外能源运输安全问题上也存在很大风险。目前中国进口石油的 90％经海路运输，进口原油的 80％要穿过马六甲海峡。原油运输的必经之路如印度洋亚丁湾、索马里海域以及马六甲海峡正是海盗活动猖獗的地区，这都在无形中增加了中国企业参与海外能源合作的安全成本，也是中国能源安全的重要潜在风险来源。

---

① 李康：“1364 万辆：2009 年中国汽车销量冠称全球”，《深圳商报》2010 年 1 月 13 日。

二、国际能源格局变化带给中国的机遇

国际能源格局的调整在给我们带来挑战的同时，也带来了一些前所未有的发展机遇。总体上看，机遇多于挑战。

首先，国际能源格局的微妙变化降低了中国能源企业走向海外、参与国际能源合作的成本，为中国推行“多元化”国际能源战略提供了前所未有的“战略机遇期”。如前所述，金融危机使得国际市场上的能源资源价格大幅下降，一些国家和企业开始推出了一系列的优惠政策以吸引国际投资。与此同时，中国能源企业受金融危机影响较小，加上国家在外汇财政方面的支持，具有参与国际并购与合作的相对优势。有业界人士指出，“此次全球金融危机发生前，中国企业也并非没有海外并购的意图和打算，但当时受制于海外能源价格过高，中国企业根本无法出手；金融危机发生后，中外企业实力对比的变化，为中国企业带来了更多优势”。[①] 自金融危机发生以来，中国能源企业充分利用这一“战略机遇期”，通过各种积极参与国际能源战略合作，并取得了辉煌的战绩。据麦肯锡公司最新的一项研究显示，2009 年上半年，在全球跨境并购规模同比下降 35％的情况下，中国企业的海外收购总额同比增加 40％，仅次于德国，居世界第二位，其中能源与资源类的并购占了相当大的份额。[②] 目前，中国石油企业已在全球 50 多个国家开展 100 多个国际油气合作项目。统计显示，截至 2008 年底，中国企业累计获得境外石油剩余探明可采储量超过 12 亿吨，天然气剩余可采储量超过 2200 亿立方米。

---

① 张瑶瑶：“中国企业海外能源并购能否承受成本之重?”，《中国会计报》2009 年 8 月 28 日。

② 张宇：“能源巨头加速海外扩张，并购高潮或将到来”，《证券日报》2009 年 8 月 14 日。

2008年中国企业境外原油权益产量约4500万吨，天然气权益产量约60亿立方米。[①] 2009年，中国的海外能源合作更是一路高歌猛进，与俄罗斯、中亚、中东、非洲、拉美等能源生产国陆续签署了一批长期能源合作协议，和美国在清洁能源合作领域也取得了新进展。中国海外能源合作已经突破了单一的购买煤炭和油气资源的模式，合作对象也不再仅仅局限于能源生产国，已经发展成为全方位、多层次的国际能源安全合作。

其次，在金融危机背景下，中国能源企业参与国际合作的外部环境大幅改善。曾经喧嚣一时的“中国能源威胁论”虽未完全销声匿迹，但其赖以存在的国际空间被大大压缩。能源领域的合作既具有一般商业合作的属性，又不同于普通的商业合作。正如德勤公司全球油气业务负责人阿迪·卡莱夫（Adi Karev）所说，石油毕竟是一种战略性资源，“一谈到石油，就涉及国家安全，马上会引起政治敏感度的上升”。[②] 正是由于能源资源的双重属性，中国的海外能源合作一开始就面临严峻的外部环境。特别是在油价高企的情况下，中国更是被当成了推动国际油价高涨的替罪羊，“中国能源威胁论”也一度喧嚣尘上。不管是出于无知的盲从还是别有用心的炒作，“中国能源威胁论”在客观上恶化了中国实施海外能源战略的外部环境，甚至直接导致了2005年中海油收购美国优尼科石油公司计划流产。在金融危机的严峻形势下，一些国家和企业迫于经济压力，从一开始对中国的猜忌与排斥转而开始积极地谋求合作，寄望通过国际能源合作摆脱困境。因此，国际社会中关于“中国能源威胁论”的鼓噪有所减弱，中国企业参与国际合作的外部环境大大改善。一些地方甚至还出现了“中国机遇论”，英

① 潘继平等：“中国境外油气勘探开发的机遇、挑战和对策”，《国际石油经济》2009年第5期。

② 卢向前：“世界经济复苏与中国石油公司的海外收购：专访德勤全球油气资源负责人Adi Karev（阿迪·卡莱夫）先生”，《国际石油经济》2009年第11期。

国《金融时报》援引汇丰银行（HSBC）的数据指出，从2001—2008年，中东与亚洲之间的贸易增长超过5倍，从1100亿美元增长到了6000亿美元，而且中国已经超越美国成为对中东地区最大的出口国。全球经济危机有望加速这一趋势，因为海湾投资者期望能分享亚洲较快速的复苏。[①]

最后，国际能源形势的变化为中国进行石油战略储备、推进国内能源体制改革提供了机会。中国的能源体制改革因为涉及多方利益，一直是改革过程中的难点。在国际能源价格居高不下的情况下，能源价格机制和管理体制领域的改革不仅成本高昂，而且困难重重。国际能源格局的挑战则为这一领域的改革扫清了部分障碍，成为推动中国能源体制改革的难得机遇。2003年中国正式启动了国家战略石油储备基地的建设工作。2004年3月开始，中国第一期选定的四个国家战略石油储备基地——宁波镇海、舟山岱山、青岛黄岛和大连新港相继开工建设。但由于国际能源价格连续走高，石油战略储备不仅成本高昂，而且进展缓慢。金融危机发生后，国际油价持续回落，为中国开展石油战略储备创造了难得机遇。到2008年底，一期工程的四大基地均已建成并开始注油运营，一期工程的石油总储备量为1640万立方米，约合原油1400万吨。2009年9月，位于新疆独山子等地的第二期战略石油储备基地规划也相继完成规划并开工建设，第二期战略石油储备基地库容将达2680万立方米，约合原油2300万吨。一、二期战略石油储备基地工程完成后，中国的战略石油储备可用天数分别达到20天和30天。与此同时，中国能源企业的商业石油储备建设也抓紧推进。2008年12月，中石油位于新疆鄯善的国家级原油商业储备库一期工程建成并开始注油。鄯善储备库由10座单罐容积为10万立方米的储油罐组成，总投资65亿元。此外，中石化位于镇海岚山的商业原油储备基地工程也通

① 安德鲁·英格兰："新丝绸之路"，[英]《金融时报》2009年12月18日。

过中交验收，岚山基地的库容约为380万立方米。这标志着中国以国家战略储备和商业储备相结合的石油储备体系正在逐步形成。

三、国际能源新格局下的国内因应之道

除了利用国际能源格局变化的有利时机加快石油战略储备建设，进一步推行“走出去”的能源安全战略外，中国政府还着眼于自身，对内继续加强能源政策与管理机制的建设，将能源安全与节能减排、环境保护、新能源产业发展等统筹协调。这一努力集中体现在三个方面：加快完善能源产业领域的政策法规；继续推进国内能源体制改革；大力发展新能源产业。

1. 加快完善能源产业领域的政策法规。这些政策法规主要包括两个方面的内容：一是关于节能环保方面的政策与法律规范；二是关于能源产业领域的行业规范。它们有的是经过全国人大审议后通过的法律制度，有的则是职能监管部门拟定的行业管理规范。

根据全面建设小康社会的总体要求，中国“十一五”期间要努力实现人均国内生产总值比2000年翻一番，资源利用效率显著提高，单位国内生产总值能源消耗降低20%左右，主要污染物排放总量减少10%。为此，2007年6月国务院出台了《节能减排综合性工作方案》，明确了2010年中国实现节能减排的目标任务和总体要求。2009年7月19日，国务院又出台《2009年节能减排工作安排》，强调2009年是实现“十一五”节能减排目标具有决定性意义的一年。在节能环保领域，继2003年实施的

《清洁生产法》之后，[①] 最重要的莫过于2008年4月起新修订的《节约能源法》正式实施。与1998年起施行的《节约能源法》相比，这部于2007年10月十届全国人大常委会表决通过的新版《节约能源法》在法律层面将节约资源确定为中国的“基本国策”。[②] 为积极配合《节约能源法》的实施，2008年6月，国家标准委制定了46项与《节约能源法》配套的国家标准。这些配套国家标准正在陆续实施，并将为推广节能减排技术和规范市场秩序提供有力的技术支撑。此外，国务院在2008年8月1日发布了《民用建筑节能条例》，就民用建筑的节能标准和行业规范进行了明确规定。

在能源产业领域：一方面是对原有法律法规的进一步修订和完善，2001年和2007年国务院两次修订《对外合作开采陆上石油资源条例》，《矿产资源法》、《煤炭法》和《电力法》也在抓紧修订；另一方面是针对实践过程中出现的新问题而制定的新法规，如2007年商务部通过的《原油市场管理办法》和《成品油市场管理办法》，2007年发改委通过的《天然气利用政策》和《煤炭产业政策》，相应地作为正式立法的《能源法》、《循环经济法》和《石油天然气管道保护法》正在抓紧制定。此外还有一些针对具体问题的配套政策措施，如国务院2008年12月下发的《关于实施成品油价格和税费改革的通知》等。

2. 推动能源体制改革进一步深化。能源体制改革包括能源价格机制改革和管理体制改革两部分，如前所述，二者因涉及多方利益，一直是改革过程中的难点。1998年之前，中国原油和成品油实施单一的政府定价模式。1998年后中国对原油和成

---

① 2002年6月29日由九届全国人大常委会通过，2003年1月1日起施行。该法宗旨是促进清洁生产，提高资源利用效率，减少和避免污染物的产生，保护和改善环境，保障人体健康，促进经济与社会可持续发展。

② 全国人民代表大会常务委员会：《中华人民共和国节约能源法（2007修订）》，2007年10月28日。

品油价格形成机制进行重大改革。国内原油价格实现了与国际市场的直接接轨，成品油价格则确立了在政府调控下以市场形成为主的价格形成机制。这种成品油价格机制存在的最大缺憾在于：其定价权仍在较大程度上受政府行政指令的干预，未能有效反映石油资源的稀缺程度、市场供求关系和环境成本。2008 年 7 月下旬以来，国际原油价格的大幅回落为中国成品油价格和税费改革提供了难得的机遇。2008 年 12 月 18 日，国务院下发《关于实施成品油价格和税费改革的通知》，规定从 2009 年 1 月 1 日起实施成品油税费改革。国务院同时决定完善成品油价格形成机制，规定国产陆上原油价格继续与国际市场直接接轨，国内成品油价格继续与国际市场有控制地间接接轨。具体来说，国内成品油出厂价格以国际市场原油价格为基础，外加上国内平均加工成本、税金和适当利润后确定。当一定时期内国际市场原油平均价格变化超过特定水平时，相应调整国内成品油价格。这标志着酝酿多年的成品油价格和税收改革取得了实质性进展，对规范政府收费行为、调整能源消费结构等都具有重大意义。

在能源管理体制方面，近两年来改革步伐也明显加快。2005 年 5 月，国务院决定成立以温家宝总理任组长的国家能源领导小组，主要任务是研究国家能源发展战略和规划以及能源对外合作等重大政策，下设办事机构“国家能源领导小组办公室”。2008 年 3 月，国务院决定成立由国家发展和改革委员会管理的国家能源局，不再保留国家能源领导小组及其办事机构。作为国家主要能源管理部门，国家能源局的具体职责包括：拟订能源发展战略、规划和政策，提出相关体制改革建议；实施对石油、天然气、煤炭、电力等能源的管理；管理国家石油储备；提出发展新能源和能源行业节能的政策措施；开展国际能源合作等。2010 年 1 月，为进一步加强对能源战略的统筹管理，同时作为 2008 年国务院机构改革的后续，经过长期筹备的国家能源委员会正式成立。国家能源委由温家宝总理担任主任，发改委、科技部、工信部、财政部、国土资源部、环保部、交通运输部、水利部、电监会等21个中央和国家部委的负责人担任委员。国家能源委员会成立后的主要职责是：负责研究拟订国家能源发展战略，审议能源安全和能源发展中的重大问题，统筹协调国内能源开发和能源国际合作的重大事项。作为目前中国最高规格的能源管理机构，国家能源委员会既有权威性，又有能源局这个国家能源主管部门作为执行平台，有望在指导国家能源与经济、社会、环境协调发展和战略决策方面发挥更大作用。

3. 大力扶持和发展新能源产业。国际能源资源价格的高涨在很大程度上推动了国际社会寻找可替代能源的努力，并由此推动了新能源产业的快速发展。新能源产业主要是相对于传统的碳氢能源产业而言，目前人们所说的可再生能源或可替代能源主要是指石油、天然气、煤炭等化石燃料以外的能源，主要包括风能、太阳能、水能、生物质能、地热能、海洋能等非化石能源。实际上，对中国而言，在发展碳氢能源之外的可替代能源的同时，还需要发展与碳氢能源有关的一些清洁能源技术，以实现保护环境、降低碳排放的目标。为扶持和推动新能源产业的发展，中国于2005年2月出台了《可再生能源法》，2009年8月又对该法做了进一步的修订。与此同时，还出台了一系列配套的政策法规和实施细则。2007年5月，国务院批准成立了国家核电技术公司，并公布了《国家核电发展专题规划》和《核电中长期发展规划（2005—2020）》。同年9月，国家发改委公布了《可再生能源中长期发展规划》，提出中国可再生能源年利用量占能源消费总量的比重要从目前的8%提高到2020年的15%，2020年可再生能源年利用量要达到 6 万亿吨标准煤,[①] 并确定水电、生物能、风能、太阳能等作为中国可再生能源发展的重点领域。根据相关规划,到 2020 年,中国水电的总装机容量将达到 3 亿千瓦,生物能的装机总容量将达到 3000 万千瓦,生物燃料乙醇的年利用量将达到 1000 万吨,生物柴油的年利用量将达到 200 万吨;全国风电装机总容量将达到 3000 万千瓦,包括:建成若干个风电基地和风电大省;太阳能热水器总集热面积将达到 3 亿平方米,太阳能发电总容量将达到 180 万千瓦;核电运行装机总容量将达到 4000 万千瓦;地热能的年利用量将达到 1200 万吨标准煤。

在国家有关政策的推动和激励下,中国的新能源产业近年来取得了突飞猛进的发展。2007 年风电新增装机容量为 296.17 万千瓦,在建容量为 420 万千瓦;2008 年风电装机容量达到了 1000 万千瓦。太阳能领域,2007 年中国太阳能集热器年产量达 2300 万平方米,总保有量达 10800 万平方米。光伏发电设备新增装机容量为 26 兆瓦,总装机容量为 106 兆瓦。目前光伏产能仅次于德国、日本,90%以上的光伏电池组件和系统销往国外。在生物能利用方面,2004 年国家发改委指定了四家企业从事燃料乙醇的试点产生,目前中国已成为世界第三生物燃料乙醇生产国。2007 年以来,中海油、中石油等相继启动了生物柴油项目建设,预计 2010 年生物柴油产量将达到 200 万吨。核电领域,2007 年六座核电站 13 台机组的发电量已达 906.8 万千瓦。此外,还有多个在建项目,其中三门核电项目采用了世界上最为先进的第三代核电技术。[②] 在传统能源产业结构调整方面,主要是推动原煤气化和煤转油技术,以及天然气和煤层气的使用等。以

① 崔民选主编:《中国能源发展报告 2009》,社会科学文献出版社,2009 年版,第 186 页。

② 郝鸿毅主编:《“后危机时代”石油战略》,中国时代经济出版社,2009 年版,第 280—283 页。

天然气为例，2000－2008 年中国使用天然气的年均增长率在 15％以上。截至 2008 年底，全国天然气消费市场已扩展至 30 个省市区的 280 多个地级市，超过 10 亿立方米的省市区达到 20 个。[①]

需要指出的是，新能源产业在快速发展的同时，还存在一系列亟待解决的问题。首先是部分行业发展缺乏合理的规划和论证，导致行业内部过度竞争或产能严重过剩。以风电为例，风电虽然是可再生的清洁能源，但由于近年来风电项目“一窝蜂”上马，致使风电产能严重过剩。据有关专家估计，“2008 年新建的风力发电设备中，有三分之一左右未能连上输电线，因此发挥不了作用”。[②] 其次是一些盲目上马的新能源技术不适合中国国情，或者技术仍然不够完善。以液化煤技术为例，每液化 1 吨煤，就要从地下蓄水层抽出 6.5 吨水，同时向空中排放 3 吨多的二氧化碳，其环境代价和成本未免过于高昂。[③] 生物燃料虽然是一种有效的可替代能源，但对于中国这样一个耕地缺乏的国家来说很难称得上是理想的替代能源。有美国学者曾指出，“任何需要优质耕地的生物燃料都要比汽油还糟糕。比玉米乙醇轻一点的灾难仍然是灾难”。据估计，越野车加满一箱乙醇汽油所需的谷物足够一名饥民吃上一年。[④] 最后是新能源价格居高不下，国内关于新能源产业的配套政策和基础设施仍不够完善。新能源虽然具有可再生性，并且污染较小，但是往往经济成本较高，因此在商业化应用时存在较大障碍。

---

① 孙岩冰、王秀强：“天然气遭遇‘高雪压’”，《中国石油石化》2009 年第 23 期。

② “一窝蜂上马使中国风力发电站严重过剩”，［日本］《东洋经济》周刊 2009 年 10 月 3 日。

③ 华东：“中国煤炭巨人的两张面孔”，［英］《卫报》2009 年 11 月 15 日。

④ 迈克尔·格伦沃尔德：“关于替代能源的七个神话”，［美］《外交政策》2009 年 9/10 月号。

四、结束语

目前我们还无法预测这次金融危机对国际能源格局和国际秩序所带来的长期影响，但这次金融危机推动了传统国际能源格局的洗牌已是不争的事实，并且已经对中国的能源安全战略产生了深远影响。

这次金融危机促成了国际能源资源行业领域的新一轮洗牌，推动了国际能源格局的变化和调整，从而在根本上降低了新兴发展中国家参与国际市场竞争的成本和门槛，新兴发展中国家在国际能源新格局中的地位大大提升。对中国来说，这次国际能源格局的变化带给我们的影响是双重的，即挑战和机遇并存，但总体上机遇大于挑战。国际能源格局的变化客观上改善了中国参与国际能源合作与竞争的外部环境，降低了相应的成本和门槛，为中国能源企业“走出去”，推行“多元化”的国际能源战略提供了难得的“战略机遇期”。其主要原因有两点：一方面，传统能源消费大国在经济危机冲击下无暇他顾，甚至开始寻求与新兴发展中国家开展能源合作，这就为一批新兴发展中国家在国际市场上开展竞争创造了机会；另一方面，在传统能源消费市场不断萎缩的情况下，一些能源生产国开始把目光转向了新兴能源消费国，国际社会中鼓吹“中国能源威胁论”的空间被大大压缩，一些国家甚至提出了“中国机遇论”的观点。这一机遇为我们实践胡锦涛主席提出的“新能源安全观”，推进国家石油战略储备体系建设，推动国内能源价格体制和管理体制改革创造了前所未有的机会。

国际能源格局的变化虽然暂时缓解了国际能源供需关系中的短期矛盾，但并未从本根上解决中国当前面临的能源安全问题。这一判断主要基于两方面因素：其一是中国经济与社会发展对能源的刚性需求并未消退；其二是中国能源供应与运输领域面临的一系列安全问题远未解决。金融危机对中国能源行业领域造成的负面影响更可能是一种短期性影响，而中国能源企业在“走出去”过程中所面临的“非市场因素”则可能是长期性的战略性问题。这是因为，能源资源所具有的双重属性决定了某些西方保守势力对与中国开展国际能源合作的担忧和警惕短期内不会消失，但其影响将会越来越有限。而在全球化背景下，由“新能源安全观”和市场因素推动下的互惠型国际能源合作将会日益成为各国的共识和主流。

气候变化地缘政治与中国的战略选择

崔宏伟*

内容提要：自后京都议定书谈判启动以来，气候变化问题无疑已经上升为国际关系的焦点。进入国际关系和国际政治议程的气候变化问题，涉及战略性资源利用、发展空间和国际竞争力等关乎一国社会经济发展和国家安全的重大战略性问题。本文尝试从地缘政治的动态演变角度剖析国际关系中的气候变化问题，探析气候变化地缘政治内涵，提出在全球气候变化地缘政治背景下，中国国家战略不仅应从可持续发展角度重视环境治理和竞争力问题，同时也需将气候变化纳入到国家安全战略之中。

长时间以来，气候变化一直被看作环境治理议题予以讨论，实际上气候变化是涉及自然资源利用、发展空间与发展模式、国际竞争力等关乎国家社会经济发展和国家安全的重大战略性问题。自后京都议定书谈判启动以来，气候变化问题无疑

* 崔宏伟，上海社会科学院欧亚研究所副研究员，博士。

已经上升为国际关系的焦点，气候变化越来越进入大国的地缘战略视野。2009 年 12 月联合国哥本哈根气候大会未能完成“巴厘岛路线图”使命，而且发达国家与发展中大国围绕气候规则的较量前所未有，这一切不仅表明当前全球治理结构和模式难以克服气候变化问题，而且反映了深层次上的国家利益和国家发展战略问题，气候变化逐渐处于全球政治经济权力分配与再分配的中心位置。气候变化与自然资源、人口乃至边界等地缘政治要素紧密相关，因而有必要从地缘政治角度分析气候变化问题。传统地缘政治范式从零和博弈角度分析气候变化对国际政治的影响，得出的结论是气候变化可能诱使国家间因争夺日益短缺的战略性资源而走向军事对抗。应该说，气候变化与日益严重的资源匮乏问题相交织，确实存在引发军事冲突的潜在风险，不过，由于气候变化具有全球性和相互依赖的特点，世界上任何一个国家都无力单独应对气候变化的恶果，国家间竞争主要体现在国际规则、技术进步以及由经济进步而产生的竞争优势方面。气候变化地缘政治更多体现了相互依赖条件下的竞争与协调合作的特征。在全球气候变化地缘政治背景下，中国国家战略不仅应从可持续发展角度重视环境治理和竞争力问题，同时也需将气候变化纳入到国家安全战略之中。

一、地缘政治的演变与气候变化问题

地缘政治分析的实质是阐析国际政治权力和地理环境之间的关系，涉及政治行为体对自然资源的控制，以及规模、位置、地貌等因素对国家对外政策的影响。地缘政治的传统内容是关于国家战略与空间区位及环境之间的关系，即以主权国家利益为根本，以边界对空间的分割为标准，以冲突为基本前提，将对外扩张、夺取战略要地视为国家生存的主要手段。[①] 21世纪初，国际关系文献对环境的关注反映了学者和决策者们共同感兴趣的问题，包括资源稀缺和冲突、人口增长、地理因素与政治权力的关系、新出现的地缘政治关系，以及增长了的地缘政治与地缘经济概念的重要性。[②] 全球化和信息化的发展使地缘政治变得复杂化了，地缘政治内涵得以扩大。一方面，传统地缘政治所体现的冲突性和权力政治依然存在；另一方面，地缘政治分析更多地涉及环境恶化、恐怖主义危害及难民等全球性问题，地缘政治权力出现多元化形态，传统的领土扩张和争夺势力范围已经不再是地缘政治主要的和经常的形式，资源、经济竞争和国际规则话语权主导地缘政治趋势尤其明显。

资源对地缘政治演变的影响得到了学者广泛的研究和重视。有学者甚至提出了“国际政治多是资源政治的倒影”，“新地缘政治逻辑是资源决定战略：谁控制了资源，谁就能控制世界”，[③] 资源对地缘政治的主导性由此可窥见一斑。而国家经济竞争力也构成了地缘政治的新要素和地缘政治分析的新内容，成为地缘政治不断发展的延伸，这一点在冷战后的全球化进程中的表现尤其明显。美国学者威廉·内斯特指出，在一个相互依赖日益强化的世界中，地缘经济冲突和地缘经济力量已经成为重要因素。[④] 冷战结束后，国际范围的各种机制和规范逐渐成为新的权威中心，建立于己有利的主导国际政治活动的一整套规则和制度的能力是权力的重要来源。[⑤] 由于资源具有经济性和市场性，经济竞争力

---

① 冯绍雷：《伊拉克战争与地缘政治的复归》，《社会科学》2003年第6期。

② ［美］詹姆斯·多尔蒂、小罗伯特·普法尔茨格拉：《争论中的国际关系理论》，世界知识出版社，2003年版，第192页。

③ 张文木：《全球视野中的中国国家安全战略》，山东人民出版社，2008年版，第2页。

④ 转引自王东《当前地缘政治研究关注的前沿问题》，王逸舟主编：《国际政治理论与战略前沿问题》，社会科学文献出版社，2007年版，第164—167页。

⑤ 王逸舟：《全球政治和中国外交》，世界知识出版社，2003年版，第118页。

需要依托相互依存的全球市场，而国际规则制定又是在多边机制下达成，这些新地缘政治因素促使不同政治行为体之间为了各自利益目标不得不加强对话和协调。

气候变化不是新问题，只是新近进入国际关系的核心议程后才受到前所未有的重视，甚至成为国家对外政策的主要目标，极大地影响着国际政治的发展前景。气候变化进一步加剧了资源的有限性，增大了国家间因竞争自然资源而引发冲突的可能性。例如，由于北极地区蕴藏大量天然气和石油，近几年一些国家已经开始加紧争夺北极地区的主权。2008 年北约罗马尼亚峰会声明指出：斯匹次卑尔根群岛蕴藏大量天然气和石油，这些资源现在冰封于冰冻大陆架之下，如果全球气候变暖，这些资源可以利用，俄罗斯和挪威之间可能发生严重冲突。这一潜在危机有可能把美国、加拿大和丹麦引入对大量资源的争夺之中。碳排放导致生态环境恶化，生态的严重恶化不仅威胁到人们的日常生活，而且还引发人口大规模迁徙，造成生存空间争夺和战乱，如达尔富尔的内部冲突。有研究表明，达尔富尔问题是一次凸显在气候变化背景下的区域生态危机，环境难以承载本地居民与外来生态移民的共同需求而引发双方对生存资源的争夺①。

气候变化对国家安全的冲击引起强烈关注。2007 年 4 月美国海军分析中心军事咨询委员会发表《国家安全与气候变化威胁》报告指出，环境变迁在非洲引发严重的安全威胁，而非洲石油出口到美国，重要性与日俱增。因此，如果海平面上升淹没了尼日三角洲，或者因为气候变迁发生暴风雨，毁损了非洲的石油设施，那么能源危机就会点燃，进而影响战略资源供应和再分配，建议气候变化安全风险应对应完全融入美国国家安全和防务战略；2010 年 2 月美国国防部《四年防务评估报告》也指出气

① 李岩、王礼茂：《从达尔富尔危机透视气候变化下的生态冲突》，《西亚非洲》2008 年第 6 期。

候变化以及与气候变化有关的能源安全，将是造成不稳定和冲突的催化剂并将产生地缘政治影响。2008 年 1 月欧盟《国际安全与气候变化》报告，将气候变化视为危险乘数，国家间有可能因为控制自然资源而导致重大冲突，威胁到欧盟的能源供应安全和环境安全，建议欧盟整合欧洲安全与防务力量，维护欧盟安全利益。2009 年俄罗斯《2020 年前国家安全战略》提出，由于气候变化等因素影响，人类进入了对世界资源展开最激烈的争夺阶段。①

传统地缘政治范式从零和博弈角度分析气候变化对国际政治的影响，得出的结论是气候变化可能诱使国家间因争夺日益短缺的战略性资源而走向军事对抗。应该说，气候变化导致资源竞争、疆界变更、人口迁徙确实存在引发军事冲突的风险，然而气候变化具有全球性特点，世界上没有任何一个国家能够单独应对气候变化的恶果，国际协调成为国际社会的理性选择。1992 年联合国大会签署的《联合国气候变化框架公约》和 2005 年 12 月正式启动的《京都议定书》，都体现了国际社会共同应对气候变化挑战的努力：鉴于气候变化的历史累积的特点，以“共同而有区别的责任”原则为指导，发达国家有义务向发展中国家提供资金援助和转让低碳技术，帮助发展中国家减少温室气体排放。然而，发达国家与发展中大国围绕 2012 年之后全球气候协议原则和措施产生了严重分歧，在金融危机导致发达国家未来经济增长困难的背景下，地缘政治大国（或集团）将在多维层面展开博弈，决定着未来国际政治的演变。

---

① “解读俄罗斯新版国家安全战略”，http：//news. xinhuanet. com/world/2009—05/14/content _ 11374540. htm，2009 年 5 月 16 日浏览。

二、气候变化地缘政治

气候变化关系到自然资源利用、人口迁徙乃至边界变化等，因而气候变化地缘政治在本质上也反映了地缘政治关于权力和地理要素之间的关系，涉及国际政治经济权力格局，由于气候变化安全挑战的全球性和相互依赖性使气候变化地缘政治具有竞争与协调合作的双重性质。气候变化地缘政治可以定义为国家或国家集团掌握政治、经济和社会发展所必需的资源和环境平衡关系的能力和权利，以及相互之间形成的竞争与协调关系。

第一，有关自然资源利用方式的全球碳排放规则是气候变化地缘政治的重要内容，表现为大国或国家集团围绕全球碳排放规则制定权而展开的竞争与协调。碳排放规则将决定一国社会经济发展所需担负的成本和国际社会克服气候变化的成本分摊问题，从而决定了一国经济发展的空间和全球既有财富、资源的分配和再分配。大国是气候变化国际政治的主导力量。从哥本哈根谈判可以看出，美国、欧盟 27 国以及由中国、印度、巴西和南非组成的“基础四国”，在全球气候协议谈判中发挥着核心作用。

欧盟国际气候规则立场反映了欧盟的利益目标及其影响国际事务的方式。欧盟一直是国际气候协议的主导者，同样追求后 2012 年全球气候治理的领导地位。欧盟关于后京都协议的立场包括：坚持以联合国为核心的全球气候框架协议；坚持包括欧盟、美国在内的发达国家承担具有法律约束力的温室气体减排指标，即到 2020 年发达国家气体排放量在 1990 年水平基础上减少 20％到 30％；坚持中国、印度等发展中大国同时被纳入到全球体制内，承担有约束力的减排指标，即到 2020 年气体排放在正常水平上削减 15％—30％；逐步建立全球性碳市场；无论发达国家还是发展中国家都需依据排放量和经济实力两大标准为全球气候适应基金出资。后京都协议谈判启动后，欧盟率先以单边方式承诺到 2020 年欧盟气体排放量在 1990 年基础上减少 20%，试图通过模范带头作用产生全球示范效应。欧盟国际气候立场反映了其追求对国际政治经济事务“软权力”影响方式。欧盟偏好在一个多边体制内，利用欧洲一体化制度经验，以及其作为世界上最大单一市场和单一货币联盟的优势，影响国际规则的制定。欧盟曾领导并推动《京都议定书》于 2005 年 2 月正式生效。欧盟国际气候规则立场更主要出于其现实利益考量，即解决能源供应，促进增长和就业的契机，以及增强欧洲企业的国际竞争力。前欧盟贸易委员曼得尔森指出，后京都协议的主要目标是建立环境技术和绿色工业投资领域开放的全球市场，通过碳交易市场、推广绿色技术和支持多哈回合达成绿色技术产品和服务的零关税协议，提高欧洲竞争力。①

美国对国际气候进程一直采取消极立场：一是拒绝有约束力的量化减排指标的国际协议，倾向于利用技术进步和技术创新应对气候变化问题。美国气候变化法案未获国会通过；二是坚持美国参与全球议程的条件是将发展中大国纳入减排体系，并依据经济规模、排放水平、能源利用程度，确定发展中国家不同的减排责任；三是降低联合国气候变化委员会的权威，在联合国气候大会之外发起建立了“主要经济体能源安全与气候变化会议”等国际协调机制。美国的国际气候政策不仅受国内经济增长和利益集团的影响，而且服从其全球霸权的战略需要。美国气体排放总量大，人均排放高，同时能源资源自足度相对高，石油对美国经济社会极其重要，能源利益集团具有强大的政治游说能力，因而美国气候政策的主要目标是保障能源供应安全、推动经济增长和扩大可再生能源技术的市场占有率。更重要的是，在发展中大国经

① Peter Mandelson，“Energy Security and Climate Change：What role for trade policy?，” Speech in Oslo，9 February 2007.

济快速增长、经济实力大幅提高的背景下，量化减排责任和指标将制约美国经济扩张，不利于其巩固全球经济的垄断地位，因此美国国际气候政策旨在限制发展中大国的环境容量和发展速度。

欧盟与美国在有关全球气候协议原则和政策上存在较大差异，但在要求发展中国家气候变化责任和维护发达国家权力方面利益一致。美国支持欧盟提出的关于提高发展中大国的量化和约束力的减排责任，以及要求发展中国家在规定时间内制定出具体的低碳发展战略，特别是能源、交通、工业、农业等部门减排行动计划必须是可量化、可报告和可核实的，并将其作为发展中国家获得气候适应资金和低碳技术转让的前提条件；欧美一直试图采取单一式的后京都协议框架，将发达国家和发展中国家纳入其中，以此模糊发达国家在气候变化方面应承担的义务。从哥本哈根谈判过程可以看出，欧美越来越倾向通过成本一效率方式进行温室气体减排，由此淡化和降低发达国家的历史责任，减少发达国家对发展中国家缓解气候变化的国家援助。

中国、印度、巴西和南非“基础四国”在全球气候协议谈判中坚决捍卫《联合国气候公约》和《京都议定书》确定的“共同而有区别的责任”原则，即发达国家对气候变化负主要责任，发达国家有义务向发展中国家提供资金援助和转让低碳技术，帮助发展中国家减少温室气体排放，实现可持续发展。这一原则立场体现了气候变化的历史累积的特点，符合发达国家和发展中国家在发展进度和层次上存在客观差异的现实。在气体减排责任方面，“基础四国”坚持发达国家应提出具体量化的中期减排指标，即到2020年温室气体排放在1990年基础上减少40%，“基础四国”则以自愿方式在国内实行自主减排计划，如中国提出到2020年单位GDP碳排放强度将比2005年下降40%—45%，印度宣布到2020年在2005年基础上减排20%—25%，巴西计划到2020年气体排放量在预期基础上减少36.1%—38.9%。在气候适应基金方面，“基础四国”认为发达国家应该拿出GDP的

0.5％—2％资助贫穷国家减缓和适应气候变化。

对发展中国家来说，全球气候协议的核心思想应该是公正与发展。发达国家对发展中国家经济和技术援助义务的性质是公正、公平而非慈善，因为气候变化在很大程度上是国际经济旧秩序的后果。长期以来，国际分工体系呈现出从“工业宗主国—农业、原料殖民地”到“发展中国家原料产地—发达国家工业中心”的生产格局和贸易格局，在这种结构下，发展中国家出口劳动和资源密集型产品换取发达国家的资本和技术密集型产品的国际贸易结构，使发展中国家承受了巨大的环境压力。作为气候变化的主要责任者的发达国家，在承担减少碳排放成本上着重于自身利益，削弱了后2012年协议所应表达的公平性和正义。同时，由于处于经济快速发展阶段，发展中大国能源需求大幅增长，能源结构落后，由此带来了排放量的增长，减少排放和保护环境的压力巨大。例如，在中国的能源结构中，碳排放量高的煤炭和石油占91％的绝对主导地位，而较清洁的核能和天然气在中国能源结构中的比例过低，两项加起来只占能源消费的3.7％，而欧盟和美国则分别高达38％和32.5％。[①] 发展中国家在消除贫困和提高生活水平所必需的经济增长与环境容量限制之间存在严重矛盾，对发展中大国而言，过于严苛的减排责任意味着发展空间挑战和生存问题。

第二，由低碳技术进步形成的新的国际分工和国际经济竞争将是气候变化地缘政治的另一重要内容。技术、地理和国际政治之间存在着极其密切的关系。汉斯·摩根索指出，在整个历史上，政治力量是军事力量的一种函数，在现代它又特别是经济力量和技术的一种函数[②]。世界历史表明，经济和技术变革推动国

---

① 中国的能源状况与政策白皮书，2007年12月；BP Statistical Review of World Energy，June 2008。

② ［美］汉斯·摩根索：《国际纵横策论》，上海译文出版社，1995年版，第158—159页。

家之间的权力平衡，历次的科技革命都不同程度地改变了各国经济实力的对比关系。

低碳能源技术及其产品和服务将成为今后全球市场竞争和产业发展的制高点，并由此对国际竞争格局和分工体系产生重要影响。低碳领域属于资金和技术密集产业，发达国家在资金和技术上的优势地位无疑有利于其低碳领域竞争力。然而，低碳技术经济的相互依存和全球市场特性又促使发达国家与发展中国家加强合作，通过技术、资金和市场相互渗透形成新的国际生产、投资和贸易关系。截止到2008年年底，全球低碳技术产品和服务市场价值达3万亿英镑，预计未来10年有望增长50%[①]。最近两年全球低碳领域投资逐年扩大也表明了发达国家与发展中国家低碳领域合作的共同需要。目前发达国家处于低碳技术领域的优势地位。欧洲在新能源技术领域领先世界，欧洲风电产业占据世界市场的60%，德国占世界太阳光电装备市场的半壁江山。[②] 为了争取继续保持欧盟企业在新能源工业中的前沿地位，欧盟制定了《战略性能源技术计划》，重点列出了今后10年到20年欧盟新能源技术的攻关任务。欧盟前负责能源事务的委员皮耶巴格斯指出：如果欧盟在新能源革命中落后，欧洲企业将在全球碳市场和低碳技术领域丧失巨大的商业机会。[③] 因此，欧盟积极开展新能源外交和清洁能源国际合作，扩大欧盟低碳技术及其产品市场份额。

美国政府也提出了通过大力支持包括能源研究在内的科技开发提升美国竞争力的计划，目标是成为世界上最大的清洁能源技

---

① 英国首相布朗2009年6月26日讲演，Gordon Brown，“Road to Copenhagen,” http：//www. number 10. gov. uk/page19813，2009年6月29日浏览。

② European Commission，On the Proposal of the Use of Energy From Renewable Sources，Brussels，23 January 2008，COM（2008）9 final.

③ Andris Piebalgs，Speech On French Presidency Conference On SET－Plan，Paris，28 October 2008.

术出口国。美国在其经济复兴计划中，出台了一系列用于清洁能源的直接投资及鼓励清洁能源和可再生能源发展的政策措施，重点支持生物燃料和燃料基础设施、混合动力或电动汽车等领域的技术升级。为了保持美国低碳技术竞争力，2009 年 6 月美国众议院全票通过决议，准备制定一项政策防止全球气候协议削弱美国在风能、太阳能和其他环保技术方面的知识产权的可能。美国大力开展新能源外交，特别注重与大的发展中国家进行新能源和清洁能源利用的对话与合作。

发展中大国在可再生能源领域也开始显露出快速发展的态势，但仍然落后于发达国家。巴西因地制宜发展生物燃料，生物燃料在巴西交通领域得到广泛利用。中国在风电和太阳能领域的某些技术达到国际先进水平，具有一定的竞争能力。

在全球经济竞争日趋激烈的背景下，碳贸易保护措施有可能成为发达国家维护其竞争力的重要手段。早在 2007 年美国就开始讨论利用“边界碳调整（BCA）”措施[①]，2009 年 6 月美国又提出了征收二氧化碳进口税法案，即对来自发展中国家的高碳排放产品征收碳关税。欧盟日益严格的《生态设计指令》包括了与环境和生态有关的技术法规、标准和合格评定程序、检验和检疫措施、包装、标签及标志要求等，对技术相对落后、资金短缺的发展中国家是巨大的生态壁垒挑战。2008 年 1 月欧盟内部讨论有关“碳均衡体系（carbon equalization system）”问题[②]，目标是针对来自对没有采取严格措施，限制排放努力不大的国家和能源强度高的工业产品进入欧盟市场，对没有严格前后保护政策的第三国能源强度高的部门产品征收附加费。尽管欧委会对碳关税

① 冯相昭、田春秀、任勇：《高度重视气候变化与国际贸易关系新动向》，《国际瞭望》2008 年第 11 期，第 76—78 页。

② Louise VAN SCHAIK & Karel VAN HECKE，“Skating on thin ice：Europe's internal climate change policy and its position in the world，” European Affairs Program Working Paper，Royal Institute for International Relation，December 2008，p. 23.

持反对态度，但哥本哈根大会后，在法国的压力下，欧盟又开始重新讨论这个问题。欧洲政策研究中心经济政策主任丹尼尔·格罗斯甚至提出，征收碳关税是为了“增加全球福利”。[①]

第三，克服气候变化挑战的关键是改变能源利用方式，从长远看，能源利用方式的改变必将促使国际能源市场发生深刻变化，从而导致与能源利益有关的各种政治力量之间相互关系的改变。改变能源利用方式就是减少传统化石能源资源利用，增加利用清洁能源和可再生能源资源，因而，拥有较清洁的天然气资源的国家和再生能源资源和技术先进的国家将占据战略和经济上的有利地位。

世界天然气资源集中在俄罗斯及中东和非洲的一些国家，这些国家在相当长时间内仍然可以利用天然气资源和天然气国际市场谋求战略和经济优势。尽管再生能源资源在目前全球能源消费结构中的比例仍然较低，但其发展势头不容低估。减少化石燃料消费和降低石油进口，增加本土替代能源和可再生能源供应，这样不仅有利于减少能源消费大国能源需求上升所造成的财富外流，还有助于改进能源消费大国和能源进口大国的战略劣势，削弱能源生产大国和供应大国的地缘政治经济影响力，同时也有助于降低能源消费大国之间的战略竞争。

然而，对能源消费大国来说，至少中期内，再生能源难以较高程度替代传统能源，这意味着能源供应国和能源进口国之间的政治经济关系仍将受到地缘政治的影响，而发达能源消费大国对发展中的能源消费大国的战略制约也将是不可避免的。西方发达国家担心发展中大国在国际能源市场地位不断上升以及由此带来的政治影响力，因而多边碳排放规则也自然成为发达国家对发展中国家战略制约的必然的、具有合法性的政策

---

① Daniel Gros, “A border tax to protect the global environment,” Centre for European Policy Studies, 11 December 2009.

工具。

三、中国的战略选择

中国国家主席胡锦涛于2008年6月28日在中共中央政治局第六次集体学习时强调，“妥善应对气候变化，事关我国经济社会发展全局和人民群众切身利益，事关国家根本利益”。[①] 中国在气候变化地缘政治中的地位取决于内外战略的相互配合，国内环境保护、资源效率和技术创新是对外政策的基础，国际战略旨在促进内部可持续发展。

第一，环境保护与提高资源利用效率。克服气候变化挑战对发达国家来说主要是借以优化和提升经济结构的机遇，而中国的首要任务则应是采取综合手段降低经济快速发展时期所造成的严重的环境破坏，节约资源，提高资源利用效率。中国面临着严重的环境与资源瓶颈问题，中国经济发展与资源、环境的矛盾突出，可持续发展道路遭遇重大挑战。因此，需要采取立法、惩罚性政策和市场手段等综合方式，节约能源，提高资源利用效率，减少企业碳排放，尤其是针对电力、钢铁、有色、建材、石化、化工等6大高耗能行业。同时尝试建立碳交易市场，利用经济杠杆，鼓励企业自愿减排，并刺激企业进行低碳技术创新，更多利用清洁能源和再生能源。

通过开展国际合作进行环境保护和提高资源利用效率。首先在联合国气候谈判中维护中国作为发展中国家的权益，捍卫“共同而又有区别的责任”原则，因为正是这一原则才将发展中国家与发达国家共同纳入《联合国气候变化公约》和《京都议定书》，

---

① 新华社网站，http：//news. xinhuanet. com/newsenter/2008－06－28/content_8454350. htm。

这一原则不仅反映了人均 GDP 和人均排放状况，而且反映了气候变化的历史渊源和发达国家在资金和技术支持方面对发展中国家的责任和义务。后京都气候协议必须建立公正和正义的体制，建立国际贸易领域新的知识产权体系和技术转让创新机制和建立公平合理的“补偿”机制。

将全球、区域、双边层次上的气候变化政府合作协议与市场力量相结合，开展网络化合作。这种合作是由联合国多边框架、地区层面的合作安排及政府间双边协议得以推动和支持，在这个过程中，企业和市场力量将发挥基本作用。除了联合国气候协议外，目前次全球和区域层面气候协调合作机制已建立，如“主要经济体能源安全与气候变化会议”、“甲烷市场化伙伴关系”、“氢能经济国际伙伴计划”等。双边合作活跃，中国与欧盟、日本、美国等发达国家建立了有关可再生能源技术、能效、洁净煤技术以及能源政策交流的双边对话与合作关系。2005 年 9 月中国与欧盟签署了《中欧气候变化联合宣言》，2010 年 4 月“欧洲—中国清洁能源中心”在北京成立，推动利用清洁能源技术，支持节能和提高能效。2009 年 7 月中美签署了《中美关于加强气候变化、能源和环境合作的谅解备忘录》，中国与巴西也决定合作设立中巴气候变化和创新技术中心，等等。

第二，低碳技术创新与制定科学的能源发展战略。后京都谈判反映出发达国家更加重视市场化减排措施，而在技术转让和资金援助等问题上也缺乏实质性承诺，资本的逐利本性决定了发达国家追求利润最大化，不会轻易向发展中国家转让先进的低碳技术。因此，中国需要提高低碳能源技术的自主创新能力，建立政府、研究机构、工业企业和金融机构共同参与的研发体系，提高技术研究效率和市场转化效率，同时开展低碳经济技术国际合作，利用中国较先进的可再生能源技术研发基础，积极参与世界市场竞争，在国际低碳技术及产品市场中赢得一席之地。

低碳技术及其商业化利用需要大规模投资，且具有成本高、市场风险大和收益不确定的特点，鉴于较长时期传统能源的不可替代性，中国能源发展战略应以中国客观的能源结构为基础，制定科学的能源发展战略。一是将节能和提高能效作为首要目标。据2007年12月发表的《中国能源状况与政策》白皮书，由于经济增长方式粗放、能源结构不合理、能源技术装备水平低和管理水平相对落后，导致单位国内生产总值能耗和主要耗能产品能耗高于主要能源消费国家平均水平，进一步加剧了能源供需矛盾。二是优化发电能源结构，减少煤电比重，提高绿色电力消费比例。三是加强与能源生产国和供应国的政治经济关系，保障外部能源供应的安全性和稳定性。

第三，将气候变化纳入到国家安全战略。气候变化问题专家尼克·马贝在其研究报告《创造气候安全：国际安全对全球气候变化的反应》中提出，在未来几十年里，气候变化将促使战略安全环境发生重大变化。国内学者也开始讨论气候变化对中国国家安全的影响。① 中国社会经济发展不仅应高度重视能源的供给安全，而且需要提高粮食安全和水安全在国家战略中的地位。对一个拥有13亿人口且自然资源不富足、生态威胁严重的发展中国家来说，气候变化自然灾害对粮食供应和水资源安全的重大影响不言而喻。气候变暖还会导致边界改变而引起国家间的冲突。联合国气候变化研究报告指出气候变化造成中国东南沿海海平面上升，存在潜在的领土安全隐患；而恒河三角洲、印度与孟加拉国等亚洲国家海平面上升可能造成的有关疆界和领土争端的恶果，由此也可能对中国南部海疆及能源运输线产生重大影响。尽管这种变化是长期的，却应防患于未然，从长远战略角度充分认识气候变化对国家安全的负面影响。

---

① 张海滨：《气候变化与中国国家安全》，时事出版社，2010年版，第3页。

气候治理、节能减排与新能源革命浪潮

——迎接低碳经济时代的谋篇布局

余建华*

内容提要：以全球变暖为主要特征的气候变化，加剧了当今世界能源发展引发的全球性生态环境挑战。尽管国际各方逐渐形成合作推进国际气候治理的共识，但错综复杂的利益冲突致使后京都议程谈判实质性进展缓慢。哥本哈根协议成为继续推进国际协力减排、应对全球气候挑战新起点。伴随国际气候治理的深入，是当今世界各国大规模开发清洁可再生能源浪潮的争先恐后，是一场以低碳经济为特征的新科技革命的悄然降临。近年来，在全球能源供需格局风云变幻、能源环境安全明显突出的情况下，世界各国尤其是能源消费和进口国更加重视节能减排，积极开发清洁、高效的新能源。国际金融危机发生后，各国进一步推进与深化能源开发利用

* 余建华，上海社会科学院欧亚研究所所长，研究员。

与环境气候安全的良性互动。不同国家集团在全球气候治理问题上的折冲樽俎，世界新能源浪潮的掀起，昭示着国际各方正在为低碳经济时代全球竞争新体系谋篇布局、抢占先机。

一、全球气候变暖与国际气候治理

自18、19世纪近代工业革命以来，煤炭、石油和天然气的大规模使用，带来了整个人类世界科学、技术、经济和社会的巨变，这些碳化氢燃料成为人类社会生产力飞跃发展的基础动力。在20世纪大部分年代，对这些化石能源的依赖成为人类进步的美好象征、国家发展的重要指标，而在20世纪末叶以来，随着世界环境保护运动的日益推进，国际各方越来越多地着手反思使用这些化石能源给我们地球的可持续发展带来的巨大生态灾难。人们越来越认识到，无节制的能源利用消耗，给我们居住的家园——地球带来难以逆转的生态环境的恶性破坏，包括气候变化、物种多样性的丧失、森林植被的衰减、水资源的蒸发流失、土壤的荒漠化、臭氧层的损耗、酸雨的频繁蔓延，以及其他各种形式的污染和侵蚀等，成为现代人类和子孙后代生存和发展最为迫切和严峻的一大威胁，相应地，能源使用带来的环保问题也构成当今世界和各国能源安全的主要组成部分。

世纪之交，国外学者保罗·斯塔尔斯揭示了能源安全从传统到非传统威胁的演进。[①] 他指出，传统的能源安全关注落在现存的能源供应协议突然中断、瓦解和受人操纵而引起的价格剧烈波动所产生的安全威胁上。由此，传统意义上的一国能源安全就是

① Paul B. Stares (ed.), *Rethinking Energy Security in East Asia*, The Japan Cneter for International Exchange, Tokyo, 2000, pp. 19－22.

指它的自给自足水平，以及在不引起严重的经济和军事后果的情况下，应对临时的或持久的能源供应中断的能力。相应地，政治动荡、经济威胁、军事冲突以及恐怖袭击这些潜在的安全威胁在传统上是最需要关注的。然而，伴随着人们跨入 21 世纪，全球环保问题的凸显，能源安全的内涵和外延发生了意味深长的扩展。能源政策对于人类福利以及地球生态系统的影响就成为非传统的能源安全观念最为关注的内容，其包括两个核心问题：一方面，它关注于能源资源的开发、生产、运输、储存和分配等方面发生事故的潜在威胁，而评估这些因素的风险性涉及到燃料循环体系中的气象、地理、技术控制等各个环节；另一方面，关注能源消费引起的环境效应，其安全评估包括控制化石燃料的使用、控制二氧化碳的排放、控制人口增长、自然居住环境的敏感性以及全球变暖等问题。无独有偶，作为冷战后“批判性安全研究”的延伸发展，使用建构主义方法论进行安全研究的哥本哈根学派，同样在更宽泛的视野中考察能源安全，包括能源资源的消耗、匮乏和不平衡的分配，以及能源灾难事故（特别是与核能源、石油运输和石化工业相关）的处理等；同时关注由能源问题引起的生态安全，包括气候变化，物种多样性的丧失、森林采伐、土壤沙漠化和其他形式的侵蚀、臭氧层的损耗以及各种形式的污染。

的确，以全球变暖为主要特征的气候变化，构成了当今国际社会能源发展引发的最突出的生态环境挑战。工业革命以来的人类活动，尤其是发达国家在工业化过程中大量消耗能源资源，引起地球大气系统的变化，最明显的是二氧化碳、甲烷、氧化亚氮等温室气体的增温效应造成的全球气温逐渐上升。

2007 年联合国政府间气候变化专门委员会（IPCC）审议通过的第四次评估报告显示，近百年来全球的平均地面气温呈现明显的上升趋势。过去100年全球气温平均上升了0.74℃。[1] 有关方面预测，到2030年，全球平均气温将比现在上升0.5℃～2.5℃，到2050年，将上升3.6℃～4.5℃。全球变暖这一不争的事实将对自然生态、人类生存环境和经济社会发展产生显著而长期的灾难性影响：如果全球平均气温上升1.5℃－2.5℃，20％－30％的动植物物种都可能濒临灭绝；全球变暖还会引起温度带的北移，进而导致大气运动以至全球降水的相应变化；在综合考虑海水热胀、极地降水增加、高山冰雪融化等因素的前提下，当全球气温升高1.5℃～4.5℃时，海平面将可能上升20～165厘米；海平面上升不仅将导致海水倒灌、排洪不畅、土地盐渍化等其他后果，也会增强台风、风暴潮等对沿海地区的突然袭击；气候变化导致极端天气和气候灾害的增加，破坏地球生态链的既有平衡，增加和引发生态安全和社会稳定问题。显然，对包括中国在内的绝大多数发展中国家来说，由于气候影响对快速城市化、工业化和经济发展伴生的自然资源短缺及环境问题雪上加霜，气候变化对这些国家社会的可持续发展损害更大。

面对全球性的环境问题，国际各方日益认识到，只有世界各国的共同努力，人类才有可能有效缓解与遏制包括气候变暖在内的环境公害。1988年12月第43届联大通过了题为《为人类当代和后代保护全球气候》的43/53号决议，决定在全球范围内对气候变化问题采取必要和及时的行动。1992年6月，在巴西里约热内卢召开的联合国环境与发展大会上不仅通过了环境与发展相结合国际行动的指导性文件《里约热内卢环境与发展宣言》，更是由153个国家和区域一体化组织正式签署了《联合国气候变化框架公约》（UNFCCC）。[2] 它是全面控制二氧化碳等温室气体

① IPCC：“Climate Change 2007，” the IPCC Fourth Assessment Report. http：//www. ipcc. ch/publications _ and _ data/publications _ and _ data. htm.

② United Nations Framework Convention on Climate Change，http：//unfccc. int/essential _ background/convention/items/2627. php.

的排放、应对全球气候变暖的第一个国际公约。公约规定了用于指导缔约方采取履约行动的若干原则，主要包括：公平原则即共同但有区别的责任原则、预防原则和可持续发展原则。公约除确定气候系统的保护目标、为实现目标而采取行动所遵循的原则外，还规定了缔约国承诺采取的行动和措施、气候变化的研究和系统观测以及有关履约的资金机制、技术转让和能力建设等内容。显然，它为国际社会在对付气候变化问题上进行合作提供了法律框架，并对发达国家和发展中国家规定了有区别的义务。1994 年 3 月 21 日公约正式生效，截止到 2003 年 2 月 17 日，共有 188 个国家和区域一体化组织成为缔约方。

1997 年 12 月，公约第三次缔约方大会在日本京都举行期间，160 个会员通过限制和减少温室气体排放的《气候变化框架公约》的《京都议定书》(KP)。[①] 议定书是全球第一部旨在控制温室效应、要求缔约方共同减排温室气体的国际法律文件，它为发达国家规定了 2008—2012 年具有法律约束力的具体减排指标。议定书获得 120 多个国家确认履行公约，2005 年 2 月 16 日起正式生效。鉴于未来 10 年到 15 年全球将迎来二氧化碳排放的高峰期，2007 年 5 月波恩气候大会着重研讨了接替《京都议定书》的气候新协议问题。同年 12 月 15 日，在印度尼西亚的巴厘岛召开的联合国气候变化大会通过了名为“巴厘路线图”的决议，主要内容为：坚持《气候变化框架公约》确定的共同但有区别的责任原则，通过国际合作共同应对气候变化，所有发达国家均要履行可测量、可报告与可核实的温室气体减排责任；照顾发展中国家的重大关切，强调减缓气候变化、适应气候变化、技术开发与转让、资金支持等“四轮共驱”；明确 2012 年后的温室气体减排谈判要在 2009 年前完成。随后联合国气候变化大会又确定 2009

① Kyoto Protocol to the United Nations Framework Convention on Climate Change，http：//unfccc. int/kyoto _ protocol/items/2830. php.

年年末哥本哈根气候峰会要达成一项 2012 年后应对气候变化的新协议。

2009 年 9 月 23 日联合国气候变化峰会在纽约举行，近 100 个国家的元首和政府首脑出席本次会议。这是联合国历史上就气候变化问题举行的最大规模的国际会议，这次峰会旨在为 12 月在丹麦哥本哈根召开的联合国气候变化大会凝聚政治共识，注入政治推动力。

二、哥本哈根谈判：责任与利益的博弈

尽管自 1992 年里约热内卢大会以来，世界各国逐渐形成合作推进国际气候治理的共识，达成《气候变化框架公约》和《京都议定书》。但多数发达国家并未完成在议定书中承诺的减排指标，也缺乏有效援助发展中国家适应气候变化的实质性行动，后京都议程谈判实质性进展缓慢。2009 年哥本哈根峰会之所以举世瞩目，不仅是因为这是全球共同应对气候变暖“化危为机”的重要行动节点，更是由于意见分歧的国际各方要会上交锋妥协、越异求同，共同确定 2012—2020 年全球应对气候变化的安排。

一方面，在会前半月间，主要的发达工业国家和新兴发展中国家陆续发布各自在 2020 年前的温室气体减排承诺，包括：在 1990 年基础上，挪威 30％－40％，欧盟 20％－30％，俄罗斯 25％，日本 25％（附带条件），加拿大 2％，澳大利亚 5％－15％（2000 年基础上），美国 17％（2005 年基础上），巴西 36.1％—38.9％，菲律宾 50％，新加坡 16％，南非到 2025 年消减 42％，中国和印度在 2005 年水平上分别削减碳密度 40％－45％和 20％－25％，等等。另一方面，围绕峰会的核心目标——2012 年全球应对气候变化的行动方案，立场各异的不同国

家和集团针锋相对、博弈激烈。这是因为气候治理谈判涉及到当今国际政治经济中错综复杂的利益冲突。

首先是发达国家与发展中国家即南北之间的矛盾。历史上和目前的全球温室气体排放绝大多数源自前者，后者人均排放较低，但其在今后因社会经济发展总量会有较大增长；现在前者推卸自身责任，无理要求后者同样承担强制性减排义务，并加以碳排总量限制，在技术、资金援助上主张通过市场机制，且以环境保护为名提出征收“碳关税”，行贸易保护之实。

其次是发达国家与发展中国家各自内部的矛盾分歧。发达世界中，欧盟（尤其是德国、英国）在节能减排主张及实践上明显表现积极，主张工业化国家率先行动，要求美国实施可比性减排承诺；但由美国、加拿大、澳大利亚、新西兰、日本等非欧盟发达国家组成的“伞形集团”[①] 在国际协力减排问题上态度消极，他们中有的减排承诺指标甚低（加、美仅相当于 1990 年的 2% 和 4%），且大多“夹带”执行的前提条件，力图把本不具有减排义务的发展中国家纳入减排范围，模糊南北国家的责任区别。以“77 国集团”和中国为代表的发展中世界坚持“共同但有区别”的责任原则，要求发达国家继续承担中期大幅量化减排指标，切实帮助发展中国家应对与适应气候变化，主张发展中国家在发达国家资金和技术转让支持下，根据国情开展自愿减排努力。

当然发展中国家内部因国情差异，具体减排主张也存在差异。岛屿国家受气候变化影响最大，而自身排放量小，故提出激进的减排目标；石油输出国因担忧国际减排招致世界化石能源市场萎缩，影响自身经济发展，而在气候治理问题上不甚积极。中国、巴西、印度、南非组成的“基础四国”作为发展中大国群

---

① 因在世界地图上这些国家的连线形成伞形，而将这些在国际气候谈判中立场相似的非欧盟发达国家合称为“伞形集团”。

体，坚持维护自身发展权益和合理环境容量，主张量力而行开展有效自主减排行动。

由此，哥本哈根会议成为各方意见交锋、利益碰撞而激烈斗争的国际博弈舞台，会谈中各方冲突较量的焦点主要集中在以下几点：一是谈判是否严格遵循“巴厘路线图”的授权。美国等一些发达国家要求改变双轨制气候变化谈判模式，撇开《京都议定书》而另起炉灶，把发达国家中期减排承诺和《联合国气候变化框架公约》长期谈判合并在一起。二是部分发达国家要求发展中大国接受强制性减排，作为兑现自身减排义务的“捆绑条件”。如日本要求按照经济发展水平和行业排放对一些发展中国家提出量化减排的指标。欧盟则要求发展中大国如中国和印度接受减排15％—30％的义务。三是发达国家援助发展中国家应对气候变化的技术和资金支持的机制安排问题。发达国家多热衷向外出售相关设备，但在转让技术上却颇不情愿。欧盟虽然提出发展中国家每年需要约1000亿欧元的气候援助资金，但在金融危机下并未就具体援助金额以及各成员国出资比例达成一致。此外，欧盟也不满意美国拒绝《京都议定书》和过低的减排指标。而发展中国家针锋相对，坚持“共同但有区别的责任”和可持续发展原则，坚持发展第一和反对过早量化减排；坚决要求发达国家继续完成2012年前未达标的减排义务和确认2012年减排指标不少于40％，要求达成技术和资金支持的有效安排机制；“MRV”（可测量、可报告、可核实）原则不仅是针对发达国家执行强制性减排义务，而且适用于发达国家向发展中国家提供资金和转让技术的具体落实措施上。

作为一个负责任的发展中国家，中国在推进减缓气候变化方面采取了切实有效的政策与行动，1990－2005年单位国内生产总值二氧化碳排放强度下降46％，同时，中国积极参与国际气候治理合作进程，认真履行公约和议定书所规定的国际义务，为减缓全球气候变化做出了积极的贡献。继2009年9月22日胡锦涛主席在联合国讲坛上全面阐述中国气候观后，11 月 25 日国务院常务会议决定，到 2020 年中国单位国内生产总值二氧化碳排放比 2005 年下降 40％－45％，作为约束性指标纳入国民经济和社会发展中长期规划，这是中国首次提出温室气体减排的清晰量化目标，得到国际社会的高度重视与赞赏。哥本哈根会议期间，中国本着平等协商、求同存异、务实合作的精神参与谈判，与各方保持着密切沟通和协调，坚决维护广大发展中国家的发展权益。在与其他发展中国家及“77 国集团”充分协商的基础上，中国、印度、南非、巴西“基础四国”在会议一开始就向会议有关方共同提交了案文。在会谈的关键时刻，中国的明确主张和积极态度为推动哥本哈根会议克服危机、取得成果指明了正确方向，发挥了重要的建设性作用，展示了负责任大国的风采。

由于与会各方尤其是南北国家之间在减排责任、资金支持和监督机制上的严重分歧，历时两周的哥本哈根大会谈判激烈、险象环生，终于在加时一天后于 12 月 19 日以通过《哥本哈根协议》的结局落下帷幕。虽然这份作为大会决定的成果文件并非国际社会所殷切期待的，与《京都议定书》“无缝对接”的 2012 年后全球气候治理新协议，没有满足所有国家的愿望，也不具有法律约束力，而将是采取自愿原则吸收缔约国，但作为与会各国通过的书面政治声明，该协议还是反映了全球加强气候变化国际合作的强烈政治意愿，坚持了国际气候谈判的正确方向，维护了公约和京都议定书确定的双轨制，进一步明确了发达国家和发展中国家根据“共同但有区别的责任”原则，分别应当承担的义务和采取的行动，并就全球应对气候变化的长期目标、资金和技术支持、行动透明度等焦点问题达成国际共识，从而向世界传递了合作应对全球气候挑战的希望和信心，成为国际社会合作应对气候变化的重要一步。

应对气候变化任重道远。哥本哈根协议不是终点，而是按照公约和议定书确定的原则以及“巴厘路线图”的授权，继续推进国际协力减排、应对和适应全球气候挑战新的起点。为确保我们及其子孙后代能有一个得以生存和可持续发展的健康家园，必须改造现有的生产和生活方式。为此，各国日益意识到节能减排和实现清洁能源安全发展的战略重要性，你追我赶地掀起一场清洁可再生能源的大规模开发和利用浪潮，努力实现能源开发利用与环境气候安全的和谐共处。

三、美国：从传统能源战略向新能源战略的转型

在国际油价迅速冲高的形势下，2005 年 8 月小布什总统签署了《美国能源政策法案》（EPACT2005，又称“新能源法”）。这部法案的重点是鼓励企业使用可再生能源和无污染能源，并以减税等鼓励性立法措施，刺激企业及家庭、个人更多地使用节能、洁能产品。它规定未来 10 年内，美国政府将向全美能源企业提供 146 亿美元的减税额度，以鼓励石油、天然气、煤气和电力企业等采取节能、洁能措施。为提高能效和开发可再生能源，法案还决定给予相关企业总额不超过 50 亿美元的补助。同时政府拿出 13 亿美元作为优惠补助，鼓励人们使用太阳能等可再生能源，购买太阳能设施 30％可抵税。对清洁能源及核能的开发，政府提供贷款担保和补贴。对煤炭清洁利用，提供 18 亿美元赞助。[①] 这部“新能源法”是美国十多年来通过的第一部能源法案，显示了美国能源政策发生重大转变，标志着美国正在确立面向 21 世纪的长期能源战略，其宗旨是确保美国能源供给、保护环境，维护美国的经济繁荣和国家安全。

---

① Energy Policy Act of 2005，http：//www.epa.gov/oust/fedlaws/publ_109－058.pdf.

2006年2月9日，布什总统发布了《先进能源计划》，重点是加大对清洁能源技术的投资力度，以减少对国外能源的依赖、保障国家能源安全。该计划主要包括两方面的举措：一是通过发展生物燃料和燃料电池，来解决交通运输对石油的依赖；二是发展洁净煤技术、核能和以太阳能、风能为主的可再生能源，以解决电力供需矛盾。[①] 这是美国首个比较系统全面的能源科技发展战略，也是一份以科技进步为指导的战略性能源总体规划。

2007年6月18日美国参议院通过《可再生燃料、消费者保护和能源效率法案》。该法案要求，到2022年使生物燃料使用量增加至360亿加仑，到2025年削减汽油消费量35%；提高家用器具、建筑物及工业设备的能源效率，鼓励二氧化碳捕获和储存技术发展。8月4日，美国国会众议院又通过一揽子绿色能源法案，以提高能源利用效率和扩大生物能、风能以及其他可再生能源的应用。

高举“变革”旗帜入主白宫的美国总统奥巴马，在遭遇金融危机的严峻形势下，选择以发展新能源作为化“危”为“机”、振兴美国经济的主要政策手段。他一上台就在积极应对经济危机的同时，大张旗鼓地推进“能源新政”。

奥巴马能源新政最显著的一大特征是其顺应全球气候治理和低碳经济潮流，将解决能源问题与环境保护紧密地融合为一体。奥巴马能源新政追求的是美国根本性的能源战略转型——从严重依赖于污染环境和海外石油进口的化石能源使用，转向大力发展可再生、清洁能源的本国经济、环保、持续的独立能源体系。奥巴马能源新政（其实更确切地是能源/环境新政）的计划包含如下四个部分的内容：（1）推行温室气体排放权交易机制；（2）鼓励可再生、替代能源的利用，实现能源独立；（3）保护自然资

---

① 张军、李小春等：《国际能源战略与新能源技术进展》，科学出版社，2008年版，第40页。

源，增进能源效益；（4）重新确立美国在全球变暖问题协商中的领军地位。[①] 为此，在奥巴马应对金融危机的经济振兴计划中，新能源为主攻领域之一，重点包括发展高效电池、智能电网、碳储存和碳捕获、可再生能源如风能、太阳能等。该计划中一半以上的内容涉及到能源产业，甚至每一项都直接或间接与能源相关。而从资金分配上看，在于 2009 年 2 月 15 日生效的总额 7870 亿美元的经济复苏法案中，189 亿美元用于能源输送和替代能源的研究，418 亿美元用于对节能产业的投入和新型汽车的研发。

2009 年 6 月 26 日，在奥巴马政府的敦促下，众议院通过了《美国清洁能源安全法案》，致力于通过新能源政策来逐步减少对海外石油的依赖，以最终实现能源完全自给自足，同时提高能效标准，增强美国经济的竞争力和免疫力。2009 年 12 月 7 日，美国环境保护署出台了“危害研究报告”，认为导致全球变暖的温室气体排放对人体健康有害，根据美国现行法律，应受到监管。环境保护署的这一裁定构成美国能源新政一个重要环节，它使得奥巴马政府今后能够在国会即便不批准气候法案的情况下，也可以对汽车、发电厂及其他国家的污染企业实行严格的排放限制，从而在一定程度上为美国的清洁能源改革扫清障碍。

显然，以倡导绿色能源发展为特征的奥巴马能源新政，为美国在正静悄悄降临的“低碳经济”时代国际战略体系转型、重组中提供了一个意义深远的历史机遇。奥巴马新政的目的就是要通过新能源产业革命的方式再造美国增长。其能源政策的短期目标是促进就业，拉动经济复苏；长期目标是摆脱美国对外国石油的依赖，在新能源领域占领制高点，继续使美国充当世界经济“领头羊”。如果奥巴马能源改革成功，美国将以绿色经济为龙头，

① ［美］约翰·R. 塔伯特：《奥巴马经济学》，中国轻工业出版社，2008 年版，第 120—137 页。

推动一场全球新产业经济革命，也就是新一轮科技革命，美国将再次主导全球经济的制高点；而且通过建立清洁的能源结构将彻底改造美国生产和生活方式，将比十年前的IT革命影响更为重大深远，应该是人类农业文明以来最伟大的革命。因此奥巴马的能源体系变革就可能成为"21世纪人类最大规模的经济、社会和环境的总体革命"。

四、欧盟：从新能源战略的领军者到世界新能源体系建设的推动者

对当代世界最大一体化经济体、也是最大能源进口方的欧盟来说，鉴于传统化石能源的储量不足，而且其使用（主要是发电和作为运输燃料）受制于这些资源的可耗竭性及对环境的破坏性，以及出于对环保的重视和可持续发展的需要，致力于制度安排和开发推广清洁的可再生替代能源、提高能源利用效率，成为世纪之交以来欧盟能源政策的核心内容。

早在1996年11月20日，欧盟委员会就发布了促进可再生能源发展的共同行动方案——《未来能源：可再生能源》绿皮书，一年后同名白皮书发表，提出更为详尽的可再生能源发展纲要，并被列入立法程序。白皮书要求欧盟可再生能源占总能源消费的比重将实现翻番，即从1997年的5.7%提高到2010年的12%，其中生物质能在能源构成中的比重提高到12%（2010年）和15%（2015年）。为实现这一目标，2000年以来欧盟陆续颁布多项指令。2000年欧洲委员会发布了《迈向欧洲能源供应安全战略》绿皮书。其中指出，为了公民利益和经济正常运转，欧盟的长期能源供应必须保证有消费者（个人和产业）以能够负担的价格，在市场上不间断地获得能源产品，同时按照《欧盟条

约》，关注环境问题并寻求可持续发展。[①] 其强调对于能源供应，必须优先考虑全球变暖的对策，而发展新能源和可再生能源（包括生物质能）则是改变的关键。2003 年 5 月，欧盟委员会和理事会发布了“促进生物燃料或其他可再生燃料在运输行业应用指令（2003/30/EC）”，以部分替代目前在运输行业广泛使用的汽油和柴油，降低温室气体排放。值得注意的是，欧盟各成员国在促进可再生能源应用方面使用了诸如设定可再生电力回购价格、可再生能源配额制和投标制、可再生能源税收减免以及相关信息宣传等多种政策工具。

2002 年 5 月，欧盟提出“欧洲智能能源计划”，决定在 2003－2006 年间投资 2.15 亿欧元，支持欧盟各国和各地区旨在节约能源、发展可再生能源、寻找替代燃料和提高能源效率的行动。其重点是在以下四个领域：(1) 提高能源效率和合理使用能源，特别是在建筑业和工业；(2) 促进新能源和可再生能源的发展，包括发电、供热和生物燃料；(3) 运输能源、能源多元化、生物燃料和能源效率；(4) 在发展中国家促进可再生能源发展、提高能源效率。近期欧盟委员会又决定把 2007－2013 年“欧洲智能能源”项目预算大幅提升到 7.8 亿欧元，用于推广节能技术和可再生能源，消除立法、金融、体制和社会习俗等方面对节能的非技术壁垒。

在节能方面，为应对国际油价迅速攀升的压力，2005 年 6 月欧盟委员会发表了题为《能源效率——用较少的资源办更多的事》绿皮书，提出一方面要切实提高能源效率，另一方面要着力提升欧盟能源产业的国际竞争力，作为保证未来欧盟能源安全的主要对策。

在 2006 年 3 月欧盟委员会对外公布的能源政策绿皮书《欧

① 修光利、侯丽敏：《能源与环境安全战略研究》，中国时代经济出版社，2008 年版，第 152 页。

洲可持续、有竞争力、安全的能源战略》中，着眼于可持续能源利用、有竞争力和供应安全相平衡的战略目标，设定欧盟整体上达到安全低碳的能源结构的最低要求。[①] 为此，该绿皮书建议，为应对气候变暖带来的挑战，一方面欧盟要争取到 2020 年实现节约能源 20%的目标，提高能效、利用金融的手段和机制，鼓励投资，强化交通节能，在欧洲范围内启动“白色证书”系统，提供更多的能源性能信息，制定相关最低标准；另一方面则是选定可再生能源发展路线图，加大实施现有计划的力度，选择 2010 年必须实现的目标和指标，制定新的取暖和制冷标准及相关详细计划，逐渐降低欧盟石油进口依存度，积极推进清洁和可再生能源市场化进程。2007 年 1 月 10 日，欧盟委员会提出了一揽子旨在建立欧洲新能源政策的建议，包括一系列温室气体减排和发展可再生能源的宏伟目标。3 月 8—9 日，在布鲁塞尔召开的欧盟首脑会议采纳了上述欧盟委员会的一揽子欧洲新能源政策建议的要点，即：（1）单方面承诺到 2020 年欧盟国家温室气体减排 20%；（2）到 2020 年可再生能源占欧盟能源总消费比重达到 20%；（3）到 2020 年欧盟减少能源消耗 20%。

在 2006 年 11 月欧洲议会批准的欧盟有史以来规模最大的研发计划——第七个框架计划（2007—2013 年）中，能源技术研究成为突出内容，其包含能源效率、可再生能源、洁净煤与碳封存技术这三大主要优先领域。[②] 第七框架计划能源领域的研究目标为：（1）优化目前能源结构，以可再生、无污染的多样化能源为基础，减少对进口燃料的依赖；（2）加强节能，包括能源的合理利用与储存；（3）应对能源供应安全和气候变化问题的同时，

---

① Commission of the European Communities，“ Green Paper：A European strategy for sustainable，competitive and secure energy”. http：//ec. europa. eu/energy/green—paper—energy/doc/2006 _ 0308.

② 张军、李小春等：《国际能源战略与新能源技术进展》，科学出版社，2008 年版，第 17、33—37 页。

提高欧洲工业的竞争力。2007—2013年第七框架计划能源领域的研发经费预算为23亿欧元，主要支持下述研究方向：氢能和燃料电池、可再生能源发电、可再生燃料生产、可再生能源的主被动供热或制冷、开发碳捕捉及封存技术、洁净煤技术、能源网络改善、能效与节能、能源政策理论研究等。

欧盟委员会预测，如果目前能源需求上升趋势得不到有效抑制，那未来15年欧盟的能源消耗将会增加10%。由此，欧盟计划在建筑、运输、制造、金融和教育等共计75个行业全面实施限制汽车尾气排放、能源效率投资、提高发电能效，力争在2020年前实现节能20%的目标。相应地，欧盟还制定了六个方面的政策包括规范能耗产品、建筑和服务的动态能源性能要求；改进能源转换；发展运输部门；能源效率融资、经济激励和能源定价；改变能源行为方式、国际合作等等。2008年年底欧洲议会批准能源气候一揽子计划，作为欧盟节能减排新政策架构。显然，欧盟能源政策具有以下几个特点：能源效率成为能源战略和政策的重点部分；能源政策中的相关法律和举措细致娴熟，具有强大的可操作性；政策工具的选择多种多样；注重社会共识的建立和培养。

虽然在相当长时期里，由于欧盟各国没有就制定共同能源政策达成协议，欧盟层面缺乏相应有力的立法和执行权，但欧盟各成员国为保障能源供应安全和使用安全，还是越来越积极地大力发展清洁、可再生的替代能源，实施节能减排、引导“智能消费”。德国是世界上利用可再生能源最成功的国家之一，其中以风力发电为主。2004年8月，德国新的《可再生能源法》生效，对2000年出台的法律文件修订和补充，明确提出了发展新能源的目标，即到2020年可再生能源发电量占总发电量比重达到20%，为投资太阳能、风能、水利、生物质能和地热提供了可靠的法律保障。与此同时，英国在《2004年度能源白皮书》中也确定新能源战略目标，即可再生能源发电量占总发电量比重要由目前的3%提高到10%（2010年）和20%（2020年）。法国也推出了其雄心勃勃的生物能源发展计划，首先是在2007年前要将法国的以生产二脂和乙醇为主的生物燃料产量提高三倍，而后是争取超过德国，成为欧洲生物燃料生产的第一大国，到2015年要使生物燃料在法国能源消费中占到10%。为此法国已出台一系列鼓励生物燃料生产和消费的优惠措施。此外，法国还在继续发展核能的同时，加快开发太阳能、生物能等清洁能源的步伐。丹麦的能源多样化政策也重视积极开发生物能以及太阳能、风能等清洁可再生能源，其中生物质能主要是秸秆发电。丹麦是较早利用秸秆发电的国家，丹麦BWE公司率先研发秸秆生物燃烧发电技术，迄今仍然在该领域保持世界最高水平。2003年瑞典的能源消费中可再生替代能源占26%，而石油消费的比重已从1970年的77%下降到32%。瑞典已宣布，计划到2020年停止使用石油，代之以使用可再生能源。

令人注目的是，近期在全球节能减排的热潮推动下，德国在原先领先的基础上进一步加强新能源的技术开发，竭力扩大天然气和可再生能源利用，而英国则是未雨绸缪，更加坚定了低碳经济发展之路。

相当意义上，“低碳经济”的概念源于英国。早在2003年英国就发表题为《我们能源的未来：创建低碳经济》的能源白皮书，提出以低碳基能源、低二氧化碳的低碳经济发展模式替代化石能源发展模式。2007年，英国推出全球第一部《气候变化法案》，于2008年开始实施，成为世界上第一个拥有气候变化法的国家。2009年4月，英国又成为世界上第一个立法约束“碳预算”的国家。1990年以来，英国在应对气候变化方面已取得明显成效，温室气体排放已减少20%，超过《京都议定书》规定的目标。面对扑面而来的全球金融危机浪潮，2009年4月，英国政府公布“构建英国未来”的纲领性文件——《新工业、新工作》，提出要用战略性眼光实现经济复苏，“低碳经济”成为英国后危机时代主要的发展战略，英国要确保在未来全球竞争中占有先机。随后，英国几个政府部门联合制定《英国低碳工业战略》，提出英国低碳工业的现状和未来机会及战略的详细分析和总体构想。这个战略提出：全球未来将向低碳经济过渡，这将改变整体经济结构，也将改变英国工业面貌、商业供应乃至人们的生活方式。英国低碳经济战略的中心目标是：确保英国企业最大限度地抓住这一发展机遇，同时将经济成本降至最低；而政府将在经济转型中确保总体经济资源和利益的公平分配。在具体发展领域方面，作为岛国的英国将重点发展本国优势产业，包括海洋风力发电、潮汐发电、民用核电、超低排放汽车研制以及可再生建筑材料和化工产品等。2009 年 7 月英国再度发布发展可再生和清洁能源的国家战略白皮书《低碳转换计划》。

总之，金融危机爆发后，欧盟进一步认识到，传统能源带动经济增长的方式已经走到尽头，需要建立以清洁能源为主的全球新一代能源体系。为此欧盟各国近期明显加快了新能源发展战略的研究和实施，希望继续成为世界新能源战略的引领、主导力量，欧盟各国的能源基础研究计划和政策支持、欧盟应对气候变化的计划和贡献等，无不表明欧盟作为当代世界新能源体系建设的推动者作用无疑将进一步凸现。

五、日本：从节能领跑者发展为新能源创新技术引领者

作为能源资源极度匮乏的国家，日本向来高度重视能源安全战略。20 世纪 70 年代的石油危机给日本经济造成了严重打击，为此日本一方面致力于其能源来源的多样化，将政策目标调整为保持多种能源的稳定供应，而不仅仅是石油的供应；另一方面，开始把节能作为能源安全战略的一大重点和首要任务，展开节能

技术变革，调整产业结构，在1979年出台了一系列节能政策法规，其中包含后来多次修订的《关于合理使用能源的法令》(《节能法》)。此后30多年来，日本官民并举，在节能工作上大下苦功，家电节能和节能住宅是日本企业研究的重点，企业节能已从单个企业、单个产品走向跨企业的产业间合作，通过产品和能源的融通循环实现节能和效益的最优化。由此日本在节能领域取得巨大成效，能源强度下降30%，从1973年146标准油当量/百万美元下降到2007年的105标准油当量/百万美元，在世界上率先建立起首屈一指的节能型经济，成为发达国家中GDP单位能耗最低的高效能大国。

2004年6月，日本经济产业省提出《新能源产业远景构想》，目标是2030年前把太阳能和风力发电等新能源产业扶植成基干产业之一，推进及普及对环境影响小、成本低的清洁能源，控制国内温室气体排放，同时提高日本能源产业国际竞争力。2006年5月29日，主管日本能源政策的经济产业省又颁布了以保障能源安全为核心的《日本新国家能源战略》。这是日本政府首次制定的第一个国家能源战略。其提出了日本新能源战略的三大目标：(1) 确立国民可以信赖的能源安全保障体系；(2) 为经济的可持续发展奠定基础，将一体化解决能源问题与环境问题；(3) 为解决亚洲和世界能源问题做出积极贡献。围绕上述目标，2006年10月政府提出计划，把国有石油公司在能源开发项目所占股份比例从目前的50%提高到75%，同时把日本石油储备增加到700亿升，并规定汽油中生物乙醇混合比例从3%提高到10%。

近年来在国际油价高位震荡的严峻形势下，为了降低能源价格和能源供应对日本经济的冲击，探索"更加不易受石油等现有能源价格变动影响的经济结构"，日本于2008年5月22日公布了《2008财年能源白皮书》，指出日本能源结构将从石油为主向以太阳能和核能等非化石燃料为主转变，致力于推动更多使用清洁可再生的替代能源开发和使用。围绕新国家能源战略所确立的三大目标，日本还提出节能、石油依存度、核电、海外能源资源开发方面的五项宏观的战略指标，也就是到2030年：（1）将能源利用效率至少再提高30％；（2）石油在一次能源供应中的比例从目前的约占50％进一步降低到40％以下；（3）将运输部门的石油依存度从目前的几乎100％降低到80％左右；（4）核电在总发电量比例达到30％—40％以上；（5）日本企业在海外自主开发能源资源的比值由其交易量的15％提升到40％。日本新能源的战略重点是建立依靠先进技术的能源供需结构，主要途径是在充分挖掘节能潜力的同时，优化能源构成，特别是在交通运输领域降低对石油的完全依赖，广泛引入各种新型能源，大力发展核能，为此日本还采取了四大能源战略措施："节能领跑者计划"、"新一代运输能源计划"、"新能源创新计划"和"核能立国计划"。[①] 另外日本还制定了中长期综合性的"能源技术战略"，在经济产业省之下设立新能源与产业技术综合开发机构，拨出相当规模的预算资金，确立了一系列重点开展的节能技术、新能源技术、环境技术、燃料电池与氢能技术研发项目以及新能源与节能技术应用与推广项目。日本近5年每年投入2.7亿美元用于新能源研发。由此，日本在新能源和可再生能源利用方面，也取得巨大成绩，石油在一次能源中的比例已由1973年的77.4％下降到2005年的48.8％。

一个值得注意的动向是，目前日本企业正瞄准当前全球新能源革命浪潮的机遇，加速开发不依赖化石燃料和节能的新技术，试图成为利用新能源和节能技术的出口大国。的确，在太阳能发电、燃料电池、混合动力汽车等节能新技术方面，日本独领世界风骚，已经拥有开辟世界市场的拳头产品。

---

① 张军、李小春等：《国际能源战略与新能源技术进展》，科学出版社，2008年版，第24页。

在2009年刺激经济增长对策中，日本特别强调发展节能、新能源、绿色经济的主旨，其措施是延伸和细化2006年提出的“新增长战略”，如提高太阳能普及率、发展环保车、发展生物技术等措施。该新增长战略认为：日本的节能技术、环保技术、清洁生产技术、降低损耗技术、高效利用技术、生态产业技术以及各种管理经验，可以成为日本新的出口增长点。2009年4月，日本政府推出“日本版绿色新政”四大计划：一是太阳能利用达到世界第一，可再生能源利用规模达到世界最高水平，即从2005年的10.5％到2020年的20％，太阳能发电到2020年比2009年增长20倍。二是在世界上最早实现环保汽车。到2020年环保汽车销售比率占新车销售50％。三是推进低碳交通革命。四是实现资源大国目标，包括收集回收制度、废弃塑料资源化、开发海底热水矿床等。2009年日本民主党上台后，提出了雄心勃勃的新能源和气候变化战略目标，以达到日本政府提出的“力争使石油占一次能源消费比例由2006年的50％下降到2030年的40％以下”的既定目标。[①] 为此日本着力实施太阳能光伏发电技术创新，以实现《建设低碳社会行动计划》制定的宏伟目标。

六、新兴大国和其他国家特色纷呈的新能源政策

2008年以来在能源安全与环境安全的双重压力下，被称为“金砖四国”的新兴大国也分别结合各自国情，在通过自身传统能源产业的增产、节能、提效、转换和减排同时，全力以赴着手新能源战略发展的布局，力图在新一轮能源革命和科技革命的国

① METI, *New National Energy Strategy* (digest), http://enecho.meti.go.jp/english/report/newnationalenergystrategy2006.pdf.

际竞争中占据优势地位

作为世界生物能源领先者的巴西，正推行扩大实施开发乙醇燃料和使用生物柴油计划，减少进口石油依赖，实现绿色经济与“扶贫”的有机结合。印度则着力发展非常规能源，通过新能源安全政策，倡导使用清洁、可再生能源，大规模发展风力和太阳能发电，缓解常规能源供应危机，改变现有的传统化石能源结构，争取以绿色能源刺激经济腾飞。俄罗斯则于 2009 年 8 月通过《2030 年前能源战略》，力图通过节流开源维护资源优势。目前俄罗斯在实施油气燃料增产减耗计划同时，正在酝酿推出积极发展核能、可再生能源和水电等非常规能源的长期具体规划。

而世界上其他一些中等发达国家最近也从适应国际潮流和自身国情，建立安全、经济、清洁的能源供应和使用体系出发，实行各有特色、面向未来的新能源政策。其中，澳大利亚出台可再生能源立法草案，积极推进太阳能、风能等可再生清洁新能源技术研发与应用，以保障澳大利亚能源之未来。韩国公布了《绿色能源发展战略》，投资千亿于可再生能源、能效、电力和温室减排领域，政府为绿色能源提供从研发到出口产业化一揽子支持，尽快缩小与发达国家绿色能源产业差距。以色列凭借高科技优势，在保持节能提效技术优势的同时，因地制宜发展和推广可再生清洁新能源技术，实现高科技导向的能源可持续发展。南非以经济手段刺激可再生能源市场转化，南非政府内外并举，以多种财政手段支持可再生能源发展和市场转化工程，促进可再生能源技术的开发和商业化。

小　结

全球变暖系由人类过度使用化石能源燃料所引发的，为确保人类地球家园的健康持续，世界各国越来越意识到国际协力减排、应对气候变化的重要性、必要性和迫切性。伴随国际气候治理的深入，是当今世界各国掀起大规模开发和利用低碳或无碳的清洁可再生能源的浪潮，是一场以低碳经济为特征的新科技革命的悄然降临。近年来，在全球能源供需格局风云变幻、能源环境安全明显突出的情况下，世界各国尤其是能源消费和进口国更加重视节能减排，积极开发清洁、高效的新能源。即使在国际金融危机后世界能源价格高台跳水的形势下，尽管因各方利益分歧国际气候谈判的道路还艰难曲折，各国仍然在努力推进深化能源开发利用与环境气候安全的良性互动。

在当今世界新能源战略实施浪潮中，各国既有共同趋势又有各自特征。前者包括：应对全球气候环境挑战，开源节流，谋求安全、经济、清洁的可持续能源发展战略，并与摆脱国际金融海啸冲击、实现经济复兴相结合；后者包括：面临不同国情和发展层次，起步基础和利用条件不一，战略目标重点和主要路径手段各异，所遇障碍和实施效果有别。

值得注意的是，许多国家在新能源战略实施中或主动利用国际协作，或不自觉地为外部压力所驱动，各国相互促进、借鉴协作。这股世界新能源战略实施浪潮给中国带来重大冲击和影响的同时，为中国开展互利共赢的全方位多层次国际能源合作创造了可贵的机遇。

显而易见，这股国际新能源战略浪潮无论是对当前世界各国抗击金融危机和世界经济与政治体系转型，还是对迎接新能源革命、低碳经济时代降临和第四次科技革命均具有不可低估的现实意义和深远历史影响。而无论如何，不同国家集团在全球气候治理问题上的折冲樽俎，世界新能源浪潮的掀起，昭示着国际各方正在为低碳经济时代全球竞争新体系谋篇布局、抢占先机。

气候变化的全球治理困境与大国合作

孙 霞*

内容提要：气候变化问题兼具自然属性、经济属性和政治属性，其中政治属性是其根本属性。作为全球性政治问题的气候变化与其他能源安全、经济增长等问题相互纠结，存在国家利益与全球利益、个体安全与共同安全、国内责任与国际责任等一系列矛盾，导致气候变化问题的全球治理面临困境。气候变化的全球治理存在三种模式：自上而下的集权式治理、自下而上的分散式治理以及双轨并行的集团式治理。当前气候变化国际谈判中最不平衡的两大国家集团是发达国家和新兴发展中国家。这两大国家集团的合作是实现气候变化全球治理的关键，合作的基础是气候治理的民主化和全球公平原则。

气候变化问题源于人类对自身命运的担忧：由于人类使用化石燃料排放大量温室气体，将可能导致全球气温上升、海平面上

* 孙霞，上海社科院欧亚研究所博士后。

升等环境灾难。[①] 各种环境灾难还可能引起对日益稀缺资源的争夺，对全球安全造成了威胁。因此，气候、能源、安全、经济、环境等一系列相互纠结的问题需要世界各国携手打造遏制气候变化的国际机制。自 20 世纪 90 年代以来，全球环境问题和全球环境治理已经普遍被学术界和政策制定者所接受。[②] 全球环境治理是指全球治理在环境领域内的体现，主张治理范围的全球化和治理主体的多元化。它既包括国家和政府间组织的努力，也包括国际非政府组织等非国家行为体在环境领域的看法、倡议和行动。气候变化作为环境危机的主要内容之一，理应被纳入全球环境治理范围之内。[③] 当前，以联合国为主体的国际社会在全球气候变化问题上出现了难以跨越的治理困境，导致这一问题越来越紧迫。全球气候变化协议之所以难以达成，是因为与其他环境问题相比，气候变化问题除了具有全球性、公共产品、更易于搭便车等经济属性之外，还具有更为特殊的政治属性。

---

① 联合国政府间气候变化专门委员会（IPCC）2001 年的评估报告指出，“过去 50 年大部分观测到的变暖可能是由人类活动造成的”，“在 21 世纪，人类影响将继续改变大气环境”。See Houghton et al.，“Summary of Policymakers，” in John Theodore Houghton et al.，IPCC，2001：*Climate Change* 2001：*the Scientific Basis*：*Contribution of Working Group I to the Third Assessment Report of the Intergovernmental Panel on Climate Change*，Cambridge，U.K.，New York：Cambridge Press，2001，pp.10，12.

② See D.Esty and M.Ivanova，*Global Environmental Governance*：*Options and Opportunities*，New Haven，CT：Yale School of Forestry and Environmental Studies，2002；世界环境与发展委员会著，王之佳等译：《我们共同的未来》（王之佳等译），吉林人民出版社，1997 年版。

③ 为了更简洁和容易理解，本文有时候也把气候变化问题的全球治理表述为“全球气候治理”或“气候治理”，尽管学术界还没有开始使用这一专有名词。

一、气候变化问题的根本属性是政治属性

解决问题的一个逻辑起点是讨论问题本身的各种属性。气候变化属于地球科学、技术、经济、政治和国际安全的交叉领域，兼具自然属性、经济属性和政治属性。首先，人类以违反自然规律的方式掠夺式攫取自然资源，肆意破坏自然环境，而大自然已经以全球变暖等方式回击了人类造成的环境破坏。现在，人类试图以更新式的高科技为武器对大自然发动新的攻击。很显然，这种攻击再一次违背了气候变化问题的自然属性，它割裂了全球变暖与环境保护之间的联系。核能与核扩散、生物燃料与粮食危机、替代燃料与稀土生产的污染等之间的矛盾都不可能在人类现有的知识范围内得到解决。例如，推广生物燃料有可能在某种程度上解决全球变暖问题，但这会加速饥荒在全世界的蔓延。因此，通过技术创新并不能从根本上解决气候变化问题，只会使得人类与自然的矛盾加深。

从全球环境资源的有限性和稀缺性出发，国际学术界把气候变化问题的本质归结为经济学属性，把环境资源视为全球公共物品。乔治·蒙比奥特（George Monbiot）在他的新作《热：如何阻止地球变热》中直截了当地告诉我们，富国无需变成欠发达国家，无需改变中产阶级的生活方式，或者更确切地说，完全不涉及财富重新分配，就可以解决全球变暖问题。[①] 蒙比奥特等人过度关注气候变化问题的经济属性，在经济学家那里，环境和自然资源仅仅是获取财货和服务的功能性概念，包括环境系统在内的全球资源基础对于经济发展的意义仅仅是经济成本。这种对于

① See George Monbiot: *Heat: How to Stop the Planet From Burning*, Cambridge, Mass: South End Press, 2007.

气候变化的功利主义和实用主义解释支持利用市场机制来解决问题。但是经济学家发现气候变化问题不能通过成本一收益的核算来实现合作。[①] 例如，对含碳燃料征税是运用市场机制应对气候变化的主要选择，但是这一手段只能局限于国家范围内，很少有国家政府会主动用它来限制本国企业的发展，因为他们认为这一手段会遏制国家经济的持续发展。

某一国家决策者对气候变化问题的重视程度取决于该国的政治、社会、经济因素、气候变化的程度以及全球气候变化对国家地缘政治的影响。但是国际社会过于关注某个国家在能源领域的市场改革和技术创新，忽视各国新能源战略和应对全球变暖措施在国际政治层面的意义。这种气候变化应对政策的方向性错误可能造成对资源市场、新能源技术和机制合作的“路径依赖”。当今的气候变化问题以及与此有关的国际谈判和博弈与全球社会的权力格局有关，这就意味着要在国际政治层面理解气候变化问题，通过国际合作寻求解决气候变化问题的理论框架。气候变化问题的政治属性与其他诸如经济增长、人口老龄化、科技进步、能源安全、就业等问题相互纠结，形成一系列难以平衡的矛盾，使得问题的解决更加具有挑战性：

其一，从气候变化问题的缘起来看，存在国家利益与全球利益的矛盾。

以国家为主要行为体的能源使用和消耗属于国家个体的行为，而能源使用过程中向大气排放二氧化碳等温室气体带来的全球气候变化损害的是全人类的共同利益。这就形成国家利益与全球利益之间的矛盾，即某一个国家追求国家经济发展、人民生活水平提高等个体利益的同时，可能损害了世界所有国家或整个人类的共同利益。例如，过度消耗能源、能源使用效率低下等将对

① 王军：《全球气候变化与中国的应对》，《学术月刊》，2008 年第 12 期，第 5—13 页。

全世界所有国家和地区造成能源短缺、环境破坏等后果。可见，国家利益与全球利益的矛盾在气候变化领域更加明显、尖锐和紧迫。在强调保障国家能源安全和经济发展等国家个体利益的同时，不能损害他国的同等国家利益和环境保护等全球利益，不能以损害他国利益、全球利益来实现本国利益，这样才能实现国家利益与全球利益在气候变化领域的统一。

其二，从气候变化造成的后果来看，存在个体安全与共同安全之间的矛盾。

历史上有许多气候变化或极端天气引起冲突的例子，甚至造成文明国家的兴亡。[①] 因此，气候变化被认为威胁到许多国家的生存安全，被上升到国家安全战略和军事政策优先考虑的地位，甚至与恐怖主义和大规模杀伤性武器一起成为国家面临的三大安全威胁之一。[②] 然而，更多的气候变化因素通过环境安全作为中介威胁到整个人类的共同安全。气候变化造成的“环境安全”用来描述从能源开采到使用过程中对环境的污染和破坏，以及对气候环境和人类健康的长远影响。[③] 资源短缺、环境污染、自然灾害等这一类环境安全问题与人类的生存息息相关，已经成为共同安全领域中备受关注的焦点。更多的人把环境安全与世界范围内的和平与安全联系在一起，认为气候变化导致的海平面上升、粮食短缺、流行病、环境难民等问题将威胁国际社会的共同安全和世界和平。如果仅仅把气候变化问题狭隘地定位为国家的个体安全，反而更加不利于问题的解决，甚至可能造成激烈的竞争和冲突。

---

① Alan Dupont, “The Strategic Implication of Climate Change,” *Survival*, Vol. 50 no. 3, June—July 2008, pp. 29—54.

② Alan Dupont, “The Strategic Implication of Climate Change,” *Survival*, Vol. 50 no. 3, June—July 2008, pp. 29—54.

③ 关于“环境安全”的各种定义及争论参见张海滨：“有关世界环境与安全研究中的若干问题”，《国际政治研究》，2008年第2期，第141—158页。本文主要是从能源、气候与环境的关系来理解环境安全的含义。

其三，从气候变化问题的解决途径来看，存在国内责任与国际责任之间的矛盾。

温室气体排放造成的气候变化很难核算单个国家的环境成本，实现责任分担，因此单纯依靠市场手段无法完全解决这类全球问题。许多分析家也早已指出，让市场机制成为主宰人类命运和他们的自然力量的唯一力量，将导致社会毁灭的结果。[①] 当前国际层面的机制和规则过于强调国内责任，如促进国家经济的可持续发展，关于国家需要承担的共同责任仅仅局限于提高能源利用率和能源供应安全方面。[②] 如果每个国家都强调国家经济发展的责任，而忽视了应当承担相应的气候环境治理的国际责任，气候变化问题的全球治理就是一句空话。显然，诸如国际气候环境这类全球公共物品必须由全球主权国家共同承担责任，撇开其他国家的单独行动根本无法办到或者收效甚微，因为超量排放和肆意排放这类“搭便车”现象无法通过市场进行有效的成本分担。[③] 因此，通过建立国际组织和国际制度进行气候变化问题的全球治理必须强调国际责任的共同分担。

总之，全球气候变化问题是国家利益与全球利益、个体安全与共同安全、国内责任与国际责任等一系列矛盾的复杂统一体，要最终解决问题必须在全球范围内消除利益分歧，构建责任共识，实现人类共同安全。

---

① Karl Polanyi, The Great *Transformation*, New York: Rinehart, 1944, p. 73. 转引自张宇燕、李增刚著：《国际经济政治学》，上海人民出版社，2008 年版，第 426 页。

② 这些国际能源联盟和机制包括国际能源机构（IEA）、国际原子能机构（IAEA）以及《欧盟能源宪章》（ECT）等，大多是关于规范发达国家的能源投资、贸易、运输、存储，以保障他们的能源供应安全。

③ 因为大多数国家政府都不太愿意采取过于严厉的措施或增加过多的投资来减少碳排放量，从而影响经济增长，资源环境的公共物品性质使得“搭便车”或环境保护中的“单边主义行动”造成环境资源被过度利用。

二、气候变化的全球治理模式

20 世纪 80 年代中后期，气候变化等全球性问题在政治和法律方面引起了国际社会的关注，国际社会给这类全球性问题开出的药方是“全球治理”和“公民社会”。[①] 气候变化问题的全球治理即通过国际气候谈判，建立全球气候变化机制。但是，围绕气候变化问题形成的治理模式表明，作为主要行为体的民族国家仍然是国际体系的主导者，气候变化的全球治理离不开大国的主导作用和大国之间的合作。

迄今为止，并没有一种固定的气候变化的全球治理模式。当前的气候治理主要把国际规范和国际法作为解决气候变化问题的机制，并把成功创建和运作这些机制作为治理气候变化问题的主要内容。气候变化的多边机制主要体现在其萌芽或发展的初期阶段，如 1992 年制定的《联合国气候变化框架公约》(United Nations Framework Convention on Climate Change，the UNFCCC，以下简称《公约》) 和 1997 年通过的《京都议定书》(Kyoto Protocol)。《公约》是世界上第一个全球气候治理方面的国际条约，而《京都议定书》是其条约形式的执行性文件，具有法律约束力。《京都议定书》自上而下的治理模式给各方或各国设定了碳排放量的绝对值，看似协商起来相对简单而公平，但是由于

① 全球治理被定义为：“能够协调冲突性的或多样性的利益以及能够采取合作性行动的一种持续性过程。它包括能够有权实施服从的政治制度和机制，也包括非正式的安排。不存在单一的全球治理模式或形式，也不存在单一的结构或单一的一套结构。它是一种广阔的、动态的、复杂的互动性决策过程。” See David Held，Anthony G. and Mc grew，*Governing Globalization*：*Power*，*Authority and Global Governance*，Cambirdge，UK；Oxford；Malden，MA：In association with Blackwell，2002.

存在很多缺陷导致难以执行，比如全球责任分担的问题。气候协议庞大的参与者都需要对气候变化的紧迫性有足够统一的认识，《公约》将长期目标寄希望于所有参与缔约国当下减缓温室气体排放的行为。但是，由于各个国家的国家利益以及国内各阶层所属利益集团不同，对气候变化重要性的认识也有很大差异，导致国际层次的谈判及最终达成的减排协议可能对某个国家或某个阶层来说非常不公平。当前在西方国家主导下制定的减排机制实质是把权力集中在少数国家和国内特权阶层手里的“集权式治理”，难以得到国际社会的普遍支持。这种自上而下的机制安排与气候变化问题自下而上的产生过程，二者之间的矛盾导致机制的运作是非常困难的。由于矿物燃料的燃烧等企业生产方式和汽车尾气排放等个人的生活方式造成了全球变暖的全球性结果，遵循自下而上的发展路径。而国际气候机制这种自上而下的安排仅仅规定了国家政府的行为标准和目标，而不能有效制约地方政府、企业、个人等无数行为体的行为方式。两条路径的不可兼容性决定了国际气候机制难以产生有效结果。

还有一种气候变化的全球治理模式与“技术治国论”和绿色非政府组织有关。“技术治国论”者把气候变化问题看作纯粹的经济、技术和市场问题，认为要成功解决气候变化问题需要资金投入和技术创新。非政府组织代表底层民众的利益，更关注各自领域的经济、技术合作，澳大利亚政府屈从于非政府组织的压力而最终批准《京都议定书》的过程就是一个典型的例子。这种自下而上的分散式治理被证明具有非凡的潜力，权力向其他机构和层次的分散可以确保全球气候治理体系不是建立在几个特殊的国家和利益集团之上。诚然，脱离技术和资金条件来谈论减排目标是不现实的，全球气候治理离不开资金和技术的支持。[①] 但是如

① 邹骥：《气候变化领域技术开发与转让的国际机制创新》，《环境保护》2008年第5期A，第16—17页。

果这些市场因素不能通过政府的公共管理职能得以机制化，从而协调不同国际利益集团的行动，就不能成为国际气候治理的组成部分而发挥应有的作用。当前，在国际气候治理的多边谈判中，减排目标能否达成也取决于资金援助、技术转让等热点问题的机制化。日本和欧洲等资金和技术丰富的国家通过技术创新可以大幅度降低能耗，并且仍能保持经济增长和国民生活水平的提高。但是，由于世界资源的稀缺和分布不均衡，大多数国家不具备开发新技术的能力，因此制定约束性排放限制就会影响本国的就业机会和经济发展，导致大多数国家在没有资金和技术援助的情况下不会自主制定和执行这些约束性限制排放规定。例如，《公约》下相继设立了“气候变化专项基金”、“最不发达国家基金”和“适应基金”，这三项基金普遍受到发展中国家的欢迎。但是由于发达国家提供资金是非强制性的，因此往往是空头支票。2007年建立的“适应基金”试图整合全球资金技术，应对气候变化。但是由于该基金不具有国际法人地位，因此不能直接获得资金支持以帮助发展中国家。直到波兹南会议决定启动“适应基金”，赋予其独立的法人资格，“适应基金”才得以能够利用“全球碳市场基金”等来帮助发展中国家提高抵御气候灾难的能力。① 此外，绿色非政府组织的有效性和合法性也经常受到质疑，从而被排除在国际机制的法律过程之外。② 在气候变化谈判中，很多大型非政府间绿色国际组织仅仅是政府间的协调者和问题的发起者，而不是领导者和行为者。非政府组织施加的压力使得国家和公司在做排放报告时更加透明。但是，它们所处的位置一般不是

① 于宏源：“波兹南气候谈判和全球气候治理的发展”，载于杨洁勉主编：《世界气候外交和中国的应对》，时事出版社，2009 年版，第 136 页。

② Karl—Werner Brand and Fritz Reusswig, “the social embeddedness of global environmental governance”, in Gerd Winter ed. *Multilevel Governance of Global Environmental Change* (1st ed.), *New York*: *Cambridge University Press*, 2006, *pp*. 96—98.

很有利，并不能有效地影响国际立法去制定有约束力的责任条款。① 在 1992 年里约会议期间，8000 多个非政府组织参加了非政府组织论坛。但是就气候变化问题而言，各种代表石油和汽车公司的组织在各种联合国机构中，与环境保护主义的非政府组织同样活跃。由于各种非政府组织的目标和兴趣存在很大差异，他们施加压力的方法、影响谈判过程的有效性都有很大不同。地方政府层次的环境保护政策由于缺乏中央政府的支持也是徒有一时热情而不能长久，而且地方政府的行为也只能在区域层次的某些环境保护领域有效果，对全球性的气候变化问题则影响不大。

表一：气候变化治理模式比较

治理模式	结构	过程	主体	层次	全球政治关系
集权式治理	正式	自上而下	国家政府、IGO	全球层次	多级、相信权力制衡
分散式治理	非正式	自下而上	利益集团、NGO、公司	次国家层次	公民社会和非政府组织更具影响力
集团式（共同体）治理	正式与非正式	双轨并行	IGO 和 NGO、国家政府、利益集团、公司	次全球层次（欧盟、伞形集团、转型经济体、新兴国家等）	政府再次充当控制者角色，形成由问题促成的政治联盟

要解决气候变化问题必须致力于改变气候变化问题这一体系本身的结构，用系统的观念解决问题，同时重新确立国家在国际体系中的主导地位。国际政治是国内政治的继续和延伸，气候变化问题既是国内政治问题，同时又是国际政治问题。国际社会中

① [美] 布鲁斯·琼斯、卡洛斯·帕斯夸尔、斯蒂芬·约翰·斯特德曼著，[中] 秦亚青、朱立群、王燕、魏玲译：《权力与责任：构建跨国威胁时代的国际秩序》，世界知识出版社，2009 年版，第 83 页。

主权国家间在气候变化问题中的责任分担较量，不可避免地引起国内以资源分配为基础的利益重新调整。同样地，由于国内利益主体的存在，解决气候变化问题的超国家、跨国家的机制和体制也不能轻易超越国家的固定边界，超越国家主权的最高权威。因此，自上而下的问题解决路径与自下而上的问题发展路径相结合的一个关键渠道是重新发挥主权国家在国际社会体系中的主导作用。具备这两个条件的气候治理可以称之为“集团式治理”，即以国家集团，特别是气候变化中的大国为主体，把跨国公司、国际非政府组织、非政府组织、政府间组织、国家、利益集团、社会群体共同组成的混合结构加以体系化，共同打造全球气候变化治理框架。

在探讨集团式治理模式的核心特点以及它带来的深刻变化之前，需要强调以下几点：第一，前两种模式都在偏离预期的目标。要考察当前已有气候机制的有效性，需要从机制安排产生结果的可持续性，即可以减少碳排放、避免“公用地悲剧”等方面分析。事实证明，温室气体的排放仍然没有得到有效控制。欧洲是气候治理中最强大的呼声来源，但是其行动仍然落后于口号。美国等发达国家的二氧化碳排放量继续上升。第二，每种治理模式都包含其他两种模式的要素。事实上，三种模式都会在气候治理中发挥作用，不确定性在于哪一种模式会占主导地位，但是没有哪一种模式会单独存在（参见表一）。第三，新的气候变化框架协议需要充分运用政府与市场的相互作用：一方面，市场驱动了全球化和全球治理；另一方面，政府为了履行各自的温室气体减排目标而制定的旨在减少碳排放、改善产业结构等战略目标，促进了碳排放交易市场的发育。

集团式治理需要在国家集团间形成合作机制，如欧盟＋美国、欧盟＋俄罗斯＋日本，甚至美国＋亚洲国家等。在全球气候治理中，把国际社会绝大多数行为体都纳入其中符合平等参与的原则，但是这种大型集团在采取集体行动的时候往往更容易陷入困境。因为就大集团而言，其获得任何集体物品的数量离最优水平越远，它就越不可能采取行动去获得哪怕是最小数量的这类物品。简而言之，集团越大，就越不可能增进它的共同利益。[①] 在全球气候谈判这样的大集团中：一方面，由于没有一个成员获得的收益份额足以使它有动力单独提供公共物品；另一方面，美国、中国这样的温室气体排放大国一旦缺席，则会使其他成员明显感受到集体利益的受损，那么这样的大集团永远不可能获得集体物品。但是在小型集团中，如欧盟或美国＋东亚集团中，如果集团中的成员发现它从集体物品中获得的个人收益超过了提供一定量集体物品的总成本，有些成员即使必须承担提供集体物品的所有成本，他们得到的好处也要比不提供集体物品时来得多，[②] 那么通过谈判承担为获得这一集体利益而付出的成本就更容易。尽管小型集团不能提供全部公共或集体物品，但是只要向大集团提供了一件公共或集体物品就是向集体行动迈进了一步。

三、集团式治理中的大国合作

最新一轮气候变化谈判的结局再次凸显出全球气候治理面临的困境。自上而下的集权式治理由于联合国体制的局限性难以单独应对这一世界难题，自下而上的分散式治理尽管非常有前途，但目前还难成“气候”。组成小型集团的做法在 2009 年 12 月的哥本哈根峰会中已开始尝试：在哥本哈根会议期间已紧急成立了一个“28 国集团”，“基础四国”和“丹麦文件”的立场也在逐渐靠拢。当前气候变化谈判中最不平衡的两个国家集团是以美国

① ［美］曼瑟尔·奥尔森著，陈郁、郭宇峰、李崇新译：《集体行动的逻辑》，上海人民出版社，1995 年版，第 30 页。

② ［美］曼瑟尔·奥尔森著，陈郁、郭宇峰、李崇新译：《集体行动的逻辑》，上海人民出版社，1995 年版，第 28 页。

为首的发达工业化国家和以中国、印度、巴西等为代表的发展中新兴大国。在最近几次的气候变化谈判中，这两大国家集团之间的矛盾更加明显。矛盾主线是保护气候与经济增长的关系，国家发展权与国际减排义务的关系，矛盾核心是如何分摊减排温室气体的成本。这两大国家集团之间的矛盾和合作发展趋势折射出气候治理中的最大问题，即民主化和全球公平原则。

(一) 气候治理的民主化和全球公平原则

气候治理的民主化主要包括从全球利益出发，气候变化信息的客观、公开，平等、合作参与制定国际气候机制等原则。当前的全球气候治理被扭曲了，因为它成为强势国家和国际实力集团获得更多利益的手段，同时压制了多数群体的利益诉求和社会公正、人类安全等理念。全球气候治理的扭曲如果得不到纠正，就无法避免国际社会在全球气候治理能力方面的不足，气候治理仍会沦为争夺财富和权力的话语，全球气候治理就仍是一句空话。也就是说，在国际社会中，谁掌握着全球气候治理的话语权？谁在制定这些气候治理的规范？为谁的利益？制定什么样的规范？目的是什么？要回答这些问题，首先需要维护气候变化主体中弱势方的生存权和发展权，努力倾听他们的呼声，制定有利于弱势方的规范，这是气候治理全球公平的具体体现。当前全球治理民主化的主要障碍是美国的单边行动。尽管美国是 1992 年《公约》的缔约方，也参与了《京都议定书》的讨论，但美国不是《京都议定书》的缔约方。美国的缺席导致其他国家对气候变化的热情稍减，特别是发展中大国，有可能追随美国的单边行动。[①] 如果

① Joyeeta Gupta，“developing countries and the post—Kyoto regimes：breaking the tragic lock—in of waiting for each other’s strategy，” in W. Th. Douma，L. Massai and M. Montini，eds.，*The Kyoto Protocol and Beyond*：*Legal and Policy Challenges of Climate Change*，Cambridge，UK：T·M·C Asser Press，2007，p. 162.

美国、欧盟或者其他某个国家采取一种“单边惩罚”机制，即用本国优势惩罚、打击碳排放不符合其国内标准的国家，例如美国针对中国征收碳排放税，这种单边行动将导致限制碳排放的愿望被扭曲。因此，应当避免这种苗头出现，制定全球多边的气候机制。

全球气候治理中的公平问题包含了广泛而深刻的伦理学内涵，是人与自然公平、代内公平和代际公平的统一。全球气候变化问题的提出首先就是基于人与自然的公平原则，而在实践中，代际公平和代内公平就成了实际的公平问题。全球公正既是全世界一致行动的基本保障，又是一个国家选择适宜的发展道路和制定资源开发利用以及环境政策必要的外部前提。① 排放权是一项涉及全球及各国排放空间的重大问题，温室气体排放的分配需要遵循效率和公平的双重原则。发达国家从效率原则出发，认为如果中国等正在发展中的排放大国不限制排放，即使发达国家再怎么限制排放，也不可能达到限制排放的总体目标。美国认为《京都议定书》没有对中国和印度这两个发展中排放大国限制碳排放，对美国不公平，并以此为借口拒绝批准《京都议定书》。但是，温室气体的排放权和环境资源并不仅仅是一种普通的公共资源，而且涉及人的生存权和国家的发展权。因此，还应遵循发展的公平原则，国际机制应适当向较贫困国家倾斜，处理好减缓、适应与发展之间的关系。发达国家要求发展中国家承担减排义务，而发展中新兴大国要求发达国家根据其在《公约》下所作的承诺，采取实际行动，向发展中国家提供资金和技术转让。如何公平地在各国之间分配各自应承担的义务是国际气候协议面临的复杂问题。因为一方面没有现成的准则可以公平地分配温室气体减排义务，另一方面不成熟的简单规则又难以获得广泛的政治支

① 冯颜利：《全球发展的公正性：问题与解答》，中国社会科学出版社，2008年版，第159页。

持。例如，根据平等的人均温室气体排放权来分配减排义务（这对于发展中国家有利）以及根据历史和现在的排放量来确定负担原则（这对于发达国家有利）。有必要限制发展中国家排放量的潜在增长，但是如果发达国家把它们的减排义务转嫁到发展中国家或处于经济转型的东欧国家，对发展中国家的排放限制将不会有任何意义。排放权交易的机制有可能被滥用，其带来的经济和政治意义将进一步扭曲全球气候治理的初衷。[①] 围绕公平和效率的权衡关系，发达国家与发展中国家两大集团之间的矛盾已经构成气候变化国际斗争的主要矛盾之一。

（二）IPCC 与气候治理的民主化

气候治理的民主化与政府间气候变化专门委员会（Intergovernmental Panel on Climate Change，IPCC）及类似组织的成立和作用有关。IPCC 主要由世界各国的政府代表组成，他们与国家实验室、气象办公室、科学机构等有密切的联系。它既不是一个严格意义上的学术机构，也不是一个严格意义上的政治团体，而是一个独一无二的混合机构。问题的关键是，这一机构所提供的报告被认为是本着客观公正和政策中立而达成的共识。[②] IPCC 每 4—5 年一度的气候变化评估报告成为决策者制定政策的主要依据，甚至成为商界、媒体及广大公众等利益团体关于气候变化的唯一信息来源。[③] IPCC 应当像它承诺的那样保持在气候变化

---

① See J. Timmons Roberts and Bradley C. Parks, *A Climate of Injustice: Global Inequality, North－South Politics, and Climate Policy*, Cambridge, Massachusetts, London, England, The MIT Press, 2007.

② 政府间气候变化专门委员会网站，http://www.ipcc.ch/organization/organization.htm。

③ Richard C. J Somerville and Jean Jouzel, "The Global Consensus and the Intergovernmental Panel on Climate Change", in Catherine Gautier and Jean－Louis Fellous, eds., *Facing Climate Change Together*, New York: Cambridge University Press, 2008, pp. 12－29.

问题上对各种评价的客观性和公正性，避免和防止少数政治立场对其客观性和公正性的影响。但是，由于 IPCC 中发达工业化国家的势力较强，其活动较多地反映了发达国家对全球气候变化的立场和观点，科学对政策的跨国界的影响在气候治理领域恰恰体现为对民主的质疑。1995 年，在约四百名专家以及各国和非政府利益团体的代表之间进行了一轮又一轮令人精疲力竭的分析、谈判和游说之后，IPCC 向世界宣布了它的第二份报告。报告中唯一一句广为引用的话是："有证据表明，人类对全球气候的影响是可以察觉到的。"① 含糊的措辞表明，政治妥协已经冲淡了科学家的程序。虽然这份报告直接推动了 1997 年《京都议定书》的达成，但是美国的保守派认为，限制排放会对美国造成经济灾难，《京都议定书》会改变世界经济，有利于不受限制的发展中国家。因此美国参议院宣称拒绝批准任何不给发展中国家设定限制的条约，其借口就是气候变化的不确定性。如果全球气候治理是建立在 IPCC 这样的国际组织基础上的，民主化就是脆弱的，建立一个公开、平等、合作的气候治理框架的愿望将难以实现。即使大部分人认识到全球变暖的事实，其科学发现也最后被证实，也已经失去了其应有的科学说服力。合理的科学解释是采取一致行动的基础，但是至今仍有怀疑论者在质疑全球变暖是一场阴谋，而从政策制定者的角度来说，不确定性会导致缺乏行动。美国经常把全球气候变化的不确定性作为其不支持具有约束力的减排措施的理由，里根政府、乔治·H. 布什政府、乔治·W. 布什政府时期皆是如此。美国的国会也经常以科学的不确定性为

① IPCC 1995, *Climate Change* 1995: *The Science of Climate Change*. Contribution of Working Group I to the Second Assessment Report of the Intergovernmental Panel on Climate Change, John T. Houghton, et al eds., Cambridge, UK: Cambridge University Press, 1996, p. 5.

由反对美国采取减排温室气体的措施。[①] 在全球气候变化问题上，人类已经达成了足够的科学共识，科学不确定性不应该成为不采取相应行动的借口。

IPCC 还由于偏向减缓、轻视适应而遭受批评。科学研究和国际共识表明，应对气候变化主要有两种手段：一是减缓温室气体的排放，从源头控制气候变化，这一措施的效果是长期的和全球的。二是采取适应措施，将气候变化的不利影响降低到最小限度，这一措施的效果往往是中短期的、局部的。即使全球未来温室气体的排放得到有效控制并实质性减少，全球变暖及其不利影响仍会持续数百年甚至上千年，这就给人类特别是发展中国家造成了极大的适应压力。[②] 实际上发展中国家在承受由发达国家造成的后果，发展中国家相比发达国家面对气候变化更为脆弱。但是，IPCC 的报告倾向于贬低通过能源替代方案等经济力量来限制气候变化的适应能力，特别是 IPCC 对于《京都议定书》这一基本上是减缓协议的支持遭受广泛批评，被认为是危险的，其履行会损害经济增长。[③] 发展中国家适应气候变化的战略需要更多来自发达国家的资金和技术支持，温室气体的主要排放国有义务为适应气候负起责任。

四、结论

当前，气候变化的全球治理正陷入困境，其原因是多方面

---

① 薄燕：《国际谈判与国内政治——美国与〈京都议定书〉谈判的实例》，上海三联书店，2007 年版，第 68 页。

② 姜冬梅、张孟衡、陆根法主编：《应对气候变化》，中国环境科学出版社，2007 年版，第 165、170 页。

③ Edward A. Page, *Climate Change, Justice and Future Generations*, Massachusetts, USA: Edward Elgar Publishing, Inc, 2006, p. 9.

的。首先在于气候变化问题的复杂性。尽管气候变化具有其他环境问题所具有的全球性、跨国界、长期性等特点，并兼具自然属性、经济属性和政治属性，但是气候变化问题还具有更多的特殊性，政治属性是其根本属性。从气候变化问题的缘起来看，存在国家利益与全球利益的矛盾；从气候变化造成的后果来看，存在个体安全与共同安全之间的矛盾；从气候变化问题的解决途径来看，存在国内责任与国际责任之间的矛盾。其次，治理方式不完善以及缺乏公正性也是造成气候变化治理陷入困境的主要原因。当前已经存在的集权式治理模式和分散式治理模式都不够完善。有些全球性问题仅仅涉及到某些国家或某些团体，如海洋污染问题等。而气候变化问题不仅涉及到全球公共领域，而且触及每个国家的经济发展模式、企业的生产方式，甚至每个人的生活方式和行为习惯。如果不通过各国政府的参与和努力，这种自下而上的问题路径很难用自上而下的国际机制安排来约束。在系统（体系）和单元（企业、个人）之间没有存在直接的关系，因此需要一个中间桥梁，即国家。当前制定的框架公约的成员是国家，不能直接作用于地方结构、企业和个人。联合国这样自上而下的单一系统使得国家权威日益受到削弱，规则和制度很难在国家层面得到执行。自下而上权威的分散式治理包括公共的、私人的和市民的各种机构，以及种种非正式的规范和标准，但是却很少有机会在现实中被实践。非国家行为体只能被看作国际机制建立和运作的催化剂。在国际体系的层面上，解决问题对国内事务的干预程度越深，解决问题的难度就越大。因此，问题的属性在一定程度上影响解决问题的难易程度。集团式治理弥补了上述两种治理模式的缺陷，是未来气候治理最有希望的模式，但是由于充满权力的不平等和单边行为，气候治理的民主化和公平性难以体现，扭曲了人类对于环境的关爱和责任。

气候治理要求国家主动限制自我利益，并且愿意承担国际责任去保护共同的大气环境，实现人类共同安全。在这个意义上，解决困境的唯一途径是用系统的方式，在理性的基础上建立本质上公平的为所有国家认同的国际气候治理体系。要做到这一点，必须通过国际谈判制定一套足以具有约束力的核心机制。在这些核心机制框架下，各国可以自由地选择追求发展优先还是环境优先。为此，发达国家必须做出表率，发展中新兴大国必须做出一些牺牲。如果美国依然是一个不情愿的多边主义者，并随时决定采用傲慢的单边制裁；如果发展中新兴大国依然不情愿做出国家利益的短期牺牲，即使自愿牺牲也不可能，那么很难期望会在“后京都”时代创立一个国际气候治理体系，全球气候对所有人免费开放的“无治理”状态和免费搭便车的“治理困境”将不得不最终走向残酷的自然选择。

20世纪70年代中东石油危机时期苏联石油经济分析

施兰兰*

内容提要：20世纪70年代中东石油危机时期，苏联凭借丰富的石油储量成为世界主要的石油输出国之一。它不断增加对石油工业的投资，开发国内石油资源，大量输出石油。当西方国家遭遇经济“滞涨”、能源危机时，苏联则凭借石油美元促进了经济发展，提高了人民生活水平，使经济、政治、社会状况臻于巅峰。实力的提升使苏联在冷战中一度处于领先地位，但是石油经济也是苏联政府错失经济改革良机的重要因素之一。增加的国库收入被大量用于军备竞赛和霸权争夺，一旦西方对其施行经济遏制，石油的优势就荡然无存，最终不能靠一己之力挽救苏联衰败的命运。

* 施兰兰，上海社会科学院欧亚研究所硕士研究生。

一、70年代两次中东石油危机与苏联石油工业的发展

20世纪70年代，中东发生的两次石油危机不仅改变了国际关系结构，而且开辟了苏联石油经济时代。第一次石油危机发生在1973—1974年间。1973年10月第四次中东战争爆发，为支持埃及和叙利亚同以色列的战争，欧佩克的阿拉伯成员国从西方石油公司手里收回了石油定价权，在宣布石油禁运的同时将国际油价提高了两倍多，不仅造成国际油价短缺，而且由此引发了二战后最严重的国际经济危机。

第二次石油危机发生在1979—1980年间。当时世界第二大石油出口国伊朗发生革命，国内亲美的国王巴列维政权被推翻。随即伊朗和伊拉克又爆发了长达8年的边境战争，使得当时的全球石油日产量从580万桶骤减到100万桶，导致国际油价暴涨，再度引发西方发达国家经济衰退。

与西方遭遇石油危机、经济危机相反，苏联经济却由于两次石油危机进入了战后经济发展最快的黄金时期。利用危机，苏联政府对石油工业的投资急剧增加，石油工业高速发展；利用危机，苏联迎合国际消费的需求大量输出石油资源，取得了对西方国家的战略优势。

20世纪50—70年代，随着世界石油市场的繁荣，苏联石油工业迅速发展，史称苏联石油工业的“黄金时代”。1950年苏联石油出口仅30万吨，1960年增加到1783万吨。[①] 不过，直到70年代对西伯利亚油田大规模开采后，石油才真正成为苏联丰富且价廉的能源资源。更重要的是，凭借两次中东石油危机及西方对苏联石油的大规模需求，此时的石油工业已经成为苏联经济中不

① 王才良：“世界石油工业百年风云（四）”，《国际石油经济》2000年第5期。

可或缺的支柱产业之一。“取之不尽”的石油为国家换取了国外先进设备和大量石油美元，又进一步促进石油工业的发展。

首先，国家对石油工业投资比重不断加大。早在第五个五年计划（1951－1955年）时，苏联政府就采取了优先发展石油工业的方针。石油工业在苏联的国民经济投资中占有愈益增大的比重，到70年代末的1979年，苏联用于石油工业的投资已经占全国工业总投资的12.9%，仅次于机器制造业和电力工业。① 从60年代到70年代后期，国家对油气工业的投资超过对煤炭工业投资的2—3倍。投资的加大不但促进了产量增加，也改善了苏联能源利用结构，到了70年代，在苏联能源消费中，包括天然气在内的液体燃料利用所占的比重就已超过了以煤炭为主的固体燃料。②

其次，积极开发新油田。苏联石油产量大幅度增长主要反映在国家对西伯利亚油区的开发上。60年代前半期在西西伯利亚就陆续发现了一批大型油田。在60年代开发的基础上，西伯利亚的油田在70年代得到“高速开发”，石油、天然气产量激增。

西伯利亚年石油产量及占苏联石油总产量的比率

年份	产量（万吨）	比重
1964	20	0.10%
1968	1220	
1971	4480	11.90%
1974	11620	25.30%

① 丁先学：“苏联石油形式和前景”，《武汉大学学报》（哲学社会科学版），1983年第2期。

② 王能全：“苏联能源工业的发展现状及前景”，《国际石油经济》，1991年第1期。

续表

年份	产量（万吨）	比重
1977	21830	39.90%
1980	31300	51.90%

资料来源：徐景学：《西伯利亚史》，黑龙江省教育出版社，1991年8月第1版，第600页。

其中，苏联70年代出口的石油很大一部分来自西伯利亚的秋明油田。秋明油田于1964年投入工业开发，1974年产量已达11600万吨，十年后的年产量超亿吨。[①] 西伯利亚油田的大开发使得苏联1974年的石油产量达到4.59亿吨，超越了美国跃居世界首位。[②] 当然，苏联在加快开发新的大型油田的同时，也十分重视小油田的开发。在当时开发的600多个油田中的很大一部分属于中小型油田，储量不均、所处位置分散和产量有限等特点增加了开发小油田的成本和难度。但苏联政府为完成和实现对外出口的需要，不惜花费重金努力开发有工业开采潜力的中小油田，使得当时中小油田的产量达到全国总产量的三分之一以上。除此之外，苏联政府加紧石油地质研究和勘探工作，在高加索、东西伯利亚、远东、里海、北冰洋、沿海海域和大陆架陆续发现了大量储油地质构造，进一步扩大了石油储备潜力。

再次，大力发展油气运输基础设施。由于管道的铺设较之铁路建设相对低廉，运输速度又是铁路的2—3倍，具有不受气候限制等优点，加上天然气运输的局限性，油气管道（尤其石油管道）建设在苏联一直得到重视。早在1913年的沙俄后期，俄国国内就铺设了一条长1100公里、年输送量为40万吨的石油管道。1940年苏联又铺设了第一条天然气管道。[③] 70年代前期，

① 薛巨："苏联石油生产的历史、现状与前景"，《日本学论坛》1981年第3期。

② 王宪举、张铁钢："秋明油田和苏联石油生产"，《瞭望》1985年第39期。

③ 赵海舰："苏联的管道运输"，《世界知识》1983年第20期。

苏联已经有13590公里的管线开始运行。[①] 到了1980年，石油管道长度增加到18万公里，天然气管道9.1万公里（1980年第48期苏联《经济报》报道）。为了发展油气管道运输业，苏联政府用石油做交易，换取在当时其国内不能生产的欧洲大口径钢管。尽管遭到美国的反对，但苏联和欧洲还是实现了一系列交易。

二、苏联的石油经济收益

石油扩大出口为苏联创汇、经济发展和对外扩张做出了巨大贡献。

第一次石油危机发生前，苏联石油的主要出口对象是经互会成员国。其次才是西方国家，其地区结构是：经互会成员国占52.3％，西方资本主义国家（指西欧各国加上美国、日本、加拿大）占40％，其他地区7.3％。[②] 大部分经互会成员国都缺乏石油资源，消费基本依靠从苏联进口。以1973年为例，全东欧只生产1700万吨原油，但消费量却高达1.3亿吨，生产量仅占需要量的13％。1976年，苏联对经互会成员国（包括蒙古、古巴）的出口量高达7759.9万吨，占苏联石油出口的一半以上。[③]

然而1973年以后情况发生了微妙的变化。中东石油危机使得西方不得不减少对中东石油生产国的依赖，把目标转向苏联，苏联则恰逢其时地扩大了对西方石油的输出。由于西欧一些国家对苏联石油的依赖程度不断提高，苏联一改之前对西方“低价攻势”的作法，大幅提高向西方出口的原油价格。1974年国际市场石油价格比1973年提高3.5倍，苏联的油价也从1973年的

① 迈克尔·伊科诺米迪斯，唐纳·马里·达里奥著，徐洪峰、李洁宇译：《石油的优势——俄罗斯的石油政治之路》，华夏出版社，2009年7月版，第19页。

② 庄咏文：“苏联的石油出口贸易和政策”，《外国经济与管理》，1980年Z1。

③ 庄咏文：“苏联的石油出口贸易和政策”，《外国经济与管理》，1980年Z1。

25.4卢布提高到64.3卢布，上涨1.6倍多。到1975年，苏联向西方出口的油价已接近国际市场的价格①。苏联不是欧佩克的成员国，因而不受禁运限制。飞涨的油价让苏联石油出口获得暴利，使其积累了历史上最大数量的硬通货盈余。② 获得巨大好处的政府开始重视加大生活必需品的生产，苏联老百姓生活水平因此也得到了前所未有的提高。显然，在这场石油战中，苏联才是最大的受益国。

为了进一步提高石油产量和扩大石油出口，苏联一边加快引进西方的设备，一边鼓励西方石油跨国公司直接投资其油田，此外苏联还依靠与西欧国家合办炼油厂的方式扩大石油的销量。苏联曾分别同日本公司达成勘探库页岛大陆架石油协议，同法国“埃勒夫”石油公司谈妥巴伦支海海上油田开发协议，取得了西德企业提供的大型石油化工设备。自然，这些协议的达成均以石油或石油产品为交换条件。西方国家迫于资源紧缺，十分乐意与苏合作，并相应提供了一些技术装备。

在实际收益上，1974年至1984年的十年间，苏联出口石油与石油产品获得的收入达2700亿—3200亿美元。③ 可以说，正是石油经济的发展给苏联带来了近10年的经济社会稳定和繁荣。从国内方面看，人民实际收入水平和消费水平有明显提高，经济增长速度同西方保持着一定优势；从世界范围看，这一时期，由于西方国家的经济陷入了衰退并引发了政治动荡，它们对苏联能源的依赖日益显现。苏联经济实力明显提升，成为军事、科技大国。

---

① 庄咏文：“苏联的石油出口贸易和政策”，《外国经济与管理》1980年Z1。

② 迈克尔·伊科诺米迪斯、唐纳·马里·达里奥著，徐洪峰、李洁宇译：《石油的优势——俄罗斯的石油政治之路》，华夏出版社，2009年7月版，第229页。

③ 陈之骅：《勃列日涅夫时期的苏联》，中国社会科学出版社，1998年版，第195—196页。

三、苏联石油经济的忧患

丰富的石油资源也是一把双刃剑，一面它确实为苏联经济带来了高速发展，另一面它又用经济繁荣蒙盖了众多矛盾。20 世纪 70 年代，苏联的经济体系中已经聚集了大量深层次的危机，石油美元只是缓解了它们的爆发时间，但终究不能化解。

首先，政府错失改革良机。苏联确实利用石油危机大赚了一把，却因此错过了经济改革的最好时机。虽然苏联没有放弃“新经济体制改革”，但改革的实质也只限于减少指令性指标、扩大企业自主权等方面，没有突破苏联高度集中的计划经济体制框架，名为“改革”，实为“完善”，最终不了了之。“新经济体制改革”难以深入是由多方面原因造成的，而石油经济首当其冲是关键因素之一。石油换取的硬通货持续增加，国内表面的经济繁荣掩盖了集权制度以及经济结构性矛盾的弊端，以至于勃列日涅夫公开宣布苏联的自然资源是用之不竭的。[①] 当西方国家因能源困境开始致力于研发提高能效的先进技术和经济转型时，苏联仍保持着传统的经济结构和偏重发展传统的产业部门，并将赚得的外汇用于与西方的军备竞赛。

其次，石油输出矛盾凸显。禁运使得世界市场对苏联石油的需求远大于苏联本身的生产能力，在输出总量不变的情况下，苏联只能用拆东墙补西墙的方式不断削减对东欧五国的石油供应，满足西方市场的需要。主要原因在于，苏联石油出口西方能够直接获得其十分渴求的硬通货收入。虽然苏联每年对东欧国家的供应在缓慢增长，但增长率是逐年下降的，远不能满足这些国家的

---

① 迈克尔·伊科诺米迪斯，唐纳·马里·达里奥著，徐洪峰、李洁宇译：《石油的优势——俄罗斯的石油政治之路》，华夏出版社，2009 年版，第 185 页。

消费量，能源和原料供应曾一度成为东欧国家在经互会会议上与苏联激烈争执的中心话题。继采取有限制的增加方针之后，苏联又公开提出让东欧国家从中东购买石油、让古巴从拉美购买石油的要求。1975年以前，经互会国家互相贸易价格基本上按前五年世界市场平均价格确定其后五年的价格。但1975年苏联在经互会执行委员会会议上强行通过了两项措施：违反协定规定提前一年（从1975年起）提高石油、石油制品及其原材料和工业产品的价格；修改经互会原来定价办法，规定今后将按前五年世界市场平均价格确定每一年的价格。[①] 通过强行定价，苏联从东欧五国获取的石油收入增加了14多亿卢布，使东欧五国经济遭受了巨大损失，自然引起它们的强烈不满。苏联在二战后能够一直控制着东欧国家，除了依靠强大的军事武力外，能源特别是石油资源也为其统治增加了巨大力量。一旦石油输出平衡被打破，无疑会加深东欧国家对苏联的积怨。

再次，效率低下及能源消耗严重。由于生产效率低下、自然条件恶劣、缺乏先进的开采技术、开采费用大等原因，苏联东部地区特别是西伯利亚地区丰富的自然资源，远没有得到充分利用。苏联每年的石油生产增长量自1975年以来逐年下降。例如，1975年是3190万吨，1978年2620万吨，1979年2100万吨。[②] 但其国内石油消耗的数字很庞大，70年代中后期苏联国内石油消费每年持续在3亿吨左右，其中军需用油数量惊人。例如，军事力量相对薄弱的亚洲地区每年军需用石油达490万吨，占当地需求总量的40％。[③] 另一个严重的问题是苏联经济中的浪费现象十分突出：能源利用率仅为43％，损失达57％，折合标准燃料

① 吴琦、叶军、何连生：“东欧五国同苏联的经济关系及其发展趋势”，《俄罗斯中亚东欧研究》1982年第5期。

② 于棣：“石油——苏联争霸的工具”，《世界知识》1979年第15期。

③ 同上。

相当于9亿吨。[①] 为了控制大量的原料浪费，政府也一直强调节能的重要性，提出集约化方针。并在“十五”计划的文件中还特别明确规定：“通过改善燃料平衡结构，更合理的利用各类能源”、“在使用石油、天然气的同时，大量使用煤、油页岩、水力和核能”。[②] 可是收效甚微，经济仍然是粗放型、消耗型、浪费型，经济增长方式的改革几乎没有取得任何进展。

第四，石油美元成为争霸的工具。随着国家经济繁荣、军事实力上升，苏联扩军争霸政策不断发展，把赚取的巨额石油美元大量用于太空军备竞赛和发展对外关系上。阿尔巴托夫指出：“在这些年内我们全力以赴地狂热地卷入军备竞赛的漩涡，很少考虑这样做会导致什么样的经济后果和政治后果。”[③] 据统计，1970—1979年，苏联对第三世界的“军事援助”达474亿多美元，“经济援助”达116亿多美元，占1955年以来苏联“军援”、“经援”总额的87.6%和63.9%。[④] 苏联的综合实力达到最强大的鼎盛时期，成为世界超级大国，比起经济处于“滞涨”状态、深陷越南战争不能自拔的美国显得更加咄咄逼人。

但是70年代末80年代初，美苏军备竞赛的天平开始向美国倾斜，特别是里根入住白宫后，一面把苏联引上了“星球大战”的方向，消耗其国力；一面向欧佩克施压，降低油价，从而阻断苏联军备的资金来源，并拖垮其经济。确实，低油价使苏联出口收入锐减，而已经铺开的军事竞赛这堆摊子则已经无法收缩，负担沉重的军备开支成为苏联经济的致命一环。

---

① 陆南泉：《前苏联经济增长方式的转变情况》，见曾培炎主编：《加快转变经济增长方式》，中国计划出版社，1995年版，第254页。

② 王国清：“苏联的能源问题”，《世界经济》1981年第4期。

③ 格·阿·阿尔巴托夫著，徐葵等译：《苏联政治内幕：知情者的见证》，新华出版社，1998年版，第273页。

④ 陆南泉：《苏联兴亡史论》，人民出版社，2002年版，第621—622页。

小　结

石油只是“缓冲剂”，无论何时都不能成为拯救一国命运的“灵丹妙药”。两次石油危机使偶尔的石油因素延缓了苏联危机发生的时间，并用表面的繁荣掩盖了各类亟待解决的矛盾。这期间，苏联政府在大力发展石油工业的同时虽对国家经济做出一些改革尝试，但“虎头蛇尾”，归于失败，因而错过了利用赚取的石油外汇推进改革、使国民经济步入正轨的关键时机。更严重的是苏联政府为了达到其政治霸权目的错误地利用了石油经济，不仅加剧了与东欧国家的紧张关系，而且遭到美国的经济遏制。优势成为劣势，自身的经济发展被严重破坏，国内种种问题立刻以更尖锐的形式凸显出来。正如阿尔巴托夫所言：不是自己挣来的财富最容易使人腐败。这句话不但适合个人，而且也适用于国家。

世界经济新走向

世界经济会不会“二次探底”?

孙立行*

内容提要：欧元区债务危机使世界经济的复苏历程充满着诸多不确定性，而2010年上半年全球股市“虎头蛇尾”的整体表现，也反映出投资者对未来世界经济会不会出现“二次探底”的担忧。正如世界银行首席经济学家林毅夫所言，世界经济复苏的基础还异常脆弱，不排除再度陷入衰退的可能性。这是因为目前的复苏是建立在各国经济政策刺激的基础上，而导致金融危机的内在结构性失衡问题并没有得到解决。相反，刺激政策的负面作用也已开始显现出来，比如规模庞大的财政政策已造成前所未有的财政赤字，巨额的流动性注入也形成了严重的通货膨胀预期。这些因素成为了世界经济“二次探底”的潜在风险。为此，要避免“二次探底”，首先是要从根本上着手解决欧元区债务危机的根源问题；其次应把握好刺激政策退出的时机、节奏及力度；最后还需加强国际社会合作，共同防范潜在金融风险。

* 孙立行，上海社会科学院世界经济研究所副研究员，博士。

从2009年的第四季度起，世界经济在遭受由次贷危机引发的全球金融危机的洗礼后，开始走出衰退的泥潭，渐渐步入经济复苏的通道。正当投资者的悲观情绪刚刚开始散去，始料不及的希腊债务危机却又浮出了水面，而且愈演愈烈，如同导火索一般迅速点燃了整个欧元区债务危机，将欧洲经济再次拖入衰退的泥潭。由于欧洲债务危机的走势扑朔迷离，再加上对世界经济持续复苏前景的担忧打压了投资者的信心，使得被看作是世界经济晴雨表的全球股市在刚刚收官的2010上半年的整体表现让人大跌眼镜。原本年初时被多数市场人士认为，随着世界经济的复苏，2010年上半年全球股市的涨幅将达到20%。然而事实上，全球主要股指宽幅震荡下跌，平均跌幅超过了3%。在主要工业国家中，美国三大股指均出现不同程度的下跌：道琼斯工业平均指数累计跌幅达5.3%，纳斯达克指数累计下跌5.9%，标准普尔500指数累计下跌6.6%。欧洲三大股指中只有德国DAX指数基本持平，英国富时100指数和法国CAC指数分别累计下跌9.2%和12.7%。表现最差的股市是希腊，受到本国主权债务危机的重创，雅典综合指数上半年累计跌幅高达34.7%。而在发展中国家，相比巴西和俄罗斯股市分别累计下跌9.6%和1%，中国内地股市走势最令人失望，以累计26.6%的跌幅仅次于希腊位列全球倒数第二。[①] 在此背景下，世界经济发生“二次探底”的潜在风险何在、对中国经济的影响有多大、我们应如何去避免等话题格外引人关注。

---

① 不过，中国股市还未成为中国经济的先行指标，这个市场的投机性依旧很强，因而股市价格还主要受技术因素、流动性变化和政策行为左右，基于基本面的价值投资还不能主导股市。

一、世界经济“二次探底”的潜在风险何在?

目前，世界经济复苏存在许多不确定因素，主要面临三大潜在风险：首先是巨额财政赤字及其引发的主权债务危机风险。从目前的情形看，不仅欧元区经济体正面临旷日持久的债务重组问题，而且美、日、英等主要发达经济体的财政赤字及其潜在的债务危机风险甚至更为严重。据各国的统计数据显示：美国2009年财政赤字已达到创纪录的1.42万亿美元，约相当于美国国内生产总值的10%，为二战以来最高；日本的政府债务总额今年已飙升至占国内生产总值的229%，位列OECD所有成员国之首；英国去年财政赤字高达GDP的11.5%，政府债务也达到英国国内生产总值的68.1%，均大大超过欧盟《马斯特里赫特条约》规定的3%与60%的警戒线。此次爆发的希腊债务危机只不过是这座巨大冰山的一角。如果希腊债务危机不能得到有效控制，继续蔓延至经济规模较大的西班牙等其他欧元区经济大国，则很有可能使欧元区经济陷入衰退。这不但会拖累作为欧元区经济体最大贸易伙伴国英国的经济，而且还会导致美国对欧盟出口的急剧下降，从而陡增世界经济再次衰退的风险。此外，更为可怕的是，这一主权债务危机并不只是在欧元区国家之间扩散，而且已经逐渐侵蚀到欧洲经济的中枢——银行体系。

其次是居高不下的失业率问题。虽然，为了应对金融危机，发达经济体采取的宏观经济刺激政策能够在短期内带来“无就业增长型复苏”，但若从中长期看，如果政府的干预不能推动实体经济就业，那么失业率居高不下就会阻碍投资者信心的复苏。这非但使前期政府的救市努力可能化为乌有，而且大量的政府流动性注入还会进一步推高通货膨胀，形成最为不利的“滞胀”格局。正如美国总统奥巴马的经济顾问、白宫国家经济委员会主任劳伦斯·萨默斯坦言：美国经济复苏迹象明显，但高失业率仍令人担忧。金融危机使美国失去了800万个就业岗位，目前仍有670万名长期失业者，失业率高达9.8%。许多经济学家认为就业市场的恢复将会是一个漫长的过程。失业问题不解决，房价很难全面回升，房产价值低于贷款的倒挂情况就无法得到改变，从而导致房地产市场的住房需求长期处于低迷，成为拖累美国经济增长的重要因素。相比之下，欧盟的失业问题更为严重。据统计，欧盟今年一季度的平均失业率接近10%，失业率增速远高于各国GDP的增速。同样，疲软的就业市场能否重新恢复活力也将左右欧盟经济的未来走势。

第三是经济的快速复苏导致通胀风险加大。与发达经济体不同，新兴市场国家所面临的经济“二次探底”的威胁，主要来自于潜在的经济过热。这是由于新兴市场实体经济的快速复苏推动了对上游原材料需求的增长，而原材料等上游大宗商品价格的上涨最终推动工业品出厂价格指数PPI上行，而PPI的上行又会造成企业成本与价格的上涨，并最终传导至居民消费价格指数CPI上。此外，宽松的货币政策导致的货币流动性过剩也会推高通胀压力。在货币供应量方面，M1和M2同比增速是衡量央行货币政策宽松与否的主要观察指标。如果这两个指标持续位于高位可能对未来滞后的通胀走高产生推动作用。

总之，财政赤字与债务危机、高失业率以及通胀风险在不同程度影响着世界各国的复苏步伐。具体而言，美国经济过热带来的通胀风险以及居高不下的失业率问题是其经济复苏过程中存在的潜在风险；欧盟各国的财政赤字与欧元区的债务危机仅是其潜在风险的一部分，除此之外的欧元、英镑做空投机压力，就业不足与通胀压力矛盾也在不断激化，成为阻碍欧盟经济复苏的隐患；而对以“金砖四国”为代表的新兴市场国家而言，经济过热带来的通胀风险是其经济重振的主要障碍。

二、世界经济“二次探底”对中国的影响有多大?

倘若世界经济真的出现“二次探底”，中国经济也将面临严峻挑战，其影响是全方位的。首先，对实体经济将产生较大冲击。虽然中国经济发展的重心已经逐步转向内外需并重，但是内需尚无法在短期内形成有效的经济支撑，如果世界经济状况严重恶化，外部需求的锐减会导致中国出口的大幅下降，国内市场的产能过剩越发严重，经济增长大幅下滑，继而导致一大批中小企业濒临破产，社会就业问题变得日益尖锐。

其次，世界经济的恶化还会加剧国际金融市场的动荡。这主要体现在经济危机会在资本市场引发投资者恐慌情绪的蔓延而产生“羊群效应”，继而可能再度引发新一轮的金融海啸。国内股票市场也将产生剧烈波动，从而严重影响资本市场的投融资功能的发挥；房地产市场泡沫很有可能在国内紧缩的房地产调控政策背景下因外资的突然大量撤离与需求的骤减而崩盘，继而严重影响上下游相关产业的发展及整个银行系统的稳定。

第三，金融机构的资产负债表将出现较大问题，企业及个人的信贷违约率上升，金融体系的内部风险剧增。与此同时，外汇资产面临大幅度缩水风险。汇率风险效应一方面体现在中国对外资产，特别是外汇储备缩水上；另一方面则体现在出口企业收入的汇兑损益上。

最后，由于中国企业对外直接投资规模较大，世界经济的“二次探底”也有可能会导致企业倒闭连锁传染的风险。

由此可见，世界经济的“二次探底”，不仅本身可能导致世界经济长期萧条，甚至可能出现滞胀的格局，而且实体经济的恶化反过来会加剧金融市场的震荡，两者互相强化，形成恶性循环。在此过程中，中国经济也将面临“硬着陆”的巨大风险。

三、如何才能避免世界经济的“二次探底”？

首先，是要从根本上着手解决欧元区债务危机的根源问题。目前对于全球经济“二次探底”的观点大都基于欧元区的债务危机，而欧元区的债务危机不是短期能够缓和的。因为危机背后暴露了欧元区经济存在的不可调和的结构性矛盾：统一实施的货币政策与各自为政的财政政策之间的矛盾。这好比是将很多人的一条腿绑在一块，但另一条腿却各行其是，束缚了其自由行动的能力。这一结构性缺陷导致欧元区各国在面对金融危机冲击时，过多地依赖财政政策。由于背靠欧盟这个强大的经济体，各国融资成本相对较低，从而助推了部分国家不审慎的财政支出行为。但与此同时，由于缺乏统一的国家预算、工资制度、价格机制等，导致了欧元区成员国之间的分化在不断加深，相对劳动力成本较高国家的财政赤字也较高。另一方面，统一的货币区制度牺牲了各国货币政策的主动性，导致国家主权债务无法通过本国货币贬值的方式实现增加出口和财政收入来缓解，从而使各国政府不得不采取“拆东墙补西墙”四处举债刺激经济的救市政策。因此，欧元区经济的复苏更多地表现为“海市蜃楼”的幻象。

此外，欧元区经济体还存在庞大的社会福利与乏力的经济增长之间的矛盾。一方面，欧元区国家奉行高福利制度，如果不颠覆这种制度，大规模削减赤字就无法实现。另一方面，欧元区经济过多依赖旅游、船运、房地产等金融服务业发展，而缺乏实体支柱产业拉动经济增长，呈现出经济虚实倒挂的失衡现象。在这种情形下，欧元区国家若不发挥本国的比较优势，振兴产业，促进出口，而仅靠增加税收手段来彻底改变高福利和高公共支出的经济运行模式，必然会受到来自公众的巨大阻力。

虽然，欧盟与IMF已达成7500亿欧元的救援计划。这一计划的实施也许可以解决短期流动性问题，使得希腊债务危机暂时得到缓解，起到“稳定”市场对欧元区经济信心的作用，但其无法从根本上解决欧元区主权债务危机以及经济增长问题。况且，这一援助机制的稳定作用能否发挥也存在许多变数。首先，7500亿欧元的救援资金规模只不过相当于所有欧元区成员国一年新债的数量，且仅占所有政府债务的10%左右。如果经济规模占欧元区三分之一以上的“南欧五国”同时陷入危机，就显得“杯水车薪”。[①] 其次，欧洲大部分国家的财政状况均在恶化，在自身难保的情况下援助资金能否真正落实，值得怀疑。再则，IMF和欧盟施加援助的同时，均要求希腊债务国削减财政赤字。但如果希腊将其财政赤字占GDP的比例从当前的14%削减到3%，超过10个百分比的紧缩政策将给希腊经济带来严重的衰退，并进而使得其财政状况加速恶化。这可能会引发市场的进一步动荡。因此，实施救援计划只是给债务危机国“输血”，而只有解决欧元区经济体的上述内在矛盾才能起到“止血”的效果。

第二，是把握好刺激政策退出的时机、节奏及力度。世界各国目前都面临着刺激政策退出的两难选择。如果刺激政策退出太迟，政府债务还会高涨，资产泡沫和通胀预期增加；反之，如果退出过早，经济将会面临W型双谷衰退的风险。从长远来看，政策退出不可避免，但在短期之内，各国则必须在“保增长”、“保就业”与“减赤字”三者之间取得平衡。近期欧元区出现的债务危机不仅打乱了各国政府经济刺激政策的“退出”时间表，而且使得全球经济的发展充满了不确定性。再加上由于全球经济复苏步伐并不一致，各国宏观经济政策退出的步伐也会出现“错步”，这将对世界经济复苏产生重大影响。可以预见，如果世界

① “南欧五国”是指希腊、西班牙、葡萄牙、爱尔兰和意大利。

各主要经济体掌握不好刺激政策退出的时机和步骤，退出政策协调不好，无法做到有序退出，则完全有可能造成全球经济剧烈波动，从而导致世界经济的“二次探底”，这种风险不可不防。

从中国近期的宏观经济数据看，2010 年 5 月份 CPI 和 PPI 同比上涨分别达到了 3.1%和 7.1%，市场的通胀预期明显抬头，刺激政策退出以防范经济过热和通胀升高已经成为了一个不可回避的话题。然而，退出政策的实施不仅需要把握好退出的时机，而且退出的节奏和力度更需要依据复杂多变的内外经济形势而随机应变，相机抉择：一方面，应注重把刺激政策退出与产业结构调整紧密联系起来，实施有保有压、有退有进的结构性调整，做到从货币政策到财政政策的有序退出，避免导致市场大起大落；另一方面，还应注重退出政策的国际协调，避免过早加息导致内外利差加大、热钱流入，从而给国内资本市场及房地产市场带来较大的冲击。

最后，是加强国际社会合作，共同防范潜在金融风险。一方面，要借助 G20 这一国际经济治理的主要平台，充分发挥其在应对全球金融危机、推动世界经济复苏的关键作用。通过加强占世界经济总量近九成的各成员国的意见交换和政策协调，实现全球经济稳定持续增长。从最近闭幕的多伦多峰会发表的公报看，尽管成员国在诸如刺激政策的退出时间表等问题上分歧犹存，但就实现“强劲、可持续和平衡”的经济发展至关重要已达成了共识。具体而言，各成员国已经意识到通过财政和货币政策极度刺激经济，只可能改变经济危机的节奏，不可能真正地消除危机。规模庞大的财政政策已造成了前所未有的财政赤字，巨额的流动性注入也形成了严重的通货膨胀预期。因而，导致金融危机发生的结构性失衡问题说到底需要结构性解决方案。G20 峰会为此希望各国能够根据自己的实际情况在继续推行经济刺激计划和收紧财政政策之间力争达成平衡。对于发达国家，G20 峰会要求各国在确保经济持续复苏的同时，缩减财政开支，力争在 2013 年之前将目前的财政赤字减半，在2016年前减少政府债务占GDP比重至规定的60%以内，同时保持市场开放，强化出口竞争力；对于大多数发展中国家而言，G20峰会指出当务之急是摆脱对出口的过分依赖，提高内需对经济增长的拉动力度。

另一方面，应高度重视中美战略与经济对话。中美关系是世界经济复苏的关键。几乎所有的经济体都将其增长复苏归功于由美国消费和中国投资增长带动的出口增长。为此多数人认为只要中美经济不出现大的问题，世界经济就有望持续复苏。鉴于全球贸易和投资保护主义有回升势头，阻碍了世界经济复苏进程，为此中美双方均表示，将致力于构建更加开放的全球贸易和投资体系，反对贸易和投资保护主义。两国将协力抵制在商品和服务领域提高或增加投资、贸易壁垒的做法，反对增加出口限制，反对实施与世界贸易组织规则相悖的政策来刺激出口。这一举措将使得金融危机后一度断裂的全球资本链条、贸易链条再度顺畅起来，从而有助于推动世界经济的增长。此外，鉴于导致本轮欧元区债务危机不断升级的人为因素是庞大的国际金融市场形成的做空“欧元”的力量，它不仅加剧了欧元的危机，同时也加剧了欧洲金融业对流动性需求的恐慌，继而进一步恶化了需要通过市场正常融资来解决希腊债务的融资环境，形成了希腊债务问题拖累欧元的“恶性循环”状态。对此，美方承诺通过加强金融监管有效抑制市场做空的投机力量和限制信用评级机构选择不恰当的时机下调主权债务的信用级别。同时在存款保险、金融服务、破产金融机构处置及其他与金融稳定相关的领域将加强美国联邦存款保险公司与中国人民银行之间的合作。第二轮中美战略与经济对话所取得的成果表明，中美两国唯有密切沟通才能增进互信，唯有加强协调才能化解挑战，唯有深化合作才能实现双赢，唯有继续同舟共济才能肩负起推动世界经济可持续发展的大国责任。

国际博弈中的经济民族主义：源流、演变与选择

梅俊杰*

内容提要：经济民族主义作为国际博弈中一种源远流长的思潮，曾为西方的率先崛起提供了重要的思想资源和战略工具。当今的全球化并未改变国家作为利益单元和竞争主体的世界格局，因此无法消除经济民族主义。相反，由于全球化进程中经济互动的密切化、贫富矛盾的激烈化、经济衰退的普遍化等原因，经济民族主义反而有了放大和泛化。面对全球化中的国际博弈，作为后发者的中国没有理由放弃经济民族主义这一维护本国经济权益的利器，利用国家力量拓展中国经济的国际竞争优势依然是合理的政策选择。应当强调的是，中国在全球化中的博弈归根到底应当服务于国民福祉的普遍改善，对外实施经济民族主义决不应该导致国内竞争的被扼杀和权力对经济的无度干预。

随着冷战的结束，国际关系中的主线由原两极对垒合流为

* 梅俊杰，上海社会科学院欧亚研究所研究员。

“全球化”发展大潮。在某些人看来，两极对垒的结束实乃“历史的终结”，标志着西方自由民主制的普遍性胜利，同时，全球化意味着生产要素在世界范围的自由流动，必然让经济民族主义走向式微，最终会给人类带来持久的繁荣与和平。然而，曾几何时，人们便观察到，在后冷战时代，民族矛盾和国家对抗远未了结，即使在经济领域，各种形式的利益博弈与冲突也还是有增无减。哪怕在本次全球金融危机和经济衰退发生之前，经济民族主义依然伴随着全球化而在不断发展。例如，美国媒体 1994 年即曾刊文指出，“随着全球型经济的出现，将产生一个始料不及的副作用，各国公司在世界范围的经营活动不断扩展的同时，各国政府的民族主义倾向则日趋严重”。① 如何认识这种以经济为核心的民族主义，这种经济民族主义有何历史渊源和政策取向，特别是在全球化时代又具有何种新的特点？如果说经济民族主义也是一把“双刃剑”的话，中国在参与全球化时应当如何作出相应的政策选择？这些都是当今值得深加研究的重要课题。

一、经济民族主义思潮的历史源流

经济民族主义历来都是民族主义的重要形态。人们普遍认为，民族主义诞生于现代国家制度开始形成的 14—16 世纪。当时在西欧，随着封建制度的逐渐衰落，出现了一种在民族居住区域内行使独立权力的专制君主国家。这种现代国家的成长无疑需要政治、文化、宗教的条件，如民族国家专制王权的建立、本地语言主导地位的确立、宗教事务上的自主独立等。但是，至少同样重要的是经济条件的具备。这种经济条件大致包括内外两个方

① “世界经济民族主义倾向日趋严重”（据 1994 年 8 月 2 日美国《国际先驱论坛报》），《参考消息》1994 年 8 月 5 日，第 4 版。

面，即：在内部，专制君权逐步扩大其在民族居住区域内的资源占有和支配权；在外部，专制王权通过和平与非和平的手段聚敛各类财富。这种从外部积累经济资源的方式最典型地体现为地理大发现及随后的掠夺和殖民活动。历史地看，西方早期现代的对外拓殖即为一种初始的经济民族主义，它与政治、文化、宗教等方面一起，巩固了初生的民族国家，强化了总体的民族主义意识，并反过来推动了现代化进程。有学者明确指出："经济民族主义在英格兰的出现不晚于一般意义上的民族主义"，是"英格兰孕育发展了经济民族主义"；经济民族主义"到 1600 年就已经成为其［英国］占优势地位的社会观并有效地改变了社会意识"，它"给我们带来致力于现代经济的愿望，它对物质实力扩张和财富聚敛有着贪婪无度的渴求"。[①] 正是以这股经济民族主义为动力，英国以及西欧诸国率先走上了追逐国家富强的现代发展之路。

重商主义实为影响深远的经济民族主义理论。经济民族主义很早便经由"重商主义"而得到了系统的阐述和实践，当重商主义于 16 世纪中期首先在英国应运而生时，历史学家注意到，英国的经济政策为之大变，其中"最显著的特征就是经济民族主义的迸发"。[②] 实际上，从 16—18 世纪，重商主义成了流行于西欧主要国家的经济体制和治国方略，而且其影响如缕不绝，堪称现代经济民族主义的前身，至今还是经济民族主义的代名词。[③] 重商主义者认为，国际贸易是国家财富的重要来源，应当通过国家干预来保证贸易利益最大限度地流向本国；在国际贸易中应争取

① 里亚·格林菲尔德：《资本主义精神：民族主义与经济增长》，上海世纪出版集团，2004 年版，第 43、32.29、31 页。

② F. J. Fisher, "Commercial Trends and Policy in Sixteenth－Century England", *The Economic History Review*, Vol. 10, Iss. 2 (Nov., 1940), p. 104.

③ Peter J. Burnell, *Economic Nationalism in the Third World*, The Harvester Press Publishing Group, 1986, p. 25.

多卖少买，谋取贸易顺差，从而使贵金属更多地积累在国内；为了取得国际贸易顺差并增殖财富，应尽量出口本国出产的制成品，换取从外国进口的原材料；应尽量将本国市场留给本国产业，这既是为了扶持自身产业的成长，也是为了保护本国人民的就业机会。简言之，该理论从民族国家本位出发，以冷峻的现实主义眼光看待国际关系。其政策核心是：应当通过财富聚敛、贸易保护、工业扶植、国家干预、强权打造这些手段，在国际竞逐中全力维护本国利益，使得国家日臻富裕强盛。① 尽管重商主义理论在古典自由主义经济学确立之后备受批判和误解，但无可否认，它在众多国家的现代发展中有过成功的实践。英国从纺织业的成长，到成为“日不落帝国”，再有，从英国到法国、德国、美国等其他诸多后发国家，其工业化的成就以及国力的提升无不映照出重商主义的影子，只不过英国的重商主义体制更为严格而持续，堪称经济民族主义的经典政策案例。②

经济民族主义理念成就了美国的工业化赶超。北美独立以前，其所生产的货品：凡为英国所需要，英国就加以奖励并实行垄断；凡与英国产品相竞争，英国就用高额关税加以排斥，并设法阻碍乃至禁止殖民地的制造业。③ 正是这种极端经济民族主义政策最终导致了美国独立运动，而且美国的立国之父们随后即以

---

① 有关重商主义，尤其是其历史评价，详见拙著“重商主义奠定富强根基：三场革命令英国后来居上”，梅俊杰：《自由贸易的神话：英美富强之道考辨》，上海三联书店，2008 年版，第 93—145 页；另参见何新：“从重商主义到国有制民族社会主义”，《新国家主义的经济观》，时事出版社，2001 年版，第 206—257 页。

② 有关重商主义作为经济民族主义的实践和成就，还可参见 W. W. 罗斯托：《这一切是怎么开始的——现代经济的起源》，商务印书馆，1997 年版，第 40、44、55、106 页；戴维·兰德斯：《国富国穷》，新华出版社，2001 年版，第 327、368 页；保尔·芒图：《十八世纪产业革命：英国近代大工业初期概况》，商务印书馆，1997 年版，第 74、157、204 页；E. J. Hobsbawm, *Industry and Empire: From 1750 to the Present Day*, Penguin Books, 1982, p. 58, pp. 50—51, p. 232.

③ 哈罗德·福克纳：《美国经济史》（上），商务印书馆，1989 年版，第 103 页。

其人之道还治其人之身。“华盛顿在就职仪式上穿了一套国产康涅狄格宽呢服装，颇有象征意义地支持美国制造业。”[①] 更重要的是，首任财政部长汉密尔顿提出了一套系统的经济民族主义思想。他认为，国家之间的经济交往远非互惠和自由，为了美国的长远利益，必须发展制造业，而应当采纳的手段可包括：征收保护性关税、禁止竞争性产品输入、禁止制造业原材料的出口、补贴和奖励制造业；等等。[②] 正是这些具有经济民族主义内涵的思想、政策和制度遗产，让美国走上了独立自主、产业壮大、赶超先进、权霸天下的道路。美国第 25 任总统威廉·麦金利曾自豪地说：“美国成为世界第一工业大国，靠的是我们坚持了几十年的关税保护政策。”[③] 这充分道出了经济民族主义给美国带来的利益，当然其反面则往往是给其他国家所造成的发展障碍。时至今日，即使美国打出的旗号是自由主义，但一旦自己的竞争优势衰退，它便本能般地重拾贸易保护等经济民族主义做法，难怪经济史家要称美国为“现代保护主义的家乡和堡垒”。[④]

经济民族主义开辟了后进国发展的有效途径。美国的经济民族主义传统实际上还有一个非常重要的“产儿”，此即 1825 年到达美国并吸收和发扬了汉密尔顿思想的德国政治经济学家李斯特。李斯特明确地站在落后国家的立场上，构建了一套突出强调

---

① Richard Brookhiser, *Alexander Hamilton, American*, New York: Touchstone, 2000, p. 93.

② 详见 *Alexander Hamilton Writings*, The Library of America, 2001, pp. 649—734.

③ 托马斯·K. 麦格劳：《现代资本主义：三次工业革命中的成功者》，江苏人民出版社，2000 年版，第 345 页。

④ Paul Bairoch, *Economics and World History: Myths and Paradoxes*, The University of Chicago Press, 1993, p. 32.

民族主义、从而与自由派经济学说迥然有别的经济发展理论。[①] 他认为，自由派经济学家关于在全球范围内各尽所宜、劳动分工、自由交换、共同繁荣的自由贸易主张，实乃一种意在操控弱者的学说；后进国家应当立足于其特殊的发展阶段，在既存不公正的国际秩序中，通过国家干预、关税保护等强力手段，大力推动工业化，以求摆脱依附并最终赶超先进。这一“政治（国家）经济学”具有鲜明经济民族主义特征，有力地促进了众多后进国的经济发展。在故乡德国，李斯特除了本人是“德国关税统一、建立铁路网和实行保护关税的先驱”，[②] 更是领导了德国工业化的俾斯麦的“崇拜者”。在美国，李斯特也以其所掌握的舆论工具，支持美国关税保护派对自由贸易派的斗争。在俄国，李斯特的理论为 1890 年代的帝俄财政大臣维特所折服，并因此而得到了成功的应用。在匈牙利、罗马尼亚、爱尔兰、意大利等国，李斯特的经济民族主义思想既是确立民族国家的思想武器，又是进行工业化建设的行动指南。[③] 因此，经济民族主义经由李斯特而让现代化的后发者获得了恒久的教益。

拉美发展主义理论丰富了当代经济民族主义。拉美国家自 19 世纪上叶起纷纷独立，但在多个方面，特别是经济方面，却一直未能摆脱殖民统治的阴魂。就在汉密尔顿鼓励美国发展制造业以图与欧洲一决高低之时，巴西等国的领导人“却迷信‘看不见的手’，反复念叨‘自由放任，自由通行，自由买卖’，这样，南美国家在独立后，仍像以前那样在经济上依附于先进的工业国

---

① 详见弗里德里希·李斯特：《政治经济学的国民体系》，商务印书馆，1997 年版；弗里德里希·李斯特：《政治经济学的自然体系》（按：《美国政治经济学大纲》附于其后），商务印书馆，1997 年版。

② 迪特尔·拉甫：《德意志史：从古老帝国到第二共和国》，InterNations，1987 年，第 458 页。

③ 详见 Roman Szporluk, *Communism and Nationalism*: *Karl Marx versus Friedrich List*, Oxford University Press, 1988, p. 13, p. 161, p. 163, p. 201.

家”。[①] 正是物极必反导致了以“民众主义”为代表的强烈民族主义在20世纪初叶的拉美兴盛一时，并为随后激进的“发展主义”打下了基础。在阿根廷经济民族主义经济学家普雷维什看来，世界实包含中心和外围两大体系，即：由发达国家构成的中心体系和由欠发达国家构成的外围体系。中心生产并向外围出口制成品，且以不平等方式获取外围的原料、燃料和农产品等初级产品；中心实行霸权主义榨取政策，并阻碍着外围的经济发展和社会变革。作为政策结论，他十分强调国家在工业化和经济发展中的作用，包括：强调国家计划的调节作用；强调运用财税政策增加积累和投资，以鼓励替代进口的工业发展；强调国家直接掌握重要工业部门；强调建立拉美国家共同市场，以及改善国际经济秩序。[②] 这些旨在对抗霸权资本主义的经济民族主义思潮，辅之于拉美各国独立以后特别是二战以后在经济发展方面鲜明的经验教训，使拉美一直成为发展中国家探寻发展道路的重要参照，虽然其政策后果喜忧参半，但同样为经济民族主义思潮在全球的当代传播提供了又一动力。

概而言之，经济民族主义源远流长，其实践的范围也不止于上述主要区域，但其核心特征还是一目了然的，无非是要通过与外部利益竞争者的博弈，扩张或捍卫本国的经济利益。理论上讲，为了实现这一目的，对应于当下的需要，各种手段包括相互对立的手段都可能为经济民族主义者所利用，全球化或国有化、放任自流或国家干预、自由贸易或关税保护、出口导向或进口替代、引进外资或限制准入等，都可以成为追求自身利益的手段。故此，经济民族主义的政策主张也难免斑驳庞杂。[③] 大体而言，

---

① 戴维·兰德斯：《国富国穷》，新华出版社，2001年版，第441页。

② 详见劳尔·普雷维什：《外围资本主义：危机与改造》，商务印书馆，1990年版，尤见“引论”，第22—30页。

③ Peter J. Burnell, *Economic Nationalism in the Third World*, The Harvester Press Publishing Group, 1986, pp. 46—49.

按两个极端论，既可以有损人利己的以掠夺他人财富为特征的侵略型经济民族主义，也可以有充满正义的以抵制他国欺压、保护自身权益为特征的自卫型经济民族主义。那么，在当今全球化时代，经济民族主义主要呈现了何种特点呢？

二、经济民族主义在全球化时代的特点

作为一股与时俱进的民族主义思潮，经济民族主义在世界进入后冷战的全球化时代之后，一方面固守其扩张或捍卫本国经济利益这一一以贯之的特质，另一方面其表现手段和具体的政策主张也随国际大环境的变迁而有所调整，并出现了一些新的动向。分析全球化时代的经济民族主义，应当准确地把握其包括变与不变在内的当今特征，这里姑且列举若干以作讨论。

以经济发展为核心的利益追求已超越意识形态成为全球的最大共识。冷战时代的结束恰如让人们从一场意识形态的无谓争论的恶梦中彻底惊醒。特别是苏联的解体让人们清醒地认识到，意识形态的灌输、组织机构的严控、海外领地的争霸，乃至令人生畏的军力，都无法替代也无补于经济竞争力的增强和人民福利的提高，也无法挽救一个庞大帝国的覆亡。冷战之后正逢电子、通讯、金融、生物等领域发生重大的转型，产业的升级，加上信息革命和阻碍生产要素流动的各种壁垒的拆除，使世界上出现了新一轮的产业转移，故而各国都力图在这一变革时代抓住机遇乘势而上。尤其是中国，在毛泽东主席去世后，较早地放弃了不切实际的世界革命臆想，转而以经济建设为中心，致力于在国内发展生产力、增强综合国力、提高人民生活水平。与此同时，其他第三世界国家、前苏联集团国家，也多以较为务实的态度，制定了以自身经济利益为核心的发展战略，纷纷把国家间的竞争转到以经济为中心的综合国力竞争的坐标上。这标志着超越意识形态纷

争的经济利益追求已成为世界范围内的普遍行动纲领。虽然对自身利益特别是经济利益的合理追求未必直接等同于经济民族主义的高涨，但它终究成为全球化大潮之下的一股强大潜流。故此，世界各国共同追求自身经济利益，这同样构成了当前经济民族主义涌动的强大背景，经济民族主义在全球化时代的各种流变首先应当放到这一大背景下来加以观察和解读。

全球化并没有改变国家作为利益和竞争的主体这一基本世界格局。当然，冷战结束以来是可以看到在世界范围内市场力量在不断强化，跨国公司等国际经济行为体甚至比国家政府更加有力地在影响着生产要素的全球配置。所以，有知名学者告诉人们，从国家转向市场可能是 20 世纪下半叶国际政治经济所经历的最大变化，国家在一个边境日益消失的世界里也正在退却。① 然而，透过现象看本质，不管国家的作用在某些局部如何受到侵蚀，这个世界中国家作为财富分配单元和竞争主体的基本格局并未改变。国家依然履行着维护领土与族群安全、独立、秩序、福利等多重职责，而且通观历史，国家的作用总体上不是在弱化，倒是在强化，这从各国政府财政开支的持续上升中看得最为清楚。在这个缺乏全球政府的无政府主义世界中，现代民族国家仍然是保证个人及团体福祉的基本单元。同样，在这个资源有限的世界中，全球竞争说到底还是国家与国家之间的竞争。还是吉尔平说得好：“全球化的程度以及经济全球化对民族国家的影响都被夸大其词了，不管是好是坏，这个世界依旧是国家主导的世界。”② 因此，对于各国民众、领导人，更不用说其中的民族主义者而言，世界主义的福祉是抽象的，而民族国家的福祉才是具体的。即使存在着众多直接影响全人类、需要人类共同应对的全

① Susan Strange, *The Retreat of the State: The Diffusion of Power in the World Economy*, Cambridge University Press, 1996, p. 65.

② Robert Gilpin, *Global Political Economy: Understanding the International Economic Order*, Princeton University Press, 2001, p. 363.

球问题，如环境和气候问题，他们也惯于秉持一种博弈的态度，更希望由他人承担更大的责任。每个国家都极为现实地把追求更多利益以满足本民族国家的需求当作首要政治目标，即使是对全球化的参与，也更多地是为了借此而实现本国利益的最大化。

发达与欠发达国家间矛盾的尖锐化使经济民族主义在局部呈激化现象。全球化显然不能遏制经济民族主义，相反，由于世界资源和世界市场的稀缺性，由于各国之间的竞逐及其包含的不公正性，国家之间特别是发达与不发达国家之家的矛盾依然尖锐，因此全球化反而会成为经济民族主义滋长的温床。毫无疑问，全球化带来了资源的全球配置和财富总量的增加，特别地因其产业转移效应和新的分工合作布局，全球化总体上也增加了后进国发展的机会。但是，不难看到，机会总是钟情于那些具备适当条件并且作好了相应准备的国家。以资本的跨国流动为例，跨国公司的海外直接投资总是向那些能提供更大回报的地方流动，而这在很大程度上有赖于包括市场机会、行政支持、基础设施、劳力供给、税费优惠、放松管制等在内的良好投资环境。很显然，许多欠发达国家难以具备这样的环境。而当无法利用好全球化的机遇时，特别是在全球化本身未能得到“良好管理”的情况下，众多的弱势国家便只会遭受全球化带来的加倍挑战。诺贝尔奖得主斯蒂格里茨就说过，面对双刃剑般的全球化，发展中国家中只有中国等少数国家才审慎并成功地管理好了全球化。“一个悲惨的事实是，中国之外，发展中世界的贫困在以往 20 年中更趋严重了。世界 65 亿人口中约 40％生存于贫困之中（比 1981 年增加了 36％），其中的六分之一，即 8.77 亿人生存于极端贫困中（比 1981 年增加了 3％）。”[①] 正是贫富差距在扩大这一基本趋势，使得经济民族主义在欠发达世界，主要是物质贫困而又文化激进的地区出现激化现象。拉美地区 20 世纪 90 年代以来众多国家左翼

① Joseph Stiglitz, *Making Globalization Work*, Penguin Books, 2006, p. 11.

领导人的上台是一个突出的例子，伊斯兰世界颇为强烈的反美情绪则是另一个明显的例子。它们本质上与全球化格局中贫困化的加剧乃至经济发展的无望是有因果联系的。

经济景气的下行会让发达和欠发达国家更倾向于实施经济民族主义政策。如今的主要发达国家本来就是经济民族主义的始作俑者和忠实信徒，只不过在产业竞争力强劲、总体经济优势明显的时代，它们往往采取鼓励贸易、投资、金融等部门自由化的政策，从而给人一种世界主义的表象。而一旦其竞争优势实际衰退或自认为衰退，它们便自然而然地会回归曾经哺育其壮大的经济民族主义。其所实行的民主制度，经由利益集团的压力、选民的选票、候选人的迎合、媒体煽动等机制，也极易走上“对内王道、对外霸道”的某种内部分赃制，从而助长着经济民族主义。2008年全球金融危机爆发以来，随着主要发达国家的经济衰退，人们已见到了太多的西方保护主义救市措施。就针对中国的贸易救济调查而言，2009年共有19个国家和地区对中国发起116起调查，而且近九成系由G20成员发起。这些贸易救济措施主要针对中国已具有相当产业竞争力的钢铁、石化、纺织、轻工、有色金属、橡胶制品、汽车等产业。[①] 此外，随着新兴经济体咄咄逼人的竞争态势，也屡屡可见最发达国家以各种理由对之加以防范和限制。从中国海洋石油公司竞标收购美国尤尼科石油公司最终失败、阿联酋迪拜港口世界公司只得退出对美国港口资产的收购，到法国和西班牙政府公开阻止德国和意大利公司的所谓“恶意”并购，都让人充分领教了自由经济背后的民族主义利害算计。同样，受到外来压迫的欠发达国家只要可能也一定会作出民族主义的回应，在国内经济增长乏力、就业压力巨大的问题面前，它们也会诉诸各类排外性保护措施。这方面的例子同样举不

① 张磊、徐琳：“关于当前全球贸易保护主义对中国外贸发展的影响研究”，上海社会科学院世界经济与政治研究院（编）：《全球治理与中国的选择》，时事出版社，2010年6月第1版，第134—136页。

胜举。因此，经济民族主义冲突的界限也从来不是按照发达与欠发达这样来划线的。历史和现实表明，经济民族主义既是弱小者必备的防护服，也是强大者钟爱的保护衫，困境中的各国总是倾向于采取与邻为壑的政策。

国有化不再是经济民族主义的普遍性主张，但在资源领域仍有市场。国有化曾经是经济民族主义者孜孜以求的核心政策主张，各新获政治独立的前殖民地国家无不举起国有化的大旗，要收回从工厂、设备到油田、种植园在内的一系列经济资源。据统计，在1960—1976年间，仅在拉美就有将近200家跨国企业被收归国有，这些企业分布在采矿、石油、农林、制造和服务等各个部门。[①] 与此不同的是，当代各国虽在经济权益方面依旧锱铢必较，但国有化已不再是当务之急的普遍政策选择。相反，从80年代开始，西方发达国家针对走过头的凯恩斯主义，陆续复兴了充分私有化的自由主义做法；众多资源国也纷纷实行私有化的政策，鼓励外国投资者参与本国资源的勘探和开发；而前共产主义国家更是在制度转型过程中解析公有体制，借以提高经济效率并引入外来资本、技术和管理等要素。今日的经济民族主义者不会拒斥市场的作用，他们在重视国家作为发展监护者和组织者的同时，也看重市场在调动和配置资源以及提高生产效率方面的特殊功用。故此，在国有化与市场化问题上持有何种态度，早已不是划分经济民族主义者与自由主义者或世界主义者的界线。然而，在某些局部，主要是资源领域，国有化这样的经济民族主义近来有所回潮。随着石油等能源产品价格的上升，不少国家，从委内瑞拉、玻利维亚、厄瓜多尔，到俄罗斯、阿联酋、乍得，都出台过针对石油、天然气、矿业，或者电力、电信等部门的国有化政策。当然，与以往国有化不同的是，出于资金、技术、管

---

① 联合国跨国中心：《再论世界发展中的跨国公司》，商务印书馆，1982年版，第284页。

理、效率等方面的考虑，此轮国有化并未断然剥夺外国投资者资产并完全排挤其今后的参与，因而有观点称此为“准国有化”或者“有限的国有化”。[①]

经济权益之争仍是经济民族主义的驱动力，但其内容已有变化和泛化。权益之争从来都是经济民族主义不变的动力，可是全球化时代权益之争的内容却已变化和泛化。在国际贸易这一权益之争的传统领域，由来已久的“中心—边缘关系”，或称之为“不平等交换关系”，或称之为“国际剪刀差”仍然延续着，因为主导性一方或占有新技艺、新设备，或干脆借助其政治、军事、金融、文化优势而处于更有利的交易地位。但另一方面，不平等的交易关系已由原来有形并相对单一的关税壁垒，转向较为无形而泛化的非关税壁垒，涉及技术标准、环保标准、劳工标准、知识产权、竞争规则等众多新领域。[②] 在另一维度上，现在除了石油和海洋之类的传统权益外，从水资源、人才资源到国际经济机构的控制权、有关技术和标准的制定权等广泛权益也成了各个国家或国家群体争夺的对象。这无疑为经济民族主义的存在平添了更多的理由。而最能说明经济民族主义之变化和泛化的例子莫如风起云涌的“反全球化”浪潮，从世贸组织部长会议、八国峰会，到达沃斯论坛、奥运会，无处不见其浩大的抗议声浪。反全球化所抗议的对象包括了国际机构、国际资本、跨国公司、自由贸易、服务外包、霸权扩张、主权侵犯、环境破坏、贫富悬殊、失业无依、债务压榨、文化侵略、人权漠视、性别歧视等，可谓

① 王震、何汉挺：“新一轮世界石油工业国有化趋势及其对我影响”，《中国经济时报》2007年2月，转见 http://theory.people.com.cn/GB/49154/49155/5424336.html；王家枢：“21世纪新一轮石油资源国有化浪潮”，《国土资源情报》2007年第9期，转见 http://www.ilib.cn/A－QCode～gtzyqb200709008.html。

② See Bernard M. Hoekman, and Michel M. Kostecki, *The Political Economy of the World Trading System*, *Oxford University Press*, 2001, pp. 303－345 (“*Safeguards and Exceptions*”), pp. 413－460 (“*Towards Deeper Integration? The ‘Trade and’ Agenda*”).

五花八门。这里汇聚了试图寻求全球正义这一宽泛理想的各类主体，既有工会组织、环保团体、左翼党派这样的同道者，也有失意利益集团、无政府主义者、土著人群之类的陌路人。反全球化浪潮无疑是全球化时代经济民族主义变化和泛化的一个鲜明缩影。

原来多限于一国的经济民族主义随着区域一体化的发展也在进一步扩大。区域经济一体化进程在冷战结束前就早已开启。以发展民族工业为动因的区域经济一体化尤其体现在拉美等欠发达地区，拉美发展主义的一个重要政策主张就是要建立拉美共同市场。这种区域经济一体化是通过互相开放市场以图实现民族经济共同发展的一种制度创新，它对那些实行了进口替代的发展中国家而言，尤能克服内向化发展过程中市场狭小的困境。正因为这一功用，自20世纪60年代至冷战结束后，发展中国家间一体化的总数在1995年时已达近40个，超过了发达国家间一体化的总数。除此之外，在发展中国家间还有许多围绕初级产品的生产和输出而形成的跨国组织，其中最著名者当推“欧佩克”这一石油输出国组织。这些组织在抵制国际贸易中的不平等关系、摆脱西方垄断资本的控制和争取民族经济权益方面发挥了一国单枪匹马所难以发挥的作用。当然，除了“南南”型一体化外，发达国家间以及发展中国家与发达国家间的“北北”型和“南北”型一体化也在发展。如今发展势头最猛者当数区域贸易协议型集团。据统计，早在1995年底时，向关贸和世贸组织正式通报并已实施的区域贸易协定已达77个之多，更不用说近年新增的自由贸易协定了。[①] 这些集团化机制的参与者一定程度上都是在寻求一种放大了的经济民族主义所能带来的更大政治和经济利益。假如这些国际制度安排不能呈现更大的开放性，则它们也可能滋生一种

① Nigel Grimwade, *International Trade: New Patterns of Trade, Production and Investment*, London and New York: Routledge, 2000, pp. 349—350.

与全球化潮流格格不入的区域排他性经济民族主义。

三、中国有关经济民族主义的政策选择

人所共知，经济民族主义是一把双刃剑，当人人手握这把双刃剑进行国际博弈时，我们自己该如何看待和使用这一武器呢？有关经济民族主义的政策选择，中国首先应当掌握这样的原则：一方面我们不应采纳那种损人利己的以掠夺他人财富为特征的侵略型经济民族主义，因为这种做法往往会遭到报复，终究是无法长期奏效的，它不是一个大国立于世界民族之林的正道；另一方面我们应当坚决反对他国对我实行那种损人利己的侵略型经济民族主义，因为我们像所有民族一样需要维护自己的国家利益，而且我们也越来越具备经济自卫的手段。在全球化时代长期坚持那种以抵制他国欺压、保护自身权益为特征的自卫型经济民族主义，这是由目前的世界经济与政治秩序和中国作为发展中国家的国情特点所决定的。在此大原则下，就有关经济民族主义的政策选择问题，我们应保持如下的清醒认识：

第一，目前的世界仍为主权国家所分割，国家本位特点尤其是国际间的利益差异、博弈和冲突依然如故。在这个世界上，发达国家凭借其经济和政治优势，以及新近更为明显的金融和科技等优势，在全球化的浪潮中更进一步地主导着世界政治和经济秩序。优势国与弱势国之间的不平等交换关系不仅仍体现于商品贸易方面，而且已扩展到服务、技术和环境等新的领域。这一点并未随着联合国、世贸组织或其他区域经济组织的出现或强化而有根本改变，古典自由派理论有关世界大同的假定仍不过是遥远的理想而已。故此，经济民族主义作为一种以国家为本、倡导维护国家经济权益的指导思想，仍然是不可或缺的，理应将之转化为政策工具。以此为背景，参与并扩大国际经济活动，毫无疑问应

首先为本国建设的长远目标和本国国民的整体福祉服务。我们固然不该损害他人的和公共的利益，在行有余力时也当然应该负起一个文明大国应有的责任，但按照国际局面的复杂性以及中国目前的发展和治理水平，第一位的仍是维护好自己的正当利益。

第二，应当以高度务实的态度看待全球化，不放弃借助经济民族主义视角来冷静地权衡并趋避全球化的利弊得失。严格地说，全球化并非突起的全新东西，须知，第一次大战前曾有过同样深刻的变迁，况且是以世界大战而告结束的。在看到目前全球化带来的资源全球化配置与财富总量增加及相应的发展机会潜在增多的同时，更应看到，全球化为“赢家通吃”扩大了舞台，它本质上是由强者主导并为强者服务。哈佛大学的学者也有警示：“决策者应当避免成为不动脑筋的全球化的鼓吹者”，“必须以适当的角度看待开放带来的好处。国际经济一体化的鼓吹者提出的观点经常是夸大其词，甚至不着边际。……决策者必须在经济增长的基本面上下功夫，即应当紧紧把握促进投资、稳定宏观经济、开发人力资源、建立良好治理体制等重点问题，而不应当让国际经济一体化左右自己的发展观”。[①] 中国作为一个发展中的大国，既然不能置身于全球化之外，并勇于迎接其挑战，则理应有备而来，以切实的手段管理好自己所涉及的全球化过程。显而易见，经济民族主义是谨防将全球化浪漫化并捍卫本国经济权益的一个思想和行动支点。

第三，特别应当从经济民族主义的角度强调，对外开放应该服务于国内生产力的提高和国民福祉的改善。开放是包括中国在内的后进国家取得发展的原动力，这点在原则上并无任何疑义。如果忽视国际贸易，拒绝外来技术、资本、管理、人才，限制对外投资，任何后进国都难能实现快速发展。但是，如果对外部门的发展是相

① 丹尼·罗德里克：《新全球经济与发展中国家：让开放起作用》，世界知识出版社，2004 年版，第 31、7 页。

对孤立的，它在侵蚀本国市场的同时却不能推动国内部门的发展。比如不能激发国内技术进步能力与综合管理能力，不能激发国内投资积累与熟练劳力的供给，以致造成投资来自海外且其大部分收入流回海外，则这种开放便不能形成经济增长的发动机效应，它就是无益的。更有甚者，假如单纯为了追求一地一时的经济总量增长等利益，特别是把鼓励外资并购作为地方引资的方式，最后导致本土的行业龙头企业被吞并，本土的竞争者被扫除，从而危害到国家的经济安全、产业发展和消费者利益，那这种对外开放更是有害无益的。同样，对外投资，尤其是对海外有价证券包括对美国国债的过量投资，也决不应该脱离并进而损害国内的发展。总之，旨在有效利用外国各种资源的对外开放战略必须始终服务于以生产力提高和人民福祉改善为核心的国内发展战略。

第四，应当充分估计现有国际格局中落后国崛起会遭遇的挑战，并因此重视经济民族主义发展手段的必要性。对于绝大多数国家而言，工业发展还是致力追求困难重重的目标。虽然就全球而言，工业化在以往200年中的进展极为巨大，但发达国家俱乐部的成员一直未有大的变更，尽管其内部位次会有所调整。新兴的成功实现工业化的国家和地区数比原预想的要少得多。后进国的产业发展水平与率先工业化的发达国家之间的差距不仅总体上未能有明显的缩小，而且在相当一些局部，反而呈现贫富差距扩大、绝对贫困加剧的持续趋势。在全球化背景下要赢得发展，自然不应闭关自守或者无谓地保护落后企业和产业，但更不应该走到浪漫而幼稚的另一端，即把经济民族主义当作过时的思维而自行加以打压。国内已有警示，“如果不顾经济发展水平过于急切地参与（全球化）这一不公平的进程，则有被消灭的可能”。[①] 因此，经济民族主义作为一种无奈、自保和抗争的手段，实际上

---

① 邓聿文：“全球化下的经济民族主义”，《东方早报》2006年8月，转见http：//finance. qq. com/a/20060815/000259. htm。

就是以保护主义为核心的发展战略，借此方可保障全球化中相对弱小的参与者赢得必要空间，俾以安全图存并调整壮大。

第五，需要通过国家政权力量对产业成长给予保护的理由并没有消失，以致国际上的保护主义实已更加普遍化和系统化。保护主义之所以不消失，原因是：幼稚工业仍需成长、国际收支仍求平衡、贸易条件仍要改善、政府收入仍望增加、国际竞争仍很激烈，而且就业的维持这一因素还比以往更加突出。除关税保护外，现在世界上的保护做法已包括货币汇率、政府补贴、劳工标准、环境标准等综合杠杆的使用。对发展中国家十分不利的是：一方面，全球化时代的产业比以往更加呈现出启动成本高昂、规模收益显著的特点，研发等人为手段在比较优势的创造中发挥着前所未有的作用，发展中国家需要跨越的产业发展门槛也在进一步提高。另一方面，发达国家又无意顺应其比较优势的演变趋势，即使在其日益失势的夕阳产业中，它们也凭借自身实力，或给予大量补贴或利用各种新保护主义手段，借以限制外国产业的竞争。所以，虽然发达国家的关税已降至很低水平，但其反倾销、反补贴、特别保障等名目繁多的非关税壁垒措施反而不断增加。所有这些均使我们无法随意抛弃经济民族主义的护佑。

第六，在更加激烈的国际竞争和更加复杂的经济事务面前，国家或政府的作用实际上不降反升。国家政权在现代化进程中的历史作用已不断得到揭示。史学家指出，至少从 16 世纪初直到 18 世纪，在欧洲的核心地区，强大的国家政权为资本主义体系提供了必不可少的政治保障和经济基础，特别是在英国，其国内产业的成长和海外胜出，完全得益于拥有一台“随时准备积极干预市场的国家机器”。[①] 而今，连自由派的教科书都承认，“自从

---

① 伊曼纽尔·沃勒斯坦：《现代世界体系》第 1 卷，高等教育出版社，1998 年版，第 173、174 页；第 3 卷，高等教育出版社，2001 年版，第 97 页。Also see E. J. Hobsbawm, *Industry and Empire*: *From* 1750 *to the Present Day*, Penguine Books, 1982, pp. 48—51, p. 58, p. 232.

19世纪后期开始，在北美和西欧几乎所有的国家中，政府在经济中的作用稳步增加”。[①] 现代市场经济中中央银行、税收政策、反垄断政策、社会保险等等的作用都证明着国家政权角色日益放大的总趋势。至于在欧美之外的发展中世界，国家政权的作用更显必要，尤其是在云谲波诡的全球化过程中。单从产业角度看，目前后进国家的自主工业化面临着尤为激烈的国际竞争，进入发达国家市场的困难远远超过当年率先工业化国家冲破自然经济壁垒的困难，故而其国家政权应发挥的作用自然要求更大。恰如托达罗所说：“不管喜欢不喜欢，为了国家的未来幸福，第三世界的政府不可避免地要比发达国家的政府承担更大的责任。”[②] 就此而言，对国家政权力量给予足够重视的经济民族主义对于发展中国家仍是可资援用的行动指南。

第七，应当充分评估国外经济民族主义对中国可能带来的风险，并且善用国际规则和惯例来维护自身权益。随着国际化程度的提高，中国经济与世界其他国家经济在合作的同时发生矛盾甚至冲突的可能方面也在增多。近年突出的反倾销问题、并购问题、汇率问题、海洋问题、能源问题、气候问题等等，已经让中国的企业和政府部门领教了形形色色的国际权益争夺战，其中不少问题都兼有复杂的经济和安全内涵。既然往后退的孤立主义是无法找到出路的，在中国日益走向海外的背景下，首先应当充分了解并评估海外经济民族主义对中国构成的风险。例如，在先已“走出去”的能源领域，面对新一轮的国有化，应当认真研究海外油气开发中的政治风险，从合作地点、对象和方式的选择，商业、外交、法律和公关手段的配合，到平时和应急方案的兼备等多个方面，分散、防范、应对、补救所在国经济民族主义政策的

---

① 保罗·萨缪尔逊、威廉·诺德豪斯：《经济学》（上），中国发展出版社，1992年版，第67页。

② Michael P. Todaro, *Economic Development in the Third World*（《第三世界的经济发展》），Longman，1981，p. 467.

可能风险。同时，尤应学习、适应、采纳并参与制订国际规则和惯例，借以切实维护自身权益。2009 年，中国六部委联合发布《关于外国投资者并购境内企业的规定》便是一个值得肯定的动向，也是中国在遭受海外经济民族主义之后“以其人之道还治其人之身”的一个积极成果。

最后要强调，在对外实施经济民族主义之时，在内部必须谨防权力对经济的过分干预并且必须强化内部的充分竞争。经济民族主义之所以是一把双刃剑，是因为使用它是有成本的。在对外应用时，它可能会引发他国的经济报复，从而也会减少本国贸易和投资等国际合作机会。在暂时使用以便缓解经济困难或扶持弱小者起步时，它也可能被长期化和绝对化，乃至造成政府滥用权力干预经济、国内市场功能发育不健全、国内企业产生扶持依赖症、本国经济的国际竞争力受到削弱等不良后果。依据中国的现实，对外强化经济民族主义并采取更符合经济规律和以我为本的政策，这是毫无疑问的。但的确要谨防这一政策趋向内外不分，致使放大其固有的某些不良后果。中国的问题一向是缺乏充分的市场发育和内部竞争，故而在打造对外竞争主体企业、加强对局部产业有效保护的同时，如何限制超大企业的国内垄断，防止其盘剥国内消费者之余成为尾大不掉的既得利益集团，最后缺乏技术和管理能力反致丧失国际竞争力，这实已成为必须解决的一大迫切课题。与此相关，在探寻国家干预与自由市场的混合经济模式的过程中，对外固然要保持国家政权作为国际经济活动的“有力而灵巧”（strong and smart）后盾的角色，但对内则必须随着总体经济发展水平的上升而调整国家干预的方式与程度。从国家全能统制经由威权控制迈向社会的自我管理，这终将是一个现代国家及其经济良性发展的必由之路。

海湾六国金融业转型及其前景

虞卫东*

内容提要：在最近 10 年里，海湾六国越来越认识到过分依赖石油收入的经济的缺陷，因而积极推进经济多元化发展，经济重心向第三产业转移，大力发展旅游业、金融业等服务产业。这些国家金融业的发展十分显著，实现了金融业转型。不过，这次全球金融危机冲击了海湾国家的金融业，对金融业的转型产生了一定影响。就目前来看，也许是受到伊斯兰金融理念和机制的制约，危机对他们的影响不是很大。另外，文章分析了海湾国家金融业的前景以及迪拜危机带来的启示。

海湾六国（海湾合作委员会，Gulf Cooperation Council 简称 GCC）一直是一个与石油天然气等能源资源密切相关的地区。在过去，他们的经济结构单一，缺少创新努力，留给人们的印象是些“暴发户”国家。但是，在最近 10 年里，他们迫切致力于发展经济多元化，积极发展旅游、金融、贸易等服务产业，提升

* 虞卫东，上海社会科学院欧亚研究所副研究员。

国家的整体经济竞争力。虽然他们的油气量十分丰富，[①] 但并非取之不尽。巴林的石油储量较少，估计只能维持10年，因此它对金融业发展非常重视。早在20世纪70年代，巴林就已经是海湾六国的金融中心。相对油气储量丰富的沙特阿拉伯、阿联酋和科威特，同样有多元化的要求。迪拜和多哈也奋起直追要打造成为中东地区的金融中心。下面就来谈谈海湾六国的金融转型。

一、海湾六国的金融业转型

在2002—2008年，海湾六国实现了前所未有的增长，科威特、卡塔尔和阿联酋年度国内生产总值达到8%以上的增长，沙特阿拉伯、阿曼和巴林达到4%—6%左右。高油价是其经济增长的主要因素，但不可否认，增长与海湾六国近十年来努力调整产业结构，促进经济多元化是分不开的。他们在实行贸易开放的同时，积极推进金融转型，建立了资本市场，吸引了大量资本，也获得了收益。如巴林，到2007年，金融服务业成为该国的经济支柱，占GDP的28%。阿联酋2007年的非石油产业占GDP的64.3%，金融业占GDP的10%以上。当然海湾六国的金融转型也经历了循序渐进的过程，先要考虑传统金融制度的约束和原有金融体系的缺陷，然后才可以进行金融改革和创新。

（一）海湾国家的金融转型需要克服三大困难

第一，保守的伊斯兰金融理念：海湾国家都是伊斯兰国家，他们的经济是与信仰分不开的。伊斯兰金融原则依据严格的伊斯兰法制，遵守道德原则，投资者承担社会责任，禁止银行固定利息。伊斯兰的金融不以利息为吸引力，是根据真主启示的公正法

① 该地区拥有全球40%已知的石油储量和23%已知的天然气储量。

度管理经济。他们不能利用国家资源来制定旨在提高其经济利益的政策。[①] 银行只是一个伙伴，不是金融投机者。[②] 因此，金融部门对经济的作用很小，资本市场并不发达。伊斯兰金融体系相对稳定，但效率低、成本高，不能适应经济发展对金融业的要求。

第二，伊斯兰金融结构的复杂性：伊斯兰金融尚处在初级阶段，缺乏一个权威的金融机构来统一制定各种经济和金融活动准则，以及金融管理经验与管理人员，信息技术相对落后。[③] 例如伊斯兰银行必须在遵守伊斯兰教义条件下，参与激烈的市场竞争，追求业绩和利润。这就使得银行的组织和治理、品牌建立、运作以及创新工作变得十分复杂，结果造成许多伊斯兰银行负担过重和行动缓慢，竞争力下降。在运营过程中，伊斯兰银行推出的产品往往比普通金融机构的产品更为复杂。与普通银行发放现金贷款不同的是，如果客户逾期付款，伊斯兰银行不能向顾客收取超过原定金额的款项，因为附加收费会被视为收取利息。[④]

第三，缺乏规模和流动性差：伊斯兰金融规模有限，伊斯兰不鼓励穆斯林投资自己的本土。2007 年 2 月，设在巴林的伊斯兰金融机构会计审计组织裁定：大约有 85％的伊斯兰债券不把担保品所有权转移给债券持有人，这不符合伊斯兰律法，结果造成伊斯兰债券销售量剧减一半，价格平均下跌 1.51％。至今，海湾六国 3500 万人口的银行业资产在全球所占比重不足 1％。他们的债券发行额十分有限。2007 年，六国发行的企业债券额

---

① 阿夫纳·格雷夫：《大裂变：中世纪贸易制度比较和西方的兴起》，中信出版社，2008 年 8 月，第 292 页。

② Carla Power，“Faith in the Market,” *Foreign Policy*，Jan/Feb 2009，p. 73—74.

③ 姜英梅：“全球化下的阿拉伯国家金融发展趋势”，《阿拉伯世界》2006 年第 4 期。

④ Nasr—Eddine Benaissa、Mayank P. Parekh 和 Michael Wiegand，“A growth model for Islamic banking,”《麦肯锡季刊》2005 年 10 月。

（包括由金融机构发行的债券）平均占该地区 GDP 总量的 6%。在这些国家，把伊斯兰银行的需求总量加在一起，恐怕也无法建立起一家具有一定规模的银行。

（二）金融转型

海湾六国为了改变保守的金融结构，逐渐引进了西方自由主义的金融模式，开始建立主权管理基金，参与华尔街的资本投资，希望通过改革来改变原来单一的能源出口经济结构。2008 年一份最新公布的研究报告预测，到 2010 年，非石油行业对阿联酋国内生产总值（GDP）的贡献率将达到 70%。阿联酋商业银行数量已经由 1973 年的 20 家增加到 2008 年的 51 家，银行网点由 1973 年的 96 个增加到 2008 年的 710 个。此外还有几家特许银行和投资银行、30 多家外国银行的代表机构和 340 家保险公司。

第一，转变投资理念，推进国内外融资。高油价推动了该地区经济的飞速发展，石油繁荣创造了可观的投资机遇。不仅越来越多的外国金融机构设法进入这个市场，就连一直受到伊斯兰理念约束的海湾国家的富人们也改变了以前依靠离岸银行来管理自身资产的习惯，转而在本地区投入更多资金。从而也推进了这些国家的金融服务业。2007 年，阿曼的银行业资产增长了 8%，卡塔尔增长了 24%。在该地区最大的市场沙特阿拉伯，托管共同基金总额从 2000 年的 102 亿美元一路飙升至 2007 年的近 400 亿美元。海湾六国的债券发行额从 2002 年的 15 亿美元上升到了 2007 年的 150 亿美元。2007 年，海湾六国吸引外国直接投资增长 20%达到近 400 亿美元。在迪拜上市的埃玛尔地产（Emaar Properties）指定花旗集团为首席托管机构，管理其 10 亿美元的银团债券发行，为其在阿联酋和其他地区的地产项目以及向医疗保健和教育行业的多元化扩张提供资金。同时，从 2002—2007 年，项目融资和银团融资总额平均每年增长了近 60%。自 2002

年以来三年时间里，海湾六国的股票交易市值增加了一倍，达到4570亿美元，相当于地区国内生产总值的108%，有1500家上市公司。2004年，沙特的基准股票指数上升了83.7%，卡塔尔是80.6%，阿联酋是65.6%，科威特是30%，巴林和阿曼分别为29.9%和19.3%。国内股市蓬勃发展的根本原因是市场流动性高涨，得益于消费和投资的企业获利强劲增长、新股上市，以及固定期限的银行存款回报低等。① 在海湾六国，伊斯兰债券占到总债券销售的1/3。在迪拜国际金融交易所（迪拜金融交易所）有近 120亿美元伊斯兰债券上市。②

第二，利益主权基金扩大对外投资。海湾六国的私募股权基金争取跨国投资银行的支持，帮助它们在海外开展收购。例如，迪拜国际资本公司（Dubai International Capital）在2006年收购英国航空公司Doncasters时，就指定汇丰集团为顾问机构。高盛和摩根斯坦利等全球投资银行还在六国设立了分支机构，支持该地区的对外投资。2007年海湾国家对外直接投资连续四年增长达到440亿美元，大约是2004年的六倍；其中海湾六国占94%。2002年全球石油价格上涨，海湾六国从石油出口建立起庞大的石油美元，因此累积了约108万亿的海外资产，希望通过主权财富基金实现经济多元化。阿联酋拥有世界上最大的主权财富基金，并且活动积极。除了主权财富基金，大量的伊斯兰私人

① Moin Siddiqi, "GCC: A Haven of Financial Stability Considerable Increases in Hydrocarbons Production and the Related Consumption－Investment Boom Have Fuelled Buoyant Expansion across the Middle East Gulf Region during the Past Two Years, a Trend Expected to Continue into 2005," *The Middle East*, No. 353, February 2005.

② Pamela Ann Smith, "Islamic Capital Markets Set to Soar: Pamela Ann Smith Reports on the Increasing Interest in Shari'ah－Compliant Financial Dealings, Which Are Poised to Break All Records This Year, Not Only in Muslim Countries but across the Globe," *The Middle East*, No. 382, October 2007.

股权公司以及其他海湾六国资产管理公司在国外特别是发达国家进行了大量投资。2006 年，汇丰银行是该地区唯一的资产管理公司。在伊斯兰基金管理方面，汇丰银行推出了不少创新产品，如以积极投资策略为基础的定量股票基金，第一个保本基金和第一个开放式的伊斯兰房地产基金等。①

第三，建立金融区，提升金融服务水平。海湾六国金融业蓄势待发。迪拜和卡塔尔建立了国际金融区，外国银行可以在金融区里提供企业理财、投资银行、资产管理和私人银行服务。同时为当地员工提供了金融专业的工作机会和培训。自 2005 年初以来，迪拜已授权包括德意志银行、高盛和摩根大通在内的 250 多家金融机构在其国际金融区（DIFC）设立分支机构；沙特阿拉伯新成立的资本市场管理局（Capital Market Authority）正在以更快的速度向国内和国际企业颁发投资银行和资产管理许可证；科威特也向三家国际银行颁发了商业银行许可证。外国金融机构进入带动了该地区国内银行服务质量的改进和提高。2008 年，迪拜伊斯兰银行承接了国际伊斯兰债券的发行，并且为当地的建设筹款和融资。科威特金融公司一直是海湾地区伊斯兰银行的先驱，2008 年，它宣布获得了 5.72 亿的利润，还提出要在沙特阿拉伯扩建分行。

第四，发展消费贷款鼓励消费理财。随着海湾六国国民收入的增长，消费贷款成了借贷市场上增长最快的业务。2005 年个人贷款超过 1000 亿美元。占贷款总额的比例超过 37%，而在 1999 年这一比例仅为 23%。贷款购置新房、车辆和投资于本地证券市场的需求使得总贷款收入（贷款利润率乘以贷款额）增长 50%。海湾六国的按揭市场在蓬勃发展，大多个人贷款集中于

① Laurence Neville, "Islamic Financial Institutions Awards 2009 Global Finance," Vol. 23, June 2009.

此，以阿联酋最为活跃。由于伊斯兰对财产流转的诠释方式，[①]阻碍了银行按揭业务的开展。海湾六国大多数房屋购置都是现金交易。但是，贷款机构创造性地找到了保护自身权益的方法。例如，迪拜的物业开发商建造了特殊的居住区，此处的买房者和物业开发商同意在出现违约行为时由银行没收房产。巴克莱和汇丰银行等多家国际金融机构已利用此类协议进军迪拜的按揭金融市场。

由于石油美元的快速增长，海湾地区金融资产在100万美元以上的高净值资产所有者的流动资产总额估计超过7800亿美元。这些国家越来越多的投资者在寻求投资工具，比如房地产股权基金、对冲基金等等。在机构方面，资金充足的国有投资机构积极寻求再投资的渠道，越来越多地寻求与在该地区设有分支机构的资产管理公司合作。以沙特阿拉伯为例，共同基金总量在2000—2005年间的复合增长率达到近30%。其中，大部分增长来自国内股权基金。伊斯兰产品尤其受青睐：沙特阿拉伯托管基金中70%以上符合沙里亚。资产管理公司也可专注于向高净值个人和家庭以及机构投资者提供私募股权基金等专门产品。[②]

经过十多年的努力，海湾六国的金融业有了明显的转变，流动性增强，开发度扩大，投资融资日趋活跃，的确增强了它在整个经济中的作用，推动了经济结构的变化。

---

① 即依照伊斯兰教教法，贷款人在按揭上违约，银行也许不能没收房屋。因为没收房产会伤害住户，使其沦为无家可归者。由于没有明确的解决方法，银行一直不愿意发放按揭。

② Hans－Martin Stockmeier and Özgür Tanrlkulu，"Capturing opportunities in the Gulf's financial sector,"《麦肯锡季刊》2008年3月。

二、金融危机对海湾国家金融业转型的直接影响

经历了这些年的金融转型，海湾六国开拓了投资融资的渠道，改变传统的金融理念，为经济金融多元化提供了良好的基础，延伸了石油美元的作为资本的功效。但是，全球金融危机打断了他们的金融改革之路，对海湾六国的经济造成了一定影响。当然，各国受到的影响是不尽相同的。总体上可以通过主权基金、股市和银行业等三方面来看危机的直接影响。

（一）主权基金大幅缩水

从各种资料显示，2008年底海湾国家的国外资产（包括官方外汇储备）达到近2万亿美元，主要包括沙特、阿布扎比、科威特和卡塔尔的主权财富基金。[①] 据阿联酋《今日海湾》报道，沙特美国银行（Samba）研究报告表明，由于全球金融危机，伴随着全球资产总值的下降主权财富基金总值缩水不少。海湾国家对外投资主要集中在美国和欧洲发达国家，银行和其他金融机构是其主要的投资领域，由此而遭受的损失惨重。2008年开始，阿联酋和其他海湾石油生产国资产共损失近3500亿美元。沙特、阿布扎比、科威特和卡塔尔的主权财富基金损失最厉害，约下降40%。[②] 巴林主权财富金融巴林控股公司总裁塔拉尔透露，该公司在金融危机中损失了投资总额100亿美元的10%－15%。虽然，海湾国家银行机构未持有雷曼兄弟股份，没有受到金融危机

① 2008年全球主权财富基金管理的资产额为3.9万亿美元，其中海湾国家拥有全球主权基金总额的45%。

② 振威石油网详细出处参考：http：//china.cippe.net/news/12501.htm。

的直接影响。但是，中东产油国主权财富基金和私人投资者持有的股份无法避免危机的影响。

（二）股市受挫，市值缩水

全球股市低迷影响了海湾国家股市的投资信心，造成了股指狂跌，市值大幅缩水，市场交易清淡。据统计，截止 2008 年 12 月 31 日，海湾国家的 7 个股市总市值为 6000 亿美元，较之 2007 年同期的 11160 亿美元的市值，损失了 5160 亿美元。巴林股交所于 2009 年 1 月 14 日发布的《巴林股交所 2008 年经营报告》显示，2008 年平均综合指数为 1804.07 点，同比跌幅高达 34.52%，市值约合 200.53 亿美元，同比减少了 26.17%。巴林股市 2009 年 4 月 7 日综合指数 1624.26 点，年降幅 9.97%，市值约合 177.68 亿美元，较 2008 年底减少了 8.57%约合 22.85 亿美元，降幅达 11.40%。[①]

2009 年 4 月 6 日七大股市收盘情况[②]

股市名称	收盘股指	年增跌幅（+/—）%
阿曼	4759.66	—12.5
巴林	1610.14	—10.7
科威特	7234.3	—7.0
沙特	5082.54	5.8
卡塔尔	5164.14	—25.0
迪拜	1620.60	—1.0
阿布扎比	2555.52	6.9

① 资料来源：巴林 TAIB 证券公司。

② 同上。

（三）银行业出现亏损和收入下降

第一，亏损规模。据资料显示，2007年和2008年上半年，海湾国家各银行受美国次贷危机影响损失数十亿美元，其中阿拉伯金融公司、海湾国际银行等财团因为在美国投资房地产，损失最大。

第二，银行收入下降。海湾各主要银行收入与往年相比下降不少。沙特：拉吉赫银行和沙英银行是利润下降最大的两家沙特银行，拉吉赫银行下降3.77亿美元，同比下降10%；沙英银行下降2.2亿美元，同比下降14%。阿联酋：阿布扎比商业银行净亏7082万美元。科威特：科威特最大银行——科威特国家银行利润下降8.5亿美元，同比下降7%。巴林：巴林最大商业银行——巴林国民联合银行利润下降2.96亿美元，下降幅度为12%；巴林海湾融资之家下降2.99亿美元，降幅达14%。卡塔尔：卡塔尔最大银行——卡塔尔国家银行的利润同比下降0.8%。[①] 外资的出逃是银行储备大幅下降的主要原因。数据表明，阿联酋银行的外债率已经由2007年占GDP的6%上升到2008年的25%。另外，阿联酋的股本外流情况也非常严重。自2008年1月到10月，仅迪拜外流的股本就达70亿美元（占GDP的30%）。

第三，海湾国家银行的外汇资产蒸发。根据海湾融资银行的评估报告，海湾各银行的外汇资产规模约2000亿美元，是海湾各央行、各主权基金所拥有的外汇资产总额的10%。由于海湾国家银行绝大多数外汇收益都是通过欧洲市场的证券投资来获得的，那么这次金融危机直接影响到他们的收益。一些金融分析人士指出，由于融资困难，不少依靠银行融资的大型工程项目和大

---

① 哈桑—阿里博士：“国际金融危机阴影下的海湾经济”，沙特《经济日报》2009年5月20日。

型发展规划项目被撤销。

三、金融危机后海湾六国金融业转型的前景

由于海湾六国的金融制度受到伊斯兰金融理念的约束，“苏库克”（伊斯兰债券）基础信念非常重要，那就是不可以投资过于投机的投资，而且需要有一些保守性的投资，所以金融系统受到危机的影响有限，而且恢复得也快。因为他们拥有石油，全球性的石油需求不会停滞。海湾六国纷纷采取相应的救市措施，帮助企业偿债。金融危机使海湾六国重新认识金融转型的机遇和风险，对该地区将来的金融改革提供了不少启迪。

（一）伊斯兰金融制度的缓冲和约束作用不容忽视

曾经2008年有一份研究报告预测：到2010年，非石油行业对阿联酋国内生产总值（GDP）的贡献率将达到70%。[①] 不料，全球的金融风暴不仅使海湾国家方兴未艾的金融投资受挫，它还影响到海湾国家经济结构的调整。现在反倒有不少经营者、中介公司、金融评论家等都在推崇伊斯兰金融制度，至少在当前因无序和贪婪发生的金融危机面前确实可以减少风险。海湾国家的金融业经历了从保守到开放再回保守的迂回。或许再次验证了不同文明形态下的社会经济发展都有其自身的特点，用单一的西方经济金融模式来做简单的取舍是适得其反的。事实上，伊斯兰国家在过去全盘西化，匆忙实行现代化的过程中教训是有目共睹的。金融危机或许可以让海湾六国乃至全世界重新审视西方金融体系和伊斯兰金融理念各自的利弊。对海湾六国而言，这些原本打算

① 2008年阿联酋《海湾时报》1月7日报道。

通过金融转型来改革单一的国家经济结构的伊斯兰国家，更需要重视伊斯兰金融制度的约束功效。风险和监管、创新和传统一直是金融领域此消彼长的问题。迪拜危机正是流动性过大引起的。虽然，没有和实体经济发展的金融活动不被阿拉伯人接受，但是政府企业依赖自己“信用度高”——拥有丰富的石油美元储备和房地产抵押能力等优势，进行了没有被有效监管而导致的过度融资现象，同样会对保守的金融体系产生负面的影响。我们不得不看到“迪拜困境”再次给我们新兴市场国家的金融开放战略和金融一体化推进深度问题提出了严峻的挑战。

（二）石油价格的波动直接影响金融投资

海湾国家普遍面临着高人口增长（人口增长超过了石油收入增长）、产业结构的单一和石油收入的变数等问题。[①] 全球金融危机使得这些国家的经济来源大大减少，对有些国家来说是釜底抽薪。众所周知，石油一直是这些国家的经济命脉。一旦石油收入减少，对各国经济的影响是很大的，包括金融投资。

金融危机爆发以来，全球石油消费需求大减，价格大跌，石油输出国组织所采取的减产保价措施也未能起到遏止油价下跌的势头。根据阿拉伯石油输出国组织的报告显示，石油价格每桶下跌 1 美元，该组织成员国的收入就会减少 40 多亿美元。如果布伦特石油价格低于每桶 60 美元，海湾国家财政盈余就会大幅缩减，影响预算支出，就将搁置一些扩大产能的项目。目前的价格在每桶 80 美元左右徘徊。2009 年，海湾国家的石油总产量下降了 30％－40％。有调查指出，海湾六国的 GDP 总额会由于石油减产和石油价格下降从 2008 年的 10500 亿美元下降到 2009 年的 9345 亿美元。国家财政将由赢余转为巨额赤字，这势必影响这

① Anthony H.，“Energy Development in the Middle East，” Cordesman Praeger，2004，p. 116.

些国家的金融投资。海湾地区长期依赖油气资源，虽然结构单一，但油气资源产生了长期的财富盈余。石油价格最终将决定海湾合作委员会成员国可用于投资的财富数量。[①] 今后油价的走势决定了这些国家金融投资的规模和周期。由于目前全球经济复苏的不明朗，石油价格徘徊不前，海湾国家的金融投资必将受到限制。

（三）海湾国家主权财富基金进行战略并购和债券融资

海湾国家主权财富基金在金融危机的情况下开始转向战略并购和债券融资。据全球宏观管经济分析领先者——纽约 RGE Monitor 集团估算，2008 年初，沙特国家主权基金高达 3350 亿美元，阿布扎比约 3000 亿美元，科威特约 2100 亿美元。2009 年 3 月，阿布扎比投资局协议购买德国汽车制造者戴姆勒 AG 集团的 19.5 亿欧元股票（折合 26 亿美元），股权占比为 9.1%。5 月，该局同意并购加拿大最大石化产品制造者 Nova 化学公司，价格为 4.99 亿美元。[②] 沙特作为最大的阿拉伯经济体及世界最大的石油输出国，专门融资并购了 KKR 集团公司。同时，一些国家采取债券融资。卡塔尔和阿布扎比向国际投资者售出 60 亿美元债券；阿布扎比最大的房地产开发商 Aldar 房地产公司售出 12.5 亿美元的 5 年期债券，成为自 2008 年 8 月以来首个成功发行债券的阿联酋企业。

---

① 2009 年平均油价：科威特 50 美元；阿曼 45 美元；利比亚 45 美元；印度尼西亚 95 美元；尼日利亚 45 美元；苏丹 72 美元；沙特阿拉伯 48 美元；阿塞拜疆 70 美元；叙利亚 42 美元；伊拉克 50 美元；哈萨克斯坦 40 美元；巴林 60 美元；阿尔及利亚 40 美元；委内瑞拉 55 美元；俄罗斯 92 美元；安哥拉 55 美元；墨西哥 70 美元；卡塔尔 55 美元；挪威 95 美元；也门 55 美元。

② 资料来源：中国驻科威特使馆经商处。

（四）推进海湾国家货币一体化

2009 年 6 月 7 日，沙特阿拉伯、科威特、卡塔尔和巴林四国在利雅得签署了海湾货币联盟协议，海湾国家货币一体化进程又向前迈进了一步。沙特将不遗余力推动该协议的批准和实施，统一后的海湾货币肯定会与美元挂钩，但这一货币的名称有待确定。已经签字的四个海湾国家预计将在 2009 年年底前完成对该协议的所有批准程序。阿曼在 2007 年宣布由于本国经济准备不足将无法参加货币联盟，随后阿联酋不满海湾货币委员会（海湾中央银行）总部落户沙特首都利雅得，在 2009 年 5 月决定退出海湾统一货币计划。在两国退出的情况下，海湾国家货币一体化的完整性和作用受到一定影响。

海湾国家实行货币一体化的目的是为了整合海湾六国资源优势，形成统一贸易和金融市场，以便参与国际竞争。在国际原油价格动荡和全球金融危机的情况下，海湾国家为了保证自己的财富安全，促进相互间的经贸合作，实现货币一体化是一个良策。但实现的关键还在于各国能否落实此前签署的诸多协议。推行货币一体化要满足两个条件：一是各成员国政治经济发展的意愿要趋同，这一点目前海湾各国虽然还没有完全实现，但也差别不大；二是采取协调统一的金融货币政策，这是海湾国家当下需要重点解决的问题，主要包括制定进一步的财政和货币政策、货币挂钩和汇率体系、建立统一的数据协调和支付监管系统等。虽然各国经济发展不平衡是最大的阻碍，但一体化可以消除内部区域的交易成本和减少因双边汇率所产生的风险，从而节省时间和金钱。货币联盟可以吸引急需的外国直接投资；一体化还扩大了规模经济范围和提高了生产效率，提升了当地制造业和服务业的竞争力；提出了简化程序和增加价格透明度的要求，有利于现代企业制度的建立。

（五）迪拜启示

世界上曾经有大规模的热钱都涌向迪拜。迪拜模式越来越接近一个庞大的企业，它的超级项目需要超级人口来消化，超级人口需要大量透支城市未来的红利。“迪拜公司”需要的大量发展资金来自全球债市，除了投资于房地产建设，还购买大量海外企业的股权，导致债台高筑。迪拜中央政府加上三大控股企业，组成了迪拜这个庞大的集团公司的核心：迪拜世界和迪拜投资公司由政府持有，迪拜控股由酋长穆罕默德直接持有。截至迪拜债务危机暴发，这几家政府背景的公司涉及了476.16亿美元的负债，几乎等同于迪拜2006年GDP总额。迪拜危机有几方面的原因，同时也提供一些启示。

第一，与阿布扎比或附近的卡塔尔和沙特阿拉伯不同，迪拜没有自己的油田，缺少上述国家相对稳定的经济基础，因此大力发展房地产、金融和旅游业。迪拜金融业占其GDP的10％，而且占阿联酋整个金融业的近50％。① 过度发展为金融危机埋下伏笔。但迪拜毕竟是该地区的个案。

第二，迪拜危机对海湾六国的金融转型和创新有警示作用。迪拜十分希望通过自己的金融创新建立世界级的市场，填补伦敦和香港在地理位置和时差上的距离，吸引跨国企业的上市选择，② 从而在海湾树立起不依赖石油照样引领经济的榜样。它彻底脱离了伊斯兰的金融理念和制度。因此这次危机使迪拜会重新认识传统伊斯兰金融理念和制度，认真考虑其约束作用。因为西方许多金融人士也开始探讨和主张伊斯兰金融的温和性和约束力。

---

① 杨伟国、王雁芬：《迪拜——沙漠奇迹》，世界知识出版社，2006年2月，第35页。

② 阿米尔·雷曼著：《迪拜&CO. 掌握海湾国家商机的全球全局》，东方出版社，2009年10月，第178页。

第三，阿布扎比和迪拜都是阿联酋旗下的两个酋长国，平时竞争激烈，观点相左。迪拜危机后，阿布扎比答应有条件相助，愿意拿出 100 亿美元。实际上这是两种金融理念的较量，应该说，保守和稳健的阿布扎比占了上风，阿布扎比有意将阿联酋集中在自己的掌控中，此次危机将大幅削弱迪拜的独立性，并可能让迪拜长期以来特立独行的“自由散漫”风格有所改变。这也再次证明，在海湾国家，石油收入的坚挺作用，至少目前它是一切经济活动的基础。没有石油美元的固定收入，如何投资金融业？要投入的结果就是制造金融泡沫，炒作概念。一旦泡沫爆了，就是一蹶不振。

第四，迪拜危机反映了海湾国家对西方金融的残酷性和摧毁力了解不足。迪拜危机后，当地的阿拉伯人不是先反思金融体系的实质性问题，而是陷入了挑战与回应的狭隘怪圈。债务危机不是迪拜本地人愿意深入讨论的话题，他们认为西方评论对迪拜充满了敌意和偏见。“老说我们有问题、有问题，我不知道我们做错了什么。”“800 亿美元的债务对迪拜，只是一点点问题。”这种言论代表了大多数当地人的观点。这说明，当地人没有从危机中真正认识西方金融的实质，做到吃一堑长一智。而是乐观认为实力雄厚的阿布扎比会救他们，对自身的失误缺少理性认识，总是归咎于外部原因。这无疑对今后海湾六国的金融发展产生影响，尤其像迪拜这样的金融发展存在很大的盲目性和投机过度。

总之，海湾六国的金融乃至整个经济面临着一些挑战，如全球经济复苏缓慢、油价起色不大和全球投资萎缩等等。但机遇也不少，他们加快了地区的货币一体化进程，开始尝试战略并购和债券融资等新型金融方式。一旦石油供应和价格恢复增长，这些国家的金融业发展前景是乐观的。

国际储备货币多元化：成因、影响与中国的应对

叶可新　王艳红*

内容提要：本文以全球经济一体化为背景，对国际储备货币多元化的演进、成因及影响进行详尽分析；在此基础上，笔者认为，如何充分利用机遇、积极应对挑战、改革现行国际货币制度、建立更加合理的国际储备体系，这不仅是各国亟待解决的问题，也是未来世界经济稳定发展的重要保证。作为全球外汇储备最多的国家，中国应积极参与国际货币体系的改革。随着中国在亚洲区域经济中实力的增强，人民币的区域货币地位将会进一步提升，从长远来看，更是推进人民币成为未来国际储备货币之一的现实路径。

2009 年 3 月 23 日，中国人民银行行长周小川发文指出，此次金融危机的爆发与蔓延使我们再次面对一个古老却悬而未决的问题，那就是：什么样的国际储备货币才能保持全球金融稳定、

* 叶可新，上海电机学院教师；王艳红，上海社科院世界经济研究所博士生。

促进世界经济发展。[①] 然而，此次金融危机表明，该问题不仅远未解决，而且由于现行国际货币体系的内在缺陷反而愈演愈烈。美元主导的国际货币体系已经受到了严峻挑战，重建具有稳定的定值基准并为各国所接受的新储备货币无疑是防止类似危机再次重演的最理想选择，但可能却是个长期内才能实现的目标。[②] 在当前和今后相当长的时期内，创造性地改革和完善现行国际货币体系，特别是推动以美元为核心的储备体系多元化成为更为可行的选择。有鉴于此，本文以全球经济一体化为大背景，对储备货币多元化的演进、成因以及影响进行分析，这对于中国积极参与改革、推动人民币区域化国际化进程、构建最终将人民币囊括其中的储备货币多元化格局具有重大理论与现实意义。

一、国际储备货币多元化的演进历程

在展开问题的讨论之前，有必要对相关概念进行一下简单界定。国际储备货币（international reserve currency）是指一国政府持有的可直接用于国际支付的国际通用的货币资金，是一个国

---

① http：//www. pbc. gov. cn/detail. asp? col=4200&id=279.

② 从国际储备货币体系的演进角度来看，根据 Lim（2006）的观点，影响中央银行决定持有特定货币作为储备货币的几个因素是：(1) 一国在全世界产出和贸易中的比例越大，其货币越可能被其他国家作为货币锚或是在国际交易中加以应用。(2) 宏观经济、政治稳定性及价格稳定性是保持对一种货币价值信心的关键。缺乏这种信心，该货币作为记账单位和价值贮藏手段的职能就会受到影响。(3) 具有高度发展的金融市场，具体表现在市场规模和高度流动性上。(4) 网络外部性能自我创造出对主导货币的需求。某种货币被越多地作为交换媒介使用，其流动性越强、交易成本越低，对新使用者的吸引力越大（Cohen，2000）。上述影响因素变动非常缓慢，导致国际储备货币出现更替或发生巨大变动往往需要数十年时间（Eichengreen&Mathieson，2000）。这是布雷顿森林体系崩溃之后，至今美元仍然在国际储备货币体系中充当关键货币的根本原因。http：//www. huanbohai. gov. cn/article. asp? id=157539。

家用以弥补国际收支逆差、稳定本币汇率以及干预外汇市场的一部分国际清偿力。它与我们通常所指的国际储备不能简单划等号，国际储备的构成一般包括黄金储备（政府持有的货币性黄金储备）、外汇储备（政府持有的可自由兑换货币）、在 IMF 的储备头寸以及 SDR 四个部分，本文所界定的国际储备货币即是构成外汇储备部分的货币性资金。国际储备货币多元化则是指储备货币种类或者储备货币构成的多元化。随着世界经济贸易的发展和国际货币体系的更替，作为国际储备的货币资金也经历了由单元化向多元化的演进历程。

（一）单元化的国际储备货币

1. 在国际金本位制度时期，黄金发挥着世界货币的职能。同时，由于该时期英国在世界工业和金融业中居于统治地位，英镑与黄金一样成为国际间最普遍使用并被广泛储备的货币。因此，这一时期的国际储备体系又被称作"黄金一英镑储备体系"。由于黄金储备的增长越来越不能满足世界生产与贸易发展的需要，该体系于一战爆发后崩溃。

2. 二战后，美国取代英国成为世界最大的债权国和黄金储备国。各国于 1944 年确立了布雷顿森林体系，美元成为最主要的国际储备货币。该时期的国际储备体系因而被称为"美元一黄金储备体系"。由于"特里芬难题"这一根本性缺陷的存在，该体系最终于 1973 年崩溃。然而，由于美国强大的经济实力以及可靠的政府信用等美元主导地位基础的存在，再加上国际经济运行的惯性作用，美元的地位至今仍无可替代。

（二）多元化的国际储备货币

20 世纪 60 年代末 70 年代初，随着美国国际收支逆差的不断扩大，黄金储备大量流失，美元危机频繁爆发。在 1967 年里约热内卢的 IMF 会议上，各国达成了一项新的协议，即 SDRs

协议，[①] 这实际上反映出国际社会对“美元一黄金储备体系”的反思和用其创立的国际货币取代国别货币以加强国际储备管理的愿望。然而，由于 SDRs 在用途、数量等方面的限制，它并未能缓和美元危机，也未能在该体系瓦解后取代美元，建立起以 SDRs 为中心的国际储备体系。

与国际金本位制度以及布雷顿森林体系下国际储备货币结构单一的情形相比，1976 年牙买加体系建立之后，尽管美元仍是居于主导的国际货币，但其地位已经明显削弱，由美元垄断外汇储备一枝独秀的格局难以为继。20 世纪 70 年代，随着西德、日本等国经济的发展，其国内黄金储备不断增加，国际收支持续顺差，西德马克、日元、瑞士法郎等跻身于国际储备货币之列。国际储备货币逐步从过去的单极格局走向多级格局，从一元化演变为多元化。1999 年，欧洲货币单位（ECU）也被欧元所取代，正式流通的欧元更是使这种多极化的格局得以加强，成为制衡美元霸权的重要国际储备货币。

---

① SDRs 是 IMF 在 1969 年推出的一种人为储备货币，当时 1 单位 SDR 等于 0.888671 克黄金（相当于当时条件下 1 美元的含金量）。美元与黄金脱钩之后，SDRs 的价格由美元、欧元、英镑、日元四种货币的加权平均数决定，四种货币的权重每五年调整一次。IMF 成员国最初持有的 SDRs 是由 IMF 董事会根据各成员国的份额，按一定比例分配给成员国的。然而，迄今为止，IMF 只给成员国分配过三次 SDRs，实际上，由于美国的干预，后来加入 IMF 的部分成员国至今还没有分到应得的份额。当然，SDRs 具有结算货币、价值储藏的功能，因此成为国际储备货币。然而，与硬通货等普通国际储备货币不同，SDRs 不能用于国家间贸易和金融交易的支付、私人部门债务的发放与偿还以及贸易的结算等等。SDRs 最主要的用途在于，出现国际储备货币短缺的 IMF 成员国可以使用本国的 SDRs 换取其他成员国的美元或者是其他能够自由使用的货币。“In accordance with Article XIX, Section 2 (c), the Fund prescribes that... a participant, by agreement with another participant, may engage in an operation by which (a) one of the parties transfers [i. e., swaps] to the other party SDRs in exchange for an equivalent amount of currency or another monetary asset, other than gold.”

在这一演变过程中，需要强调的是：自20世纪70年代以来，国际储备货币多元化的演进基本上由美元地位与信用的沉浮而引起。美元在多元化体系的形成与发展中，始终是最重要的作用因素。美国经济弱势时，美元主导地位弱化，其信誉下降，多元化储备体系发展进程较快；而美国经济强势时，美元主导地位突出，其信誉提高，多元化储备体系的发展进程就缓慢。

二、国际储备货币多元化的成因分析

第一，主要工业国相对经济实力的变化是储备货币多元化的根本原因。从理论上说，一国的储备货币地位是以其经济、金融实力为后盾的。① 自20世纪60年代末以来，世界经济格局发生了明显变化，呈现出多极化局面，而储备货币多元化正是世界经济多极化的反映。随着战后日本、西欧经济的恢复与发展，特别是日本和西德经济的高增长低通胀以及相对较高的国际收支顺差，使得日元和西德马克购买力稳定，这些国家的货币也被人们不同程度地看好而成为硬通货，从而成为各国国际储备的选择对象；然而，与此同时，美国的经济实力相对衰落，经济增速放缓，国际收支不断恶化，通货膨胀日趋严重，导致美元危机频发。1971年12月和1973年2月美元两次贬值，使美元储备持有国蒙受重大损失。许多国家在预期美元贬值时，便纷纷将美元储备兑换成日元、西德马克、瑞士法郎等硬通货，从而使国际储备资产分散化和多元化。②

---

① 董玉华："美国会继续占主导储备货币地位吗"，《金融教学与研究》1991年第2期。

② 据统计，至1979年底，美元在诸多储备货币中所占的比重从1973年的84.6%降为1979年的65.1%，而其他货币所占比重则由1973年的15.4%上升为34.9%。

此外，1979 年 11 月，美国对伊朗资产的冻结更加速了储备货币多元化的进程。各石油输出国为避免储备美元的风险，将大量的石油美元从美国调往日本和欧洲，并兑换成日元、马克和其他硬货币，导致储备货币中美元比重不断下降，其他硬货币比重则日益上升。至 70 年代末，国际储备币种构成已囊括美元、英镑、法国法郎、瑞士法郎、荷兰盾、日元和 ECU 等，逐渐形成一个系统的和以多元化为特征的国际储备体系。

第二，“特里芬难题”的存在及其补救措施的失败是储备货币多元化的重要原因。在布雷顿森林体系中，美元拥有中心储备货币地位必须满足三个条件：美国强大的经济实力、大量的黄金储备以及可靠的政府信用保证。然而，自 20 世纪 60 年代以来，这些条件均不同程度地遭到破坏，具体表现：（1）经济实力相对衰落。二战初期，美国处于经济实力鼎盛期，无论是在世界生产还是贸易中均居主导地位。以 1950－1986 年为例，在此期间，美国出口地位下降幅度最大：战后初期，美国出口额占世界出口总额的比重曾高达 1/3，到 1986 年则下降到 1/10。而德日则迅速赶上，尤以西德更加突出，至 1986 年已成为世界最大的出口国。同期美国进口贸易不断上升，进口额在世界进口总额中所占的比重，从 1950 年的 15.7％上升到 1986 年的 18.7％；由于进口增加、出口减少，美国贸易收支由顺差变为逆差并呈激增之势。在贸易赤字剧增的同时，始于 50 年代、70 年代后迅速扩大的美国经常项目逆差也迅速扩大，从而成为美国经济的一个严重问题。此外，美国在科技上的绝对优势也开始丧失，曾一度强大无比的工业部门的竞争力受到其他发达国家及新兴工业化经济的挑战。（2）黄金储备大量外流。自 20 世纪 60 年代以来，美国持有的黄金储备逐年下降，到 1971 年美元第一次贬值时，其黄金储备仅剩下 102 亿美元（约 29142 万盎司），而同期美国的对外短期债务却高达 678 亿美元，黄金储备还不到对外短期债务的

17%，已远远不能满足其他国家官方美元储备向美国兑换黄金的需要。（3）美元信用下降。由于只存在单元化的储备货币，随着国际贸易与投资的增长，对美元形成巨大的需求压力，美国国际收支逆差日益严重，美元信用下降，美元危机频现，人们对美元储备的心理预期发生变化，各国不得不在美元之外寻找新的国际储备货币。

在此出现了一个“悖论”：美国作为储备货币发行国，要满足各国对储备货币的需求，其国际收支必然逆差，而逆差扩大则会引起美元信用危机，进而导致美元贬值；那么要维持美元信用及其币值稳定，美国则必须保持国际收支顺差，而这又会减少储备货币的供给，导致国际储备的短缺，影响国际清偿能力，进而阻碍国际贸易与投资的进一步发展。最初揭开这个矛盾现象的是美国经济学家罗伯特·特里芬，因此称为“特里芬难题”（Triffin Dilemma）。为解开这个难题，IMF 于 1969 年 10 月创设了 SDRs，希望既能够使国际储备长期增长，又不需要各国因调整其国际收支而导致国际金融市场的不稳定。[①] 然而，由于其“纸黄金”性质等局限性，该措施未能从根本上解决这个“难题”。[②] 实际上，“特里芬两难”具有普遍意义：任何将一国主权信用货币作为国际储备货币的尝试都会面临这种困境。当然，国际社会进行的补救措施远不止这些，然而该体系的内在性缺陷最终却未

① Griffith－Jones，s.，J. Kimmis，The Role of the SDR in the International Financial System，http://www.ids.ac.uk/ids/global/FInance/pdfs/griffkim2.pdf，2003－05－09.

② SDRs 作为各国中央银行的储备资产，理论上其地位与黄金相当。然而，SDRs 并不像黄金那样自身具有内在价值。SDRs 的价值完全取决于 IMF 成员国是否愿意持有与接受它，并承担使之能正常发挥国际储备资产作用的各种承诺。因此 SDRs 被称为“纸黄金”。

能阻止布雷顿森林体系的最终崩溃。[1]

第三，主要工业国的态度转变进一步促进了储备货币多元化的形成。一个储备体系的建立，除必须具备一定的客观条件外，还必须具备一定的主观条件，在当时历史背景下，各主要国家的态度转变在很大程度上推动了这一格局的形成。

（1）美国迫不得已愿意部分降低美元的支配地位。二战之后，美国一直坚持维护美元的垄断地位，以便借助储备货币发行国的优势，用直接对外支付美元的方式弥补其国际收支逆差，还可以对外发放贷款或进行投资，并获取高额铸币税收益。然而，由于美元危机及其对内外经济造成巨大压力，美国政府不得不改变态度，多次表示愿意降低美元的支配地位，同各国共享储备货币的利益和负担。

（2）前联邦德国、日本愿意将本国货币作为国际储备货币。尽管马克和日元长期以来一直是硬通货，然而当初这些国家并不乐意其货币充当主要储备货币。主要原因是作为储备货币发行国，尽管可获得不少利益，但付出的代价也非常巨大。按照三元悖论理论，一国只能在货币政策的独立性、汇率的稳定性、资本的完全流动性三个目标之间任选其二。一旦本国的货币成为储备货币，本币汇率与币值就要保持稳定，还要对外完全开放本国金

① 在布雷顿森林体系下，这种两难局面使美元危机频现，日益威胁着美元的中心储备货币地位。为了挽救这种危机，国际社会进行了包括创设SDRs等多项补救措施，主要有：第一次危机的补救：借款总安排、互惠信贷协议以及建立黄金总库等，其中前两项措施旨在以其他货币补充美元，来维持布雷顿森林体系的固定汇率，是其后出现的多种储备货币体系的萌芽，而建立黄金总库旨在用其他国家的黄金来补充美国的黄金，借以维持黄金—美元本位制；第二次危机的补救：建立黄金双价制与创设SDRs等，其中建立黄金双价制旨在拯救黄金—美元为中心的布雷顿森林体系，然而该措施同时又意味着该体系的局部崩溃，而创设SDRs旨在节约黄金和美元，补充黄金和美元，使黄金—美元本位向黄金—美元特别提款权本位转变；第三次危机的补救：首先中止美元与黄金的兑换，该措施实际上意味着布雷顿森林体系的崩溃，其次进行的史密森协议成为挽救固定汇率制度的最后一次尝试。

融市场，允许资本的自由流动。这意味着该国必须放弃货币政策的自主性，不仅会影响其货币政策的运用，而且通常还会更易受到外部经济的影响和冲击；同时，任何一国主权信用货币作为储备货币都必须承受经常项目下的经常性逆差，这是储备货币国必须付出的成本。自 1979 年遭受第二次石油危机冲击后，国际收支状况的恶化和贸易竞争的尖锐化促使西德政府改变立场，转而支持马克的储备作用，从而使马克作为国际储备货币的地位得以加强；日本政府长期以来一直对资本流入进行严格管制，不愿使日元成为储备货币。但随着在国际金融领域中日元使用范围的扩大和日本经济条件的改变，特别是由于国际贸易摩擦升级，来自美国及其他贸易伙伴国的压力，终于迫使日本放弃原来主张，转而支持日元的储备货币地位。1976 年，尼日利亚成为第一个放弃英镑转而使用日元作为自身储备货币的国家，日元自此步入国际储备货币的行列，至 1979 年超过英镑成为全球第三大储备货币。① 由此可见，主要国家态度的转变，尤其是对资本管制的放松，加速了这些货币作为国际储备货币的进程，进一步促进了国际储备货币的多元化。

第四，管理国际储备的需要与保值目的构成了储备货币多元化的动力。1973 年，布雷顿森林体系彻底崩溃，浮动汇率制度占据主体，美元与黄金脱钩更加速了美元的贬值，② 全球主要外汇市场汇率变动愈益激烈。而在同等条件下的国际货币竞争中，国际货币的使用者当然愿意持有升值的货币，这是经济利益的基

---

① 荒木信义著，羊子林译：《日元的知识》，中国财政经济出版社，1982 年版，第 122、123 页。

② The Second Amendment to the Articles of Agreement of the IMF, which came into effect in April 1978, eliminated the use of gold as the common denominator of the par value system and as the basis of the value of the SDR. http://www.imf.org/external/np/exr/facts/gold.htm.

本要求。[1] 如前所述，同期由于本国经济实力的恢复与增强，日元、马克等硬货币遂成为人们国际储备风险管理中理想的避险工具。正是这种出于防范外汇风险、保持储备资产价值的需要，各国便有意识地将储备货币分散化，抛售贬值货币美元，购进日元、马克等硬货币。因此主观保值避险行为通过市场选择进一步推动了国际储备货币走向多元化。

第五，现行国际货币体系存在的内在缺陷和系统性风险客观上促使储备货币多元化成为现实选择。此次金融危机的爆发并在全球范围内迅速蔓延，反映出当前国际货币体系的内在缺陷和系统性风险。[2] 它表现出的诸多特征，比如美元霸权、纯粹信用本位、世界最后贷款人的缺位、汇率在调节国际收支时表现出的政策溢出效应等等，均显示该体系蕴涵的深层次矛盾催生了全球经济失衡、流动性泛滥、资产价格泡沫以及全球金融动荡等问题的出现，[3] 这些正日益侵蚀着世界经济健康发展的根基。

（1）美元主导地位造成汇率在调节国际收支时效力衰减。理论上，当其他条件不变，一国货币贬值时，该国的国际收支将会得到改善，而升值时该国的货币将会趋于恶化。但是，当一国主权信用货币成为全球大宗商品定价货币、贸易结算货币和储备货币之后，该储备货币发行国对经济失衡的汇率调整效用就大打折扣，因为多数国家货币都以该国货币为参照，这意味着不管该国汇率如何调整，其他“盯住”该国汇率的国家都会相应的自动调整汇率，使本国和该储备货币发行国的汇率继续保持稳定，这种情况下，实际上是某种隐形的固定汇率制，最终使汇率在调节国际收支时的作用严重衰减。而当前美元就面临这种和状况，主要

① 宋建军：《日元国际储备地位变迁对人民币国际化的启示》，《现代日本经济》2008 年第 5 期。

② 周小川：《关于改革国际货币体系的思考》，《中国金融》2009 年第 7 期。

③ 曲凤杰：《金融危机下的国际货币体系改革》，《宏观经济管理》2009 年第 10 期。

顺差国尤其是东亚国家，其经济发展的主要动力是出口导向，所有这些国家出口中的最大的需求又来自于美国市场，为了保持住本国经济快速增长的动力即出口贸易，这些国家有强烈的意愿使其本国货币与美元的比较保持稳定，不管美联储的政策使美元币值发生什么变化，这些“盯住”美元的货币也会发生相应调整，使顺差国的贸易盈余持续扩大，而美国通过汇率来调整经常项目逆差的努力就很难奏效，甚至是完全无效，从而使美国的经常项目逆差进一步扩大。

（2）美元霸权支撑了美国长期负债的消费模式，助长了其金融资本的膨胀和资产价格泡沫的形成。在美元本位制下，美国主要通过经常账户赤字来输出美元。在1982－2008年这27年间，除1991年外，其他年份美国均存在经常账户赤字。尤其是在1992－2007年间，其经常项目赤字规模不断扩大。为了平衡经常项目赤字，美国需要吸引大量的资本流入，来自高储备国家的大量资本流入在支撑美国长期负债消费模式的同时，也推动了资产价格的上涨与金融资本的膨胀。全球经济失衡问题日益凸显，系统性风险不断加大，最终导致国际金融危机的爆发与全球蔓延，严重威胁着世界经济的健康发展。

（3）“美元两难”导致全球流动性泛滥和汇率风险加大。“特里芬难题”仍然存在：储备货币发行国无法在为世界提供流动性的同时确保币值的稳定。美国国内货币政策目标与各国对美元要求的矛盾进一步激化，这主要表现为：美国若为抑制本国通胀而采取紧缩性货币政策，则无法满足全球对美元的需求从而使其面临升值压力；若发生经济危机，美国因过分刺激国内需求而采取扩张性货币政策，则会导致全球流动性泛滥。在当前国际货币体系下，后者对世界经济的危害更大。美联储拥有储备货币的实际发行权，发行美元的依据当然是美国自身利益及其国内政策的需要，再加上攫取巨额国际铸币税与通货膨胀税的动机，这些都成为全球流动性泛滥的重要推手；其次，美元发行缺少必要约束，美元汇率也不存在基本的均衡价值基础，各国货币汇率自由调整与无序波动使其风险进一步加大。

三、国际储备货币多元化对世界经济的影响

（一）储备货币多元化对世界经济的有利影响

第一，储备货币多元化有利于从根本上纠正全球经济失衡。在现行国际货币体系下，美元霸权的存在导致汇率在调节国际收支方面存在着很大的政策溢出效应，导致全球经济失衡日益加剧。李扬认为，国际储备货币多元化能够从根本上纠正这种失衡，这是世界经济发展的必然方向。[①] 首先，全球各国可以通过各种渠道获取多种硬货币用于平衡国际收支逆差。在全球经济一体化的背景下，随着国际贸易与投资的持续扩大，由主要经济大国及其硬货币共同支撑主要国际储备货币的供给，这不仅缓解了仅有单一美元储备的需求压力，而且在很大程度上缓解了美国国际收支逆差；其次，多样化的汇率安排适应了多样化的、不同发展程度国家的需要，为各国维持经济发展提供了灵活性与独立性。在布雷顿森林体系下，各国为调节国际收支而变更汇率时，须征得 IMF 同意后才可进行。而国际储备货币多元化处于各国实行浮动汇率制度的环境中，灵活多样的调节机制使国际收支的调节更为有效与及时，在此制度下各国可以采取相应更加富于弹性的措施来调节本国的国际收支。总之，随着全球经济一体化发展，形成多极化的势均力敌的国际储备货币更有利于国际间的公平竞争与合作，有利于贸易自由和资源要素的自由流动，从而促进全球经济的均衡发展。

第二，储备货币多元化有利于各国摆脱对美元的过分依赖及

① http：//www. ceh. com. cn/ceh/xwpd/2009/7/7/49605. shtml.

由此产生的困境。多元化的国际储备货币结构为国际经济提供了多种清偿货币，从而摆脱了布雷顿森林体系下对美元的过分依赖。在“美元－黄金储备体系”下，仅以美元作为中心储备货币，国际储备的增长必须以美国持续的国际收支逆差为前提，因此受到很大限制。随着世界经济贸易与投资的增长，对美元储备的需求压力以及美国国际收支逆差持续扩大，加剧了全球经济的失衡。而在多元化国际储备体系下，同时以几个经济发达国家的硬货币作为国际储备货币，可以使这几个国家的国际收支逆差共同支撑国际储备资产的增加，这不仅减轻了世界各国对单一储备货币需求的压力，缓和美元危机，相对摆脱“特里芬难题”对储备货币发行国所造成的困境，此外还能够为各国提供满足多样化需求和灵活调节储备货币的余地，从而有利于国际经济的稳定与健康发展。

第三，储备货币多元化有利于改善国际储备资产的风险管理。在当前浮动汇率制下，强币和弱币地位的频繁交替和换位，加大了外汇储备的汇率风险，储备的价值量经常发生变化。[①] 以美元为主导的储备体系，不能给各国提供逃避美元危机的机会，一旦发生美元危机，便会给持有美元储备的国家带来压力和损失。然而，在多元化储备体系下，同时以几个经济强国的硬货币作为中心货币，为各国提供了有效组合储备资产、规避风险的条件以及灵活调节国际储备状态的余地。各国可根据金融市场的具体变化，适时调整储备资产结构，对其进行有效配置，比如美元疲软，各国就可抛售美元，购进其他硬货币。此外，还可以通过实现将国际储备货币分散化的方法，来保持国际储备价值的相对稳定，避免或者减少因美元或其他任何一种储备货币贬值而造成的损失，并尽力获取升值的好处。

---

① 腾昕、李树民：《当代国际储备构成非均衡发展的理论研究》，《中国地质大学学报》（社会科学版）2006 年第 7 期。

第四，储备货币多元化有利于促进各主要国家货币政策的协调与合作。在“美元—黄金储备体系”下，美国利用美元特殊地位，推行对外扩张的经济政策，操纵国际金融局势，控制他国经济，所谓“无忧伤的逆差”正是这一状况的写照。多元化储备体系的建立，打破美元一枝独秀的格局，国际货币体系以及各国外汇储备的价值不再过分依赖美元，各国经济也不再单纯受制于美国经济。同时，它还可以在很大程度上规避一国利用储备货币发行国的地位而强行转嫁通货膨胀和经济危机的风险。美元作为国际储备货币，与其他多种储备货币形成相互竞争的格局，一定程度上遏制了美国通过滥发纸币向其他国家肆意转嫁危机的势头。此外，多元化储备货币的付诸实践本身就是一个国际化的问题，任何储备货币国都不能对其国际收支逆差的任意扩大抱漠不关心的态度。为了维持多元化储备体系的健康发展和国际金融形势的稳定，各主要国家必须互相协作与约束，共同干预与管理，从而促进该领域的国际合作，最终改善国际经济与金融关系。

（二）储备货币多元化给世界经济发展带来的难题

与单元化储备体系相比，储备货币多元化表现出巨大的优越性。然而它仍然存在着明显的不足，给世界经济发展带来一定的消极影响。

第一，储备货币多元化并未彻底解决“特里芬难题”，因而仍具有内在的不稳定性。储备货币多元化格局尽管暂时摆脱了美元危机造成的困境，然而并未从根本上解决导致美元或国际储备货币危机的“特里芬难题”，这是因为多元化的国际储备货币仍然是主权信用货币，在以主权信用货币作为储备体系中心这一点上，多元化储备体系与“美元—黄金储备体系”并无本质区别。如前所述，任何将一国主权信用货币作为国际储备货币的尝试都会面临这种困境。多元化只不过是将其造成的困境分散化而已，使得国际储备的增长依赖于几个而不是一个储备货币发行国的国际收支逆差。事实上，任何国家持续出现逆差都会削弱其货币的信用基础。如果某个储备货币发行国想要保持国际收支平衡，又必然会增加其他储备货币的压力。因此，这种多元化的储备体系仍具有内在的不稳定性，随着储备货币发行量的不断增长，最终仍然会导致储备货币的信用危机。

第二，储备货币多元化与分散化，一定程度上加剧了世界性的通货膨胀。国际储备货币供应不足会影响全球经济的发展，储备货币供应过多又会导致世界性的通胀，理论上储备货币的增长率必须和世界经济的增长率保持适当的平衡。然而，在具体实践上，布雷顿森林体系的一个重大缺陷就是它没有明确制定一套方法，使国际储备的增长与世界贸易以及投资的发展相适应。多元化储备格局不仅未能克服这一缺陷，由于其他硬货币与美元一道被广泛地用作国际储备，各储备货币发行国出于本国经济形势变化而作出的货币政策调整，甚至贪图国际铸币收益而滥发货币，都极有可能会助长国际储备无序增长势头。国际储备在 1969 年底为 397.93 亿特别提款权，至 1980 年底却增长了 7.4 倍，达 2931 亿特别提款权，每年平均增长逾 20%，大大超过 20 世纪 60 年代平均增长 7.5%的水平。进入 90 年代以来，全世界国际储备规模增长更快，从 1990 年的 8920 亿 SDR 上升到 2003 年底的 23708 亿 SDR。国际储备货币的过多供应大大加剧了全球性通胀的压力。

第三，储备货币多元化加大了各国货币当局进行国际储备管理的难度。所谓国际储备的管理，是指一国政府或货币当局根据一定时期内本国国际收支状况和经济发展的要求，对国际储备的规模、结构以及储备资产的运用等进行计划、调整和控制，以实现储备资产规模适度化、结构最优化、使用高效化的整个过程。国际储备货币多元化、分散化以后，如何加强对国际储备的管理、实现储备资产的保值增值，成为各国政府和货币当局亟待解决的国际性问题。在多元化储备体系下，每种储备货币的收益随着储备货币国经济政治形势的变化而经常性地发生变化，这将会大大加重各国国际储备管理的难度。因此，一国在管理国际储备时，必须密切关注储备货币国家的政治经济动态，以及外汇市场上这些货币汇率的变化，根据各种储备货币的外汇风险和利息收益，不断调整储备资产的货币构成。此外，灵敏的判断能力以及过硬的操作技术等也是必须的，因此对储备货币进行管理的难度是相当大的。

第四，储备货币多元化加剧了国际游资投机活动以及国际金融市场的动荡。自 1973 年西方各国普遍实行浮动汇率制以来，各国汇率波动频繁，国际金融市场更加动荡不安，而多元化的储备格局进一步加剧了这种不稳定性。多元化储备格局扩大了储备供给，增加了世界储备总额，市场短期资本或游资随之数倍增长。国际游资天生特性即趋利性、投机性、“光速般”流动性，再加上制造机会赚取高额利润的投机家随处可见，一旦该体系中某种储备货币因某种原因趋于坚挺时，大量其他储备货币被竞相兑换成这种货币，而当由于一些偶然的因素使该种货币变得疲软时，它又被大量地抛售出来，各国国际储备频繁地从一种储备货币转向另一种储备货币，从而形成一种国际间资本大规模盲目流动的机制。它势必导致储备货币的汇率大起大落，当市场投机力量过大时，就会刺激国际金融市场动荡不安。1985 年，国际社会成立了联合干预机制，以期通过联合的力量来捍卫主要储备货币，然而收效甚微。20 世纪 90 年代以来发生的重大国际金融危机，都与国际游资在全球的肆虐密切相关。此外，国际游资的短期流动又会给各国经济政策的运用带来负效应。如一国为控制通胀采取了紧缩信用措施、提高利率，使大量游资流入，却又抵消了紧缩的经济政策效力，从而影响国内经济的发展。

四、国际储备货币多元化对中国经济发展的启示与借鉴

既然国际储备货币多元化成为目前和今后一个时期国际货币体系的现实选择，作为全球外汇储备最多的国家，中国应充分利用机遇、积极应对挑战，以期在新的起点上为本国经济发展营造一个更好的国内外环境。借鉴国内外的研究经验，结合中国的实际，笔者得出以下几点启示：

第一，积极参与国际货币体系改革，努力推动储备货币多元化。美国次贷危机通过各种渠道严重阻碍了世界经济的均衡发展，再次暴露出了现行以美元为中心的国际货币体系的严重缺陷。[①] 国际经济学界对之提出了越来越多的批评，要求改革的呼声再次高涨。比如，美国著名经济学家斯蒂格利茨就认为：首先，作为战后国际货币体系核心问题的储备货币制度本身存在严重缺陷，“特里芬难题”依旧存在；其次，当前国际货币体系的不平等性也严重阻碍了世界经济的健康发展，他特别强调了中国

① 当前以美元为中心的国际货币体系对美国次贷危机以及全球经济危机应该负有以下责任：首先，作为国际货币体系监护人的IMF对美国资本市场监管缺失，对美国有毒资产的泛滥负有重大责任。其次，美元作为储备货币的特殊地位，对跨境资本流动特别是投机资本的跨境流动的放任，迫使许多国家不得不持有大量美元储备资产，而这些美元资产的价值正受到美元贬值和美国通货膨胀的严重威胁。再次，许多国家目前之所以受到美国金融危机的严重冲击，恰恰是因为这些国家当初听从了IMF关于资本项目自由化、开放金融行业等一系列主张。最后，由于发达国家资金的大量撤回，世界上许多国家，特别是最贫困国家正处在爆发严重债务危机的前夜。余永定：《国际货币体系改革和中国外汇储备资产保值》，《国际经济评论》2009年版，第5—6页。

是这种不平等的最大受害者，因此他于 2008 年 8 月提出了改革当前国际货币体系的一些初步设想。[①] 笔者认为，鉴于目前局势的盘根错节，尽管国际货币体系改革将是一个缓慢的长期过程，此外，尽管在某种程度上改革对于解决目前中国所面临的一些严峻挑战并不一定会立即产生积极效应，然而作为全球外汇储备最多的国家，中国仍应坚持以现有国际组织为平台，积极参与目前的国际货币体系改革以及旨在克服全球经济危机所进行的各种努力，包括进一步推进人民币区域化国际化、敦促 IMF 进行治理结构改革，以及通过国内结构性改革来促进国际多边经济合作。当然，在推动改革的同时，努力促使建立多元化的国际储备体系，唯有如此，包括中国在内的新兴经济体才能逐步削弱美元霸权地位以及摆脱对美元与美国经济的过分依赖。同时，在目前情况下，也只有在储备货币多元化格局建立的过程中，人民币才有机会跻身其中储备货币之列，进而谋取对中国更加有利的经济地位。

第二，警惕中国储备资产面临的威胁，避免进一步落入“美元陷阱”。2008 年国际金融危机的爆发与蔓延带给中国两个现实难题：其一是出口受阻导致的经济下滑以及失业增加；其二是巨额美元储备资产受到严重的贬值威胁。因此，如何保证 30 年改革开放所积累财富的真实价值，摆脱对美元的过分依赖，以及避免进一步落入“美元陷阱”，成为中国政府所面临的重大挑战。从经济学的角度分析，包括货币在内的任何商品的价值都在于其稀缺性。然而，自 2008 年次贷危机爆发以来，为了避免美国金融危机以及经济形势的进一步恶化，美联储开出的“药方”是实行极度扩张的货币政策，其实质就是印钞票。尽管由于各种因素

---

① Bruce Greenwald and Stiglitz Joseph, *A Modest Proposal For International Monetary Reform*, August 2009, Istanbul, unpublished.

的存在，目前美元并未出现大幅贬值，然而美国持续巨额的经常项目逆差、货币供给的急剧增加、巨额的财政赤字……所有这些因素都将指向一个结果：美元贬值。近期克鲁格曼撰文指出，中国一不留神，积累了2万亿美元的外汇储备。在当前中国大部分储备资产集中到美元资产特别是美国国债的情况下，即便不考虑美国国债收益过低问题，一旦美元贬值，也足以导致中国巨额美元资产的大幅缩水。中国大量购买美国国债，在于相信美元的价值贮藏功能。然而，根据克鲁格曼的分析，结果却使中国陷入了"美元陷阱"。[①] 那么，对于中国而言，当务之急就是警惕储备资产所面临的各种威胁，避免进一步落入"美元陷阱"。当然，这将是一个遭遇"多重两难"的世纪性课题。

第三，积极推进汇改、完善人民币汇率形成机制，增强货币政策的有效性。随着经济规模日益扩大，市场化水平不断提高，对外开放更加深化，中国面临的经济形势更为复杂。为保持中国经济平稳较快可持续增长，宏观调控的能力特别是货币政策的有效性就显得尤为重要。然而，从现状来看，近年来货币政策的自主性和有效性受到外汇占款较快增长的严峻挑战。[②] 国际经验告诉我们，作为国与国之间货币的比价，灵活的汇率制度有助于直接应对各类外部经济冲击，有助于增强一国应对外部冲击的能力以及宏观经济的"韧性"。中国人民银行副行长胡晓炼认为，中国不应受制于其他国家经济政策而放弃自身的货币政策目标，应从中国整体利益最大化出发，实行更加灵活的汇率制度。[③] 首先，

---

① Paul Krugman, "China's Dollar Trap," *New York Times*, April 3, 2009.

② 1993年以前，中国经常项目、资本和金融项目顺差交替出现；1994年之后，国际收支"双顺差"格局出现。尤其是2001年中国加入世界贸易组织以后，经常项目顺差显著扩大，成为国际收支顺差的主要来源。在保持汇率水平相对固定的前提下，国际收支顺差的持续增长和外汇的不断流入直接导致人民银行以外汇占款的形式被动投放基础货币。

③ http://finance.eastmoney.com/news/1350，201007278628294.html.

增加汇率的弹性，扩大汇率的浮动空间，逐步完善有管理的浮动汇率制度。其次，进一步推进人民币汇率形成机制的市场化。可以考虑增加外汇市场交易主体，让更多的企业和金融机构直接参与外汇买卖，增强市场的竞争机制。从 2005 年以来的实践来看，遵循“主动性、渐进性、可控性”原则的人民币汇率形成机制改革，使得企业、商业银行等微观主体主动适应汇率浮动的意识增强，应对市场变化的灵活性和能力提高，这对增强货币政策有效性具有积极意义。再次，加强与主要国家货币当局的合作以及经济金融的区域合作。密切关注国际金融市场和国际社会对人民币汇率的预期，重视国际短期投机资本流动问题，确保中国经济金融安全，促进中国经济金融平稳发展。最后，应适当通过汇率等价格手段调节贸易不平衡和国际收支失衡，减少外汇储备资产的积累，减轻对美元的过分依赖，缓解外汇流入和储备积累过快的压力。

第四，进一步加强区域经济与货币合作，稳妥推进人民币区域化国际化进程。（1）要进一步加强区域经济与货币合作，增强亚洲地区整体在国际货币体系中的话语权，以区域合作制衡美元霸权，进一步推动储备货币多元化进程。根据亚洲区域经济一体化的现状，建立单一货币联盟的条件在一定时期内还很难具备，而多重货币联盟模式将是一个现实选择，推动区域货币在共同储备基金、贸易、投资中的使用，建立区域汇率稳定机制，减少区域内各国对 IMF 贷款尤其是对美元的依赖。（2）稳妥推进人民币履行跨境计价结算和价值贮藏功能，降低中国整体对外经济交往的汇率风险，推动人民币区域化国际化，为人民币在国际货币体系中赢得一席之地。2008 年国际金融危机以来，中国加快了区域货币合作的步伐，开展人民币结算试点，扩大人民币发债规模，在未来仍然要继续循序渐进地进行推动人民币区域化与国际化的各种尝试。[①] 目前，中国已经成为东亚区域生产网络的中心，预计至2020年经济总量将是日本的两倍，随着在亚洲区域经济合作中实力的增强，人民币的区域货币地位将会进一步提升，有望成为亚洲区域的核心货币。人民币区域化是人民币国际化的重要阶段，从长远来看，更是未来构建美元、欧元、人民币等储备货币多元化的必经路径选择。

第五，对储备货币发行国尤其是美国的宏观经济政策施加外部约束。美联储拥有美元的实际发行权，此种发行机制存在重大缺陷。拥有国际中心储备货币的美元，其供给本应与全球的需求相适应，然而其发行依据却是美国自身利益及其国内政策的需要；依据“三元悖论”，在资本自由流动的情况下，美国在制定货币政策时不必明显地考虑汇率的波动性，而其他国家必须给汇率波动一个较高权重。在美国与其他国家进行货币政策博弈的纳什均衡中，美国的偏好是占优策略，最终均衡等于美国独立制定全球货币政策。美国货币政策的变动给其他国家货币政策造成了显著的溢出效应（Spillover Effect）或曰外部性（Externality）。[②] 由于存在较强的政策溢出效应，对储备货币发行国尤其是

---

① 这些尝试应包括以下几个方面：首先，继续扩大“10+3”框架下货币互换协议以及双边货币互换的范围和规模，争取实现以人民币作为与亚洲国家间清算或援助资金的币种；其次，有计划地推动香港以至亚洲各国金融机构开展人民币业务，为其提供现钞押运、货币兑换、代理清算、资金拆借等各种便利，尤其要加快建设人民币跨境清算体系，加大人民币在亚洲地区的投放，是人民币逐渐为亚洲各国所接受；再次，在香港资本市场直接发行人民币计价的股票、债券和票据，推动东京、新加坡等亚洲地区主要的货币和资本市场开展人民币业务，是人民币成为亚洲地区货币和资本市场的重要投资工具，并推动人民币成为亚洲重要的储备货币；最后，加快推进中国资本账户和资本市场的全面开放，将中国金融市场建设成具有对外提供金融交易服务能力、由境内外参与者共同参与的、具有一定国际或地区影响力的市场。曲凤杰：《金融危机下的国际货币体系改革》，宏观经济管理2009年（10）。

② 张明：“国际货币体系改革：背景、原因、措施及中国的参与”，《国际经济评论》2010年第1期。

美国的宏观经济政策施加外部约束，敦促其加强自身风险控制并承担相应的国际义务。此外，诸如 IMF 和 BIS 等现存国际金融机构对发达国家金融市场既不能实行国别监督也不能实行跨国监督，鉴于这样的事实，应坚持以现有国际组织为平台，通过积极推动国际金融机构改革，要求加强对储备货币发行国的监管。

进入 21 世纪以来，尽管国际政治经济形势都发生了重大变化，然而产生储备货币多元化的主要因素仍然存在并继续发挥作用，同时该体系的建立与发展也确有许多合理之处，具有它不可替代的优点。因此，笔者预见，在未来相当长的一段时期内，储备货币多元化格局还将持续下去。不过，随着局势进一步发展以及世界经济条件的改变，该体系的诸多局限性所产生的消极影响日趋严重。因此，如何充分利用机遇，积极应对挑战，改革现行的国际货币体系，建立更加合理的国际储备体系，这不仅是摆在各国面前亟待解决的问题，而且还是目前和今后一个时期国际金融的研究热点。

作为全球外汇储备最多的国家，中国应坚持以现有国际组织为平台，积极参与目前的国际货币体系改革，以及旨在克服全球经济危机所进行的各种努力，包括努力推动国际储备货币多元化、进一步推进人民币区域化国际化，以及通过国内结构性改革来促进国际多边经济合作。唯有如此，才能逐步削弱美元霸权，摆脱对美元以及美国经济的过分依赖。随着在亚洲区域经济合作中实力的增强，人民币的区域货币地位将会进一步提升，这是人民币国际化的重要阶段，从长远来看，更是未来构建将人民币囊括其中的国际储备货币多元化的必经路径。

中国对外关系

东亚共同体与中美日关系的发展：中国的角色、地位、作用

高 兰*

内容提要： 随着东亚地区一体化的不断发展，中、美、日关系发生了相应的变化，从各自的国家利益出发，三国之间进行了力量的博弈、合作与协调。在这过程中，日美出现了一些矛盾，中国与美国、日本加强合作的同时，出现了对外合作战略思想的差异。中国正在逐步调整政策思路，完善对于地区统合的中长期发展方案，积极推进东亚共同体的发展。

东亚合作，包括外交、安全、经济等各个领域，建立与加强合作机制是东亚各国面临的最重要课题。东亚合作机制的模式、路径与方向与中、美、日三国密切相关。中、美、日关系是亚太地区最重要的三边关系。近年来，中、美、日关系出现了相对稳定与平衡的发展趋势，三国的合作不断增加，这对东亚以及亚太地区的和平、稳定与繁荣，具有重要意义。美日、美中、中日关系都是地区和全球范围内重要的双边关系，因为这三个国家都具

* 高兰，上海社会科学院亚太研究所副研究员。

有重要的国际影响，活动范围大大超出东亚。但在现阶段，中日关系的影响主要在于亚洲地区，中日关系定位为亚洲国家之间的双边关系。东盟国家十分敏感，美国对此也十分关注。美国希望维持东亚的稳定，但是美国认为中日两国现在都不是维持现状的国家，希望将两国的矛盾控制在维持现状的范围内，保持在亚洲地区的均势局面。关于东亚合作，中国在推进以“10＋3”为基础的东亚合作机制的同时，也在积极探讨“10＋6”、东亚共同体、亚太共同体等更为广泛的东亚合作模式。另一方面，新上任的日本民主党政权提出了进一步推动建设“东亚共同体”的设想，并提出了关于亚元、东亚 FTA 等一系列具体政策主张。美国奥巴马政权在加强美日同盟的同时，进一步加强了与中国的关系，不断深化两国在外交、安全、经济等领域的全面合作，同时谋求加强美国在亚洲的存在。为此，需要深入研究东亚合作机制的具体形式，以及对中美日关系的影响与作用。

一、东亚共同体的历史与发展

社会科学，至少社会学，普遍沿用特尼斯于 1887 年发表的《共同体与社会》(Gemeinschaft und Gesellschaft)，来作为对比“共同体”与“社会”的经典界定。[①] 认为，“共同体”具有如生物有机体那般的自然和谐，“社会”则充满异化与冲突。

东亚共同体的历史由来已久。1990 年 12 月关贸总协定乌拉圭回合谈判破裂后，当时的马来西亚总理马哈蒂尔提出了东亚经济会议（EAEC）的构想。不过，当时因美国的反对而遭搁置。

① Jean－Luc Nancy (1990)，Une Pensée finie. 见 Miguel de Beistegui (1997)，“Sacrifice revisited,” in D. Sheppard，S. Sparks and C. Thomas (eds.) On Jean－Luc Nancy. London：Routledge.

东亚金融危机后，“东亚人的东亚意识”上升，地区合作遂成潮流。“东盟＋中日韩”（10＋3）成为地区合作的主渠道，“东亚共同体”逐步上升为地区合作的总目标。1997年底，“东盟首脑会议”特邀中、日、韩领导人列席，形成了地区合作的基本雏形。2001年，东亚13国的26位专家组成的“东亚展望小组”提出了建立“东亚共同体”报告，为东亚地区合作提出了发展蓝图。在2002年初，时任日本首相的小泉纯一郎历访东盟，首倡“东亚共同体”，但在形式上，采用了回避“汉字表述”的模糊概念（Community）。2004年底，“10＋3领导人万象会议”主张将构建“东亚共同体”作为地区合作的总目标，以促进合作升级，推动区域一体化建设。此后，2004年12月，日本小泉政府召开“对外经济合作会议”，第一次由政府提出了“东亚共同体”概念。2005年12月14日，首届东亚峰会成功地签署了《吉隆坡宣言》，提出要促进“本地区的一体化”，“东亚共同体”的制度建设开始提上日程。2007年1月15日，第二届东亚峰会召开，签署了《东亚能源安全宿务宣言》，标志着东亚能源共同体的建设开始提上议事日程。

东亚共同体虽然目前还只是一个概念，尚未形成统一的行动蓝图。但是，东亚各国的合作早已经开始。东盟10国已经形成机制，而中、日、韩也参加了东盟的10＋3会议，中国与东盟的自由贸易区自2010年开始已经正式形成，中、日、韩三国也建立了领导人会议制度，所有这些都是东亚共同体的初级阶段。

二、东亚共同体与中美日关系

随着东亚地区一体化的不断发展，中、美、日关系发生了相应的变化，从各自的国家利益出发，三国之间进行了力量的博弈、合作与协调。

（一）日美关系

随着东亚地区合作浪潮迭起，自 2004 年底到 2005 年初起，围绕地区合作的范围、内涵、方向，出现了多重力量的整合，在这过程中，日美出现了矛盾与政策协调。

2004 年底到 2005 年初，美国的政治学者和议员相继批评东亚地区合作"缺乏民主"，意在"排除美国的存在"；而经济政策智囊则指责"东亚共同体必将对跨太平洋自由贸易区构成割裂"。在此背景下，布什政府的政治重心开始东移，重新关注 APEC，展开"APEC 战略回航"，主张"用太平洋涵盖东亚共同体"。

为了打消美国的疑虑，小泉政府提出，东亚共同体不应排除美国，也欢迎澳洲加入，目标不仅是经济整合，也应纳入安全保障合作。2005 年初，日本政府提出让澳大利亚、新西兰和印度加盟"东亚首脑会议"，推动"10＋6 模式"，以"添加民主"，主导"价值观联盟"。问题是，在美国看来，日本的新构想是对美国和美元主导亚洲秩序的挑战。对此，在 2005 年底的 APEC 釜山会议期间，美国公开发表声明，主张 10 年内，将与东盟构建包括政治、经济、安全的一揽子伙伴关系，同时加速推动美韩自贸协定（FTA）谈判。同时，布什政府全面调整了东亚安全事务政策班底，撤掉了麦克格林等"知日派"，换上了清一色的"中国通"。2006 年中期，布什政府提出了"APEC 自贸区"构想（APFTA），主张"在 APEC 范围内，容忍任何形式的 FTA"。在布什政府末期，美国又重点选择新西兰、文莱、新加坡等为据点，提出"环太平洋自贸区构想"。

面对美国的回归东亚战略的实施，2007 年，福田政府提出以"日美同盟"和"日本一东盟"为两轴，构建"跨太平洋自贸区体制"构想，即所谓的"太平洋内海化"战略。美国金融危机后，面对世界格局的多极化动向，麻生政府在 G20 峰会上表态"力挺美元体制"，并连续推出"亚洲经济倍增计划"、"东亚产业大动脉构想”，乃至“亚欧十字路”构想，试图落实“自由与繁荣之弧”的构想，强化美国提倡的自由民主因素。另一方面，奥巴马政府上台后，在全球其他地区采取战略收缩姿态，但加强了对亚洲外交的力度。国务卿希拉里不仅在上任之初便造访印尼，2009 年 6 月更进一步走访南亚、东南亚，主动加入“东盟友好条约”，高调宣告“重返”东南亚，同时提出要构建美国版的湄公河开发新模式。

2009 年 9 月以来，日本新首相鸠山由纪夫在多个场合不断倡议“东亚共同体”。鸠山版的“东亚共同体”总体上有三个支柱，即以 FTA/EPA 为基础的“经济共同体”，以安全协调、军事交流、增加透明度为起点的“安全共同体”和以“亚洲共同货币”为目标的“货币共同体”。鸠山由纪夫在 2009 年 9 月号月刊《Voice》中曾撰文介绍他的构建“东亚共同体”的主张，在他看来，“东亚共同体”是指在通商、金融、能源、环境、救灾援助、传染病对策等广阔的方面进行域内合作的一种体制。他提出：“我想（东亚共同体）的关键在于中日韩三国首先从强化经济合作开始。”

但是，鸠山版的东亚共同体存在政策模糊性。就其成员看：鸠山所主张的“东亚共同体”，既主张不排斥美国，又强调“以往日本的政策对美国依赖过度，需要重视亚洲”；既主张构建“亚洲共同货币”，又表示“不排除美元”；既要主导亚洲“安全共同体”，又要坚持以日美同盟为前提。

此外，鸠山内阁成员对东亚共同体的表述不一。日本新外相冈田克也在东京发表演说时指出，“鸠山版东亚共同体”的范围，包括中日韩、澳新印和东盟，即“10＋6”模式，显然，“不应包括美国”。对此，鸠山内阁官房长官平野博文马上出面澄清，重申“以日美同盟关系为前提”。而在中日韩领导人会议上，鸠山又称“东亚共同体以中日韩为核心”。

中日韩峰会后，《日本经济新闻》专门发表社论，称鸠山的共同体“在排列了一系列的华丽词藻后，看不到任何实质内容”。显然，基于“泛欧主义的友爱哲学”的“鸠山版‘东亚共同体’”，需要进行进一步的政策梳理。

总之，奥巴马政府对于日本希望小心地在美中之间保持适当距离的愿望反应温和，美国希望日本在坚持美日同盟的同时接近它的亚洲邻居。[①] 但是，很显然，美国不希望东亚共同体无视美国的存在。

（二）中日关系

日本民主党政府上台后，按照大选时提出的《政权公约》，正式宣布了“东亚共同体”的概念，称要在东亚建立一个类似于欧盟的共同体。关于建立东亚共同体，日本的基本设想是：以中日韩为中心，加上东盟 10 国以及澳大利亚、新西兰、印度，建立开放度较高的地区一体化机制。

中国国家主席胡锦涛 2009 年 9 月 21 日在纽约出席联合国系列峰会期间，会见了日本首相鸠山由纪夫。鸠山向胡锦涛提出了按照欧盟的形式，建立一个东亚共同体的构想。

鸠山 9 月 24 日在联大一般性辩论中发言时呼吁建立东亚共同体。“今天，日本如果不深入参与亚太地区，就不可能得到发展。”他表示，为实现这一目标，日本可以与有能力的伙伴国家从某些彼此可以合作的领域做起，例如自由贸易协定、金融、货币、能源、环境和救灾等合作。对此，胡锦涛则提出了发展中日关系的 5 点意见。据《东京新闻》报道，胡锦涛建议：（1）增进双方政府首脑级别的高层往来；（2）促进民间交流的活跃化；（3）强化并发展两国的经贸关系；（4）在亚洲及全球性问题上进行合作；（5）从战略高度和长远角度处理两国间的分歧问题。分

---

① Leif－Eric Easley，Tetsuo Kotani，and Aki Mori，Japan's Foreign Policy and the Alliance：Transcending Change with Trust，PacNet ＃64 -Tuesday，Sept. 22，2009.

析人士指出，“胡五点”中的第四点，可以看作是对鸠山由纪夫“东亚共同体”构想的一种积极回应。

2009年9月28日，中国、日本、韩国外交部长在上海参加三国外长会议，中国外交部长杨洁篪、日本外相冈田克也、韩国外交通商部长官柳明桓就三国领导人会议的筹备、三国未来合作等事项交换了看法。三国外长一致认为，三国应继往开来，不断深化面向未来、全面合作的伙伴关系。为此，三国将在以下几个方面加强合作：进一步构筑稳定的战略互信；推动更深层次和更高水平的合作；持之以恒地开展三国社会人文交流；共同促进东亚合作和地区和平与发展。

中日韩领导人会议的定期召开促进了东亚地区一体化的进程。“中日韩三国合作”开始于1999年在菲律宾马尼拉举行的第三届东盟与中日韩（“10＋3”）领导人会议，在那次会议上通过了《东亚合作联合声明》。2008年12月，第一次中日韩领导人会议在日本举行，发表了《中日韩合作行动计划》，提出三国在政治、经济、环保科技、社会文化及国际等五大领域合作的具体计划。该计划也确立了三国领导人与外长会议的机制。2009年10月10日，第二次中日韩领导人会议在中国举行，会后发表的《中日韩合作十周年联合声明》中，提出三国将“东亚共同体”列为共同努力的长期目标。日本鸠山首相则提出，效仿欧盟，在亚洲建立“中日韩主导、日韩先行”的东亚共同体。

三、中国的角色、地位、作用

到目前为止，东亚共同体建设尚未明确范围，也没有大致的路线图，而且在各国的协调问题上显然存在很多潜在的困难。

在日本方面，鸠山提议东亚共同体应类似欧盟，这一设想颇为大胆。因为这意味着在东亚国家内部实现统一货币，在对外政策方面也要有统一的声音，比如建立一个类似东亚议会的机构。这样高度统一的共同体尽管目前政策上还比较模糊，还无法实现，但这也反映出日本在东亚一体化上的热情和积极态度。

针对鸠山版的东亚共同体设想，胡锦涛主席提出了5点双方进一步加深合作的建议，包括加强领导人之间、民间，以及经贸往来等方面。日本媒体特别对第4点“在亚洲及全球性问题上进行合作”进行了解读，认为这是胡锦涛对鸠山提议的一种回应，但眼光更为深远。另外，这也反应了中国对发展中日关系的一种理性、现实的态度。归根结底，中国对东亚国家加强合作持积极和坚定的态度。

此外，其他亚洲各国大致作出了积极响应。对于东亚共同体的主张，韩国方面也表示欢迎。其总统李明博提出“新亚洲外交构思”，主张让中亚及大洋洲国家也加入。东盟各国对于东亚共同体的看法比较复杂，东盟轮值主席国泰国外交官员曾指出，鸠山虽说重视亚洲，但至今未与泰国总理举行会谈。印尼外长哈桑则在接受媒体采访时对该构想表示“欢迎”，并指出东亚共同体应该像包括澳大利亚、新西兰、印度三国在内的东亚峰会那样“均衡而全面”，主张构筑一个不限于东盟＋3（中日韩）的新框架。但是，东盟国家大多担心，日本过度依赖美国，在东亚的角色经常显得暧昧不明，日本政府能否政策一致并保持连贯性，尚有待观察。

另一方面，强调美国参与的呼声依然很高，东盟一些国家出于平衡中国、日本等地区强国的需要，对美国在亚太地区的参与表示欢迎。新加坡总理李显龙就东亚共同体概念强调，美国同亚太区域保持密切联系，符合本区域国家的利益，并有助促进本区域整体势力的平衡。“我认为美国将在一段很长的时间内，在亚太区域扮演一个不可或缺的角色。而且我们也相信这对本区域许多国家的利益而言，将起到建设性作用。”另外，新西兰总理约翰·基接受日本媒体采访时表示，对日本首相鸠山由纪夫提出的东亚共同体构想表示赞赏。他希望共同体范围更广，可以吸收美国、俄罗斯加入。澳大利亚陆克文总理也明确提出建立包括美国在内的更大范围的亚太共同体。

美国则对东亚共同体的建设构想，抱持怀疑的态度。美国担心东亚共同体的建立如果完全由东亚国家主导，以亚洲为中心建立经济、安保体制，恐怕脱离由美国主导的世界经济体制和安全体制。美国政府官员不仅表示不接受任何排除美国的地区共同体，而且主张把亚太经济合作组织（APEC）作为亚洲区域合作的主要舞台。美国助理国务卿坎贝尔表示，美国不应被排除在外，尽管目前亚洲地区的主导机制并不明确，但任何涉及到安全、经济、商业的重要机制都不应该将美国抛置在外。

由此可见，东亚共同体的发展不会一帆风顺。如上所述，东亚一些国家内部还存在不同的声音。中、日、韩三国之间的合作有待进一步提升，中、美、日关系需要进一步协调。此外，东亚各国整体经济水平差别很大，中、日、韩三国的经济发展水平就存在相当差距，地区一体化后可能会对经济造成巨大波动。东亚国家彼此间存在着历史及领土问题的纠纷。日本国内的反对声音认为，日本应该与价值观相近的美国形成共同体，应加入北美自由贸易协定，而非东亚共同体。更有一些人认为，日本加入共同体后，将会被强势发展的中国经济圈所蚕食。由此可见，东亚一体化的进程依然障碍重重。

但是，亚洲一体化的发展趋势是不可阻挡的。关键在于确立东亚合作机制，中、美、日关系的均衡发展。

随着科技和经济的不断进步，地区经济政治一体化也更加突出。在欧洲，欧盟还在扩展和深化，设置统一的欧盟总统的构想在讨论中。在北美，美国、加拿大和墨西哥的一体化合作已经形成。在南亚，以印度为核心的南亚共同体也呼之欲出。此外，拉美、非洲等有自己的地区合作组织。因此，东亚建立一个以中日主导的共同体是大势所趋。为此，中国在新一轮的地区合作浪潮中大有可为。

金融危机爆发以后，自2009年以来，全球经济开始复苏，特别是包括中国、印度等“金砖四国”为代表的新兴经济体迅速复苏，并保持较高增长。根据IMF对于2011—2014年经济的预测，[①]全球2011—2014年经济增长率为4.8%，其中作为发达国家的美国经济增长率2.4%，日本2.5%，欧盟2.3%。另一方面，作为发展中国家的中国经济增长率为10.0%，印度8.0%。由此可见，中、印等新兴经济体将成为世界经济发展的新的增长引擎。事实上，自1978年以来，中国保持高速增长，在过去的22年中，曾经有三次（1985年、1992年、2005年）GDP增长率达到两位数的增长。

总体上看，东亚地区经济发展迅猛，成为继西欧、北美经济区之后的世界第三大经济区。统计数据显示，中、日、韩外贸总额超过两万亿美元，其中58%来自三国之间的区域内贸易，高于北美自由贸易区的55%，逊于欧盟的65.5%。一个“相互依赖”的区域性贸易链正在东北亚地区逐渐成型。有评论认为，鸠山首相还把东亚共同体定位为继欧盟、美国之后的世界经济的第三极，希望将东亚变成带动世界经济增长的“牵引机车”。实际上，东亚经济区不仅是拉动世界经济增长的马达，更是促进东亚共同体形成的催化剂。

当然，东亚共同体的建立是一个长期的梦想，并非短期目标，需要完成一个功能性一体化（functional integration）的融合过程。作为具体对策，可以考虑以下方案。

第一，推进能源环境合作。2007年1月15日，第二届东亚峰会召开，签署了《东亚能源安全宿务宣言》，标志着东亚能源共同体的建设开始提上议事日程。

近年来，东亚各国认识到必须以合作求安全，推动能源合

---

① IMF，WEO：《World Economic Outlook》，2009.

作。中、日、韩都有学者提出过类似的建议，这就是建立“东北亚能源共同体”或“东亚能源共同体”。[1] 早在2001年东北亚有关国家在中国吉林举行的“第十界东北亚经济论坛”提出了“东北亚能源合作”的课题。在2002年“东盟＋日中韩”领导人会议上，日本首相小泉提议举行“亚洲能源安全研讨会”。2002年，日本富士通综研经济研究所首席研究员田边敏宪先生提出，应建立“东亚清洁能源共同体构想”，包括日、中、韩、俄在内，引起了《日本经济新闻》等主要媒体及其舆论的积极响应。[2] 在2006年，在“新日中友好21世纪委员会”第4次会议上，日方代表东京大学教授、地球物理学专家松井孝典先生着重提出，“作为日中两国的共同利益，环境、能源问题最为重要。两国共同考虑构筑可持续发展的社会途径是十分重要的”。中方做出积极回应，指出以“分担和共有”的精神进行合作是非常重要的。[3] 特别是，2007年1月15日，第二届东亚峰会与会领导人签署了《东亚能源安全宿务宣言》，[4] 与会的东盟10国和中国、日本、韩国、印度、澳大利亚和新西兰的国家元首或政府首脑签署了该宣言，旨在实现东亚地区“可靠、充足和可承受的能源供应”，并降低对传统能源的依赖，以共同确保地区能源安全。与会领导人宣布将致力于实现以下目标：改善矿物能源的使用效率和环境效应；减少对传统能源的依赖；减少温室气体排放等。为此各方将采取一系列措施，包括：推动更清洁和更低排放的技术；鼓励生物能源的使用；自愿设定各国提高能效的目标；通过对东盟电力网和跨东盟天然气管道等本地区能源基础设施的投

① 冯昭奎：《能源，中日并非水火不容》，《国际先驱导报》2004年7月2日。

② “展望东亚共同体——《环境·能源》”，《日本经济新闻》2003年12月14日。

③ 新日中友好21世纪委员会第4次会议，日本国驻华大使馆网页，http://www.cn.emb－japan.go.jp/bilateral/j－c060323.htm。

④ “温家宝提东亚合作框架吁建‘新型命运共同体’”，《东方早报》2007年01月16日。

资，确保获得稳定的能源供应等。这一宣言是东亚峰会上通过的首个具体领域的合作文件。以“能源合作”为突破口，顺应了各与会国的共同需求。

实际上，当前世界有六大地缘能源共同体，即石油输出国组织（OPEC，或欧佩克）、北美能源共同体、欧盟能源共同体、上合能源共同体、非洲能源共同体以及东亚和南亚能源消费国联盟。东亚和南亚的总人口超过35亿，其中中国、日本、韩国和印度是四大能源消费国家，每年的石油进口量接近世界总量的1/4。到目前为止，东亚能源方面的合作仍处于初级阶段，还没有正式的东亚和南亚能源消费国联盟。但是，由于东亚各国具有庞大的能源消费量，其对能源市场和价格具有极大的影响力，因此东亚各国正在积极努力来建立某种形式的能源共同体，试图参与稳定市场及其价格，确保获得足够的能源。

2008年6月，包括中国、美国、印度、日本和韩国在内的五大能源消费国家在日本举行了能源消费国大会。会议决定在能源结构多元化、节能、战略石油储备、稳定石油市场、替代能源和运输等五个方面深化合作。2008年，中日签订关于东海共同开发的“6·18”协议后，中日两国确立了东海划界前的临时安排，东海合作开发进入实质性阶段，从而深化了中日能源合作的发展，推动了东亚能源共同体的建设。

第二，中、日、韩起到领导性的作用。关于东亚共同体，东亚各国都有各自的版本，日本鸠山版的“东亚共同体”基于友爱的理念，对于日本来说最困难的是如何加强与中国、韩国的合作，目前具体对策是从中、日、韩着手，推进“中日韩＋东盟”，即“10＋3”的一体化建设。

在东亚地区，中、日、韩三个国家的GDP之和达到了全球的16％，三方合作对于地区和全球的稳定和繁荣将作出巨大贡献。2009年10月，第二次中、日、韩首脑会议召开，三国领导人发布了《中日韩合作十周年联合声明》，表示三国将致力于在开放、透明、包容原则基础上建设东亚共同体的长远目标，致力于区域合作，在地区和国际事务上的沟通与协调日益加强。日本甚至制定了时间表，希望在未来10—15年的时间里，实现东亚共同体。2010年5月，第三次中日韩领导人会议通过了《2020中日韩合作展望》，三国提出将于2011年在韩国建立三国合作秘书处，2012年，完成中、日、韩自贸区联合研究。由此可见，为了推动东亚地区的一体化进程，中、日、韩三国正在发挥积极主导的作用。

第三，东亚共同体实行渐进性的发展模式，首先推进经济合作、货币合作，然后再进一步加强安全合作。从东亚共同体的最终建设蓝图来看，理想状态是：这个共同体应该是综合性的，不仅讨论政治问题或者经济问题，安全问题也可以在共同体框架内讨论，就像欧盟一样。但是，由于东亚地区的独特性和复杂性，首先应该通过经济问题来深化这一机制的一体化，目前最为现实可行的当属货币合作。譬如，中国拥有很多的外汇储备，在其他国家如韩国或者东盟遇到困难时，中国会帮助它们化解短暂的危机。在经济实现高度一体化之后，再推动地区内的安全一体化的发展。

第四，采用欧盟轮值国主席的方式，达成东亚共同体机制上的固定。

第五，建立东亚地区开放包容、循序渐进的东亚意识与东亚文化。

总之，对于东亚共同体，在目前的条件下，应该建立灵活、实用、功能性的地区合作方式，从容易合作的方面入手，积极推动在金融、经济、卫生防疫等方面的合作。此外，在环境节能、非传统安全（包括海上搜救、反恐等）方面加强合作。

从中、美、日关系的发展态势分析，作为亚洲的资本主义民主国家，日本可以发挥中国与美国之间的桥梁作用。例如：关于中国，鸠山表示中日应建立“建设性伙伴关系”，在环境以及促进地区安全等共同议题上开展合作；关于美国，鸠山政权在试图建立日美“更加平等”关系的同时，通过向阿富汗派遣政府和私营部门救援人员等行动，支持美国在全世界继续发挥影响。日本作为近代以来在东亚地区首先实现近代化的国家，发挥作为东方文明与西方文明之间的桥梁作用；作为发达的资本主义国家同时又处于发展中国家相对集中的亚洲的地缘位置的便利，发挥发达国家与东亚发展中国家之间的桥梁作用。日本目前正在积极推进的东亚共同体的建设无疑是发挥这种作用的最直接的纽带。

当然，东亚共同体的建设是一个长期的过程。在此过程中，中国在发挥积极作用的同时，也存在一些困难。今后，中国经济难以继续保持二位数的增长率、难以持续出口主导型经济模式，必须调整产业结构，进一步扩大内需，以适应经济持续发展的需要。美国奥巴马政权的东亚战略仍在调整；在日本，继鸠山政权之后新上任的菅直人政权对于东亚一体化的政策尚不明朗。

但是，在东亚共同体的建设过程中，随着中美利益攸关者关系的不断稳定发展，中日战略互惠关系的不断推进，中、美、日协调的新的战略支撑点已经形成，新的协调时代似乎已经到来。[①] 一个相对均衡、协调的中、美、日关系的发展，无疑将是东亚地区一体化建设的强大助力，特别是中国在其中的作用将越来越大，中国对于地区贡献的空间将日益广阔。

---

① Kent E. Calder, “A New Era in U. S. -Japanese Relations,” *Foreign Affairs*, http: //www. foreignaffairs. com, September 25, 2009.

日本的中亚外交政策及其与上海合作组织的关系

戴轶尘*

内容提要：冷战后日本的中亚外交政策经历了三个阶段的演变，其在中亚战略重心逐步从牵制俄罗斯转向维护日本的能源安全和寻求政治大国地位。在这一过程中，如何对待上海合作组织日益成为日本中亚外交决策中一个不可回避的重大问题。本文分析了日本政府着力推进“中亚+日本”多边机制的战略意图，并在此基础上探讨了该机制与上海合作组织之间竞争性与互补性并存的微妙关系，以及上海合作组织与日本进行对话的可能性。

一、冷战后日本中亚外交政策的嬗变

1991 年中亚五国相继宣布独立后不久就得到了日本的承认并与之建立了双边外交关系。此后，日本的中亚外交经历了三个

* 戴轶尘，上海社会科学院欧亚研究所助理研究员。

发展阶段，其在中亚的利益诉求在各个阶段有不同的侧重点：

第一阶段：1992－1997 年的起始阶段，日本以经济援助开始建立和巩固与中亚国家的双边关系，在寻求经济利益的同时，试图以拉拢中亚增加在日俄领土争端上的谈判筹码。

第二阶段：1997－2004 年的“欧亚大陆外交”阶段，在 1997 年日本首相桥本龙太郎提出的“欧亚大陆外交”战略框架下将中亚和高加索视为“丝绸之路地区”，确立了政治、经济和安全三大政策目标。

第三阶段：2004 年以来的“中亚＋日本”多边外交阶段，确立了“中亚＋日本”的政府间多边对话机制，谋求中亚对其政治大国地位的支持。

1991 年 12 月 28 日，日本宣布承认新独立的中亚五国，并于 1992 年 1 月 26 日分别与哈萨克斯坦、乌兹别克斯坦、吉尔吉斯斯坦和塔吉克斯坦建立正式外交关系。同年 4 月，日本与土库曼斯坦建交。1993 年 1 月，日本在哈萨克斯坦和乌兹别克斯坦设立了大使馆，其大使由驻俄罗斯大使兼任，正式开启了日本与中亚各国外交关系的大门。[①] 这一时期，日本为巩固和扩大其在中亚的存在，将提供经济援助尤其是政府开发援助（Official Development Assistant，ODA）确立为对中亚外交的主导手段。日本向中亚国家提供的 ODA 主要包括无偿援助、技术培训、贷款援助及通过国际组织实施援助四种方式。

无偿援助方面，在 1992 年 10 月支援前苏联地区的东京会议和 1993 年 7 月的西方七国集团部长级会议上，日本分别承诺提供 1 亿美元的紧急人道主义援助，其中的一部分提供给了中亚五国。日本还在 1992 年和 1993 年分别向吉尔吉斯斯坦和哈萨克斯坦提供了紧急救灾援助。[②] 在技术培训方面，日本在东京会议上

① 孙壮志：《中亚五国对外关系》，当代世界出版社，1999 年版，第 171－172 页。

② 金熙德：《日本政府开发援助》，社会科学出版社，2000 年版，第 256 页。

承诺在1993—1995年间从中亚五国接收300名研修员，并向这些国家派遣经济管理专家。在贷款援助上，日本协助中亚各国对其通信、金融、环保、基础设施等进行开发调查以着手研究可以提供贷款的项目，包括1993年向吉尔吉斯斯坦提供的价值65亿日元的“复兴计划贷款”，1994年向哈萨克斯坦提供的73亿日元用于修建铁路和1996年又提供215.3亿日元贷款用于修建大型桥梁工程，1995年向乌兹别克斯坦提供127亿日元的“电信通讯网络扩展项目”贷款等。[①] 与此同时，日本还不遗余力地帮助中亚国家争取国际组织的援助。在日本的强烈游说下，经济合作与发展组织下属的“开发援助委员会”同意将中亚五国列入发展中国家名单成为新的受援国。日本还在中亚国家已加入欧洲复兴与开发银行的情况下，积极推动亚洲开发银行接纳其为成员。[②]

尽管这一时期日本对中亚的经济援助额逐年提升，但在其全球ODA项目中的比重只有1%。[③] 显然，中亚地区在日本的外交体系中还处于边缘地带，并且在很大程度上从属于日本的对俄政策。苏联解体后，日本认为在对俄关系上获得了新的机遇：一方面可以参与俄远东地区的能源资源开发以实现能源来源多样化，改善其能源安全；另一方面可以在解决北方四岛问题上取得突破，并将这一问题作为参与俄远东地区的能源开发的前提条件，但遭到了俄罗斯的拒绝而使双方关系转冷。此时，法国、德国则向日本施压要求增加其对前苏联国家的援助，“这样援助中亚国家就成为日本转移压力的一种手段，寄希望于以此影响俄罗斯归

---

① 沈旭辉、刘鹏：《从援助型外交走向战略型外交——日本中亚外交政策的演变浅析》，《日本学刊》2007年第2期，第36—37页。

② Christopher Len, “Japan's Central Asia Diplomacy: Motivations, Implications and Prospects for the Region,” *The China and Eurasia Forum Quarterly*, Nov. 2005, p. 133.

③ 沈旭辉、刘鹏：《从援助型外交走向战略型外交——日本中亚外交政策的演变浅析》，《日本学刊》2007年第2期，第37页。

还北方领土”。[①] 同时，日本开始将中亚地区视为其能源安全战略的一部分，三菱等大企业财团在政府的推动下开始积极进军中亚寻求商机，并着手就开发中亚的能源资源和修建从中亚经中国到日本的油气管道进行可行性研究。

20 世纪 90 年代中期以后，随着中亚地区在全球地缘政治中的战略重要性日益凸显，外部力量在此展开的外交竞争渐趋激烈，日本也意识到了这一地区的政治战略意义而着手调整其中亚政策。1997 年 7 月，日本首相桥本龙太郎推出了针对后苏联空间的“欧亚大陆外交”战略，在发展与中亚国家关系上确立了三个合作方向：第一，以政治对话增进互信；第二，以经济合作促进地区的繁荣，第三，推进防核扩散协议、民主化和政治稳定以维护地区的和平与安全。[②] 在这一战略框架下，日本政府于 1998 年推出了“丝路外交”计划以具体指导其对中亚的政策，日本与中亚国家的双边关系随之出现了加速发展的态势。首先，日本继续加大对中亚五国的经济援助力度。1993 年日本对中亚的援助额为 250 万美元，1997 年大幅攀升到 1.56 亿美元。2003 年日本在中亚的 ODA 增长到 2.42 亿美元，其中用于无偿援助总额为 2853 万美元，用于技术培训的资金为 3163 万美元，而贷款援助的总额达到 1.82 亿美元。自 2000 年起，日本成为中亚五国最大的捐助国。[③] 其次，日本与中亚五国间的互访日趋频繁。1997 年，时任日本参议院议员的小渊惠三率领代表团访问了除塔吉克

① Christopher Len, “Japan's Central Asia Diplomacy: Motivations, Implications and Prospects for the Region,” *The China and Eurasia Forum Quarterly*, Nov. 2005, pp. 129—130.

② Yuasa Takeshi, “Japan's Multilateral Approach toward Central Asia,” Iwashita Akihiro ed., *Eager Eyes Fixed on Eurasia: Russia and its Neighbors in Crisis*, Sappro: Slavic Research Center, Hokkaido University, 2007, p. 72.

③ Yuasa Takeshi, “Japan's Multilateral Approach toward Central Asia,” Iwashita Akihiro ed., *Eager Eyes Fixed on Eurasia: Russia and its Neighbors in Crisis*, Sappro: Slavic Research Center, Hokkaido University, 2007, p. 75.

斯坦以外的中亚四国，不久日本经济企划厅长官麻生太郎又率团访问乌、哈和吉三国。1998－1999 年，日本经团联会长、外相、众议院副议长、外务省政务次官等政要频繁出访中亚，并多次接待中亚各国领导人来访。最后，日本还通过各种渠道在中亚地区事务上施加政治影响。例如日本积极支持乌兹别克斯坦举办防核扩散的国际会议，并在 2000 年在塔吉克斯坦大选时派遣观察团以借此影响选举结果。①

伴随着“丝路外交”计划的实施，日本的中亚政策逐步从制衡俄罗斯为主要驱动力转向了以帮助中亚国家保持稳定和发展为首要目标，认为“中亚国家的发展可以使之在维护欧亚大陆的和平上起到缓冲地带的作用”。② “9・11”事件后，日本参与了阿富汗的重建工作，决策层对中亚在国际反恐合作中的重要地位有了更深的认识。2003 年，日本外务副大臣茂木敏充提出按当前局势将亚洲划分为三大区域——太平洋亚洲、丝绸之路亚洲以及伊斯兰亚洲。中亚是丝绸之路亚洲与伊斯兰亚洲的重合地区，日本、中国和印度作为区域大国必需思考如何实现这一地区的稳定。日本的 ODA 项目应将援助重点从东盟国家转移到丝绸之路亚洲或伊斯兰亚洲，并将经济援助与反恐措施相挂钩。③ 同时，日本宣布在吉尔吉斯斯坦设立大使馆，还决定大量增加驻中亚各国使馆的外交人员，并在一年内安排了多次双边、多边的政府官员互访活动。日本政界也就未来如何参与中亚事务达成共识，认为在与中亚各国发展双边关系之外，通过多边途径应对地区问题

---

① 沈旭辉、刘鹏：《从援助型外交走向战略型外交——日本中亚外交政策的演变浅析》，第 38－39 页。

② Christopher Len, “Japan's Central Asia Diplomacy: Motivations, Implications and Prospects for the Region,” *The China and Eurasia Forum Quarterly*, Nov. 2005, p. 136.

③ Motegi Toshimitsu, *Japan's Diplomatic Initiative*, Tokyo: Tokuma Shoten, 2003, pp. 114－117.

来加强与中亚的关系极为重要。①

2004年8月，日本外相川口顺子访问乌、塔、吉、哈四国后出席了在阿斯塔纳举行的首次“中亚＋日本”外长会议，标志着日本的中亚外交步入了制度化和多边化的新阶段。此次会议确立了日本与中亚国家进行政府间多边对话的三大原则：尊重多样性、竞争与协商、开放与合作，并在会后发表的联合声明中强调了在反恐、毒品、交通和水资源等领域开展地区合作的重要性。2005年，日本还通过调整外务省机构设置，在欧洲局下设立“中亚一高加索室”来配合新中亚外交战略的实施。2006年6月，第二次“中亚＋日本”外长会议在东京举行，日、吉、塔、乌四国外长和哈萨克斯坦特使出席会议，阿富汗外长列席会议。会后，日本外相麻生太郎宣布与中亚四国签署了由日本提供支援的行动计划，内容涉及经济与技术援助、能源开发、反恐与反毒等方面。中亚四国则表示支持日本成为联合国安理会常任理事国。两个月后，小泉纯一郎访问了哈萨克斯坦和乌兹别克斯坦，这是历史上日本首相首次正式访问中亚国家。日本外相麻生太郎则在当年6月和11月分别发表了题为《中亚作为和平与稳定的走廊》以及《自由与繁荣之弧——开辟日本外交新天地》的演讲，提出日本中亚外交的三个指针：从全局看地域，推动开放的地区合作，寻求基于民主、自由、人权、法治和市场经济普遍价值之上的伙伴关系，进而提出加强与北约和欧盟的合作，以“价值导向外交”，将欧亚大陆的外围东北亚、中亚、高加索和中东欧连成“自由与繁荣之弧”，使之成为与日美同盟、近邻外交相

① Christopher Len, “Understanding Japan's Central Asia Engagement,” Christopher Len, Tomohiko Uyama and Tetsuya Hirose eds., *Japan's Silk Road Diplomacy: Paving the Road Ahead*, Washington/Stockholm: Central Asia－Caucasus Institute & Silk Road Studies Program, 2008, p. 40.

并列的外交基轴之一。①

二、“中亚+日本”的战略意图及其对上海合作组织的影响

冷战后的日本外交有三大重点：维持和加强日美同盟；处理与中国、俄罗斯以及周边国家的关系；以地区多边合作机制为依托建立地区主导权，并走向政治大国。日本政府着力推进“中亚+日本”多边对话机制在不同层面上体现了上述三大外交重点的战略考量。

日本将中亚外交升级到多边合作很大程度上是为了寻求在参与中亚能源开发方面有所突破，而上海合作组织的成立和发展在客观上刺激了日本加大对中亚的外交力度。中亚丰富的能源资源一直是吸引日本进入该地区的重要驱动力。1993 年日本经济产业省发表的能源白皮书提出将开发中亚国家和中国塔里木盆地的能源资源作为日本能源来源多样化战略的一部分，并建议修建从中亚经中国到日本的油气管道。可见，当初日本曾有意接近中国来平衡俄罗斯，“在接触中亚时将中国视为潜在的伙伴而对中国保持了开放与合作的态度”。② 然而，随着上海合作组织的成立及其后观察员的加入，日本开始担心它作为一种“竞争性的区域

① Uyama Tomohiko, “Japan's Diplomacy towards Central Asia in the context of Japan's Asian Diplomacy and Japan－U. S. Relations,” Christopher Len, Tomohiko Uyama and Tetsuya Hirose eds., *Japan's Silk Road Diplomacy: Paving the Road Ahead*, Washington/Stockholm: Central Asia－Caucasus Institute & Silk Road Studies Program, 2008, p. 116.

② Christopher Len, “Understanding Japan's Central Asia Engagement,” Christopher Len, Tomohiko Uyama and Tetsuya Hirose eds., *Japan's Silk Road Diplomacy: Paving the Road Ahead*, Washington/Stockholm: Central Asia－Caucasus Institute & Silk Road Studies Program, 2008, p. 35.

框架”将会在欧亚腹地发展成一个由中、俄主导下的排他性地区集团。[①] 与之同时，俄罗斯还通过各种双边和地区性安排巩固其“能源超级大国”的地位，[②] 中国也在与中亚国家的能源合作上取得了显著的进展。相比之下，日本在参与中亚的能源开发上一直“雷声大、雨点小”，因为修建从中亚到日本的油气管道不仅需要巨额的前期投入，还要维持中亚国家的内部稳定，更牵涉到与管道过境国的多边谈判和过境费的分配问题。有鉴于此，日本转向推进中亚地区多边合作以改变落后处境，并面临着三种选择：“一是加入上海合作组织，但作为这一机制中唯一的非社会主义国家，日本只能获得一个成员身份而已，而且没有西方的参与，上海合作组织也不会成为一个有效的组织；另一个是与中亚合作组织举行联席会议，但由于俄罗斯在 2004 年被接纳为该组织的成员，因此这也不是一个可靠的选择；而唯一可行的选择就是启动一个‘中亚＋日本’的新论坛。”[③] 在 2004 年的首次“中亚＋日本”外长会议上，日本与哈、吉、乌三国以及阿塞拜疆签订了一项合作协议，核心内容是日本向这些国家提供经济援助以换取其油气资源。2006 年，日本在上海合作组织峰会前一个星期召开了第二次“中亚＋日本”外长会议，并提出日本将帮助中亚建设“南向通道”：一是北起哈萨克斯坦，途经吉尔吉斯斯坦、

---

① Yuasa Takeshi,“Japan's Multilateral Approach toward Central Asia,” Iwashita Akihiro ed., *Eager Eyes Fixed on Eurasia*: *Russia and its Neighbors in Crisis*, Sappro: Slavic Research Center, Hokkaido University, 2007, p. 78.

② Christopher Len, “Understanding Japan's Central Asia Engagement,” Christopher Len, Tomohiko Uyama and Tetsuya Hirose eds., *Japan's Silk Road Diplomacy*: *Paving the Road Ahead*, Washington/Stockholm: Central Asia－Caucasus Institute & Silk Road Studies Program, 2008, p. 37.

③ Kawato Akio, “What is Japan up to in Central Asia,” Christopher Len, Tomohiko Uyama and Tetsuya Hirose eds., *Japan's Silk Road Diplomacy*: *Paving the Road Ahead*, Washington/Stockholm: Central Asia－Caucasus Institute & Silk Road Studies Program, 2008, pp. 22－23.

塔吉克斯坦、阿富汗，终抵巴基斯坦卡拉奇的公路网；二是自土库曼斯坦经阿富汗、巴基斯坦至印度的天然气网。显然，日本的举动有针对上海合作组织、分化中亚国家的意味，因为“日本作为西方的盟友以及出于保护自身能源安全的需要，不能允许上海合作组织绝对控制欧亚大陆的能源资源”。①

日本不断提升中亚外交的战略定位也有在美、欧与上海合作组织之间充当平衡者的战略意图。苏联解体后，美国在欧洲大张旗鼓地推进北约东扩使日本倍感冷落，“意识到它必需采取更加积极的行动以避免被国际社会所孤立，必需制衡美欧关注于东欧和俄罗斯的外交，将由此给日本的战略环境特别是其与俄罗斯和中国的关系所带来的负面影响最小化”。② 为此，日本在西方世界中率先承认了中亚国家的独立，并希望它对中亚的外交能够在处理与俄、中两国的关系上发挥杠杆作用。2001 年上海合作组织成立后立即引起了日本的关注。日本学者倴田茂树认为：上海合作组织是由中国主动倡议成立的地区性国际组织，表明中国的外交战略已发生重大变化，正在逐步地、积极地走向世界寻求自己的战略利益，标志着中国在推动世界多极化迈出了坚实的一步。尽管成立上海合作组织并不意味着中国会实施地区性的霸权政策，但这一举措的首要目的在于抵制美国的全球战略，而该组织的主要功能是解决中亚地区的安全和经济合作问题，因此其实质是作为中、俄两国进行战略合作的集合体以牵制美国的“单极霸权”。③

---

① Christopher Len, “Japan's Central Asia Diplomacy: Motivations, Implications and Prospects for the Region,” *The China and Eurasia Forum Quarterly*, Nov. 2005, p. 147.

② Christopher Len, “Japan's Central Asia Diplomacy: Motivations, Implications and Prospects for the Region,” *The China and Eurasia Forum Quarterly*, Nov. 2005, p. 148.

③ 刑广程：“日本学者对上海合作组织的基本看法”，《东欧中亚情况》2002 年第 22 期。

“9·11”事件后，美国借反恐之名将军事触角深入欧亚大陆腹地，并加强了对中亚国家的政治经济攻势。作为美国在亚洲的忠实盟友，日本的中亚外交也开始具有了巩固日美同盟的作用，并在多个方面“稀释”上海合作组织的影响力：第一，中亚国家如果在管道、交通、通信网络等具有战略影响的基础设施项目上受到中、俄的压力，就可以转向日本寻求替代方案；第二，日本作为与西方有相同政治经济体制的盟友，其在中亚的存在有利于推动中亚政权进行结构性的政治经济改革，投美、欧所好；第三，上海合作组织吸纳蒙古、印度、巴基斯坦与伊朗为观察员并与阿富汗建立了联络机制，增强了中、俄对这些国家的主导能力，从而把中亚地区围合在其成员国和友邦范围之内，并将影响力外溢到更广大的欧亚区域，与之竞争的美国将难以在此地站稳脚跟。[①]“中亚＋日本”则可以作为“楔子”来松动上海合作组织的内部凝聚力。

然而，2005年“颜色革命”席卷中亚激起了中亚各国政权对美国的强烈反感，并在当年的上海合作组织阿斯塔纳峰会上做出了要求美军撤离中亚的强硬回应，这年夏天本应举行的第二次“中亚＋日本”外长会议也被迫推迟。这让日本意识到在中亚地区强行推广西方价值观只会使双方渐行渐远，因而在“安集延事件”上保持谨慎和低调，没有跟风美国、欧盟制裁乌兹别克斯坦。与此同时，上海合作组织的稳步发展促使日本开始考虑如何与之加强联系，认为虽然“中亚＋日本”机制有与上海合作组织相竞争的一面，但也可以起到互补作用。一方面，两者可以让中亚国家在中、俄、日的支持下，在地理上和政治上发展出中亚自己的而非西方的认同。中亚国家并非不可能在两者之间寻求协调。他们可以依靠上海合作组织来协调和应对地区安全威胁尤其

① Christopher Len, “Japan's Central Asia Diplomacy: Motivations, Implications and Prospects for the Region,” *The China and Eurasia Forum Quarterly*, Nov. 2005, pp. 146－148.

是恐怖主义，而向日本寻求经济和发展援助。另一方面，在深化中亚地区一体化方面两者的利益是趋同的，日本在该地区的交通和贸易一体化战略不仅有益于中亚国家，也可以让中、俄搭便车。此外，双方都意识到阿富汗对于中亚的重要性。阿富汗的不稳定会冲击中亚安全，而将它纳入到中亚地区则可以创造出一个更大的市场。上海合作组织和阿富汗建立联络小组与日本推动亚洲开发银行接纳阿富汗为其下属的“中亚区域经济合作”的成员都有利于促进中亚地区的和平与繁荣。① 2007 年 3 月，日本国际问题研究所发表的《日本的欧亚外交》研究报告中慎重考虑了与上海合作组织建立建设性关系的步骤，反映了日本外务省的某些政策动向。报告指出：“上海合作组织的崛起是日本可以在中、俄与美国之间发挥中介作用的关键领域。上海合作组织对非成员国家保持透明度和开放性是一个重要任务。为了鼓励美国与上海合作组织之间营造伙伴关系的氛围，可以邀请日本外相作为客人出席 2007 年上海合作组织峰会。作为回报，日本则以美国盟友的身份劝说美国不要将上海合作组织逼入绝境，从而有损美日的共同利益。”② 日本学者岩下明裕则提出日本利用上海合作组织宪章第 14 条款“对话伙伴”的规定建立“欧亚互动的倡议”，即让日本外相先以“嘉宾”身份在上海合作组织峰会前与之互动，然后利用上海合作组织宪章第 14 条中有关“对话伙伴”的规定从“嘉宾”转为“伙伴”，并建立“上海合作组织＋3（欧盟、美国、日本）”、上海合作组织地区论坛等形式的多边机制，同时推

---

① Christopher Len，“Japan's Central Asia Diplomacy：Motivations，Implications and Prospects for the Region，” *The China and Eurasia Forum Quarterly*，Nov. 2005，pp. 144－146.

② Iwashita Akihiro，“The Shanghai Cooperation Organization：Beyond a Miscalculation on Power Games，” Christopher Len，Tomohiko Uyama and Tetsuya Hirose eds.，*Japan's Silk Road Diplomacy*：*Paving the Road Ahead*，Washington/Stockholm：Central Asia－Caucasus Institute & Silk Road Studies Program，2008，p. 73.

动上海合作组织与南亚区域合作联盟、东盟、六方会谈等其他地区性组织的合作。[①]

三、上海合作组织与日本进行对话的可行性

冷战后日本的中亚外交呈现出由双边走向多边、由经济援助主导转向多管齐下、不断增强其战略性的发展态势，这其中既有日本谋求经济和能源利益的意图，也有日本追求政治大国地位和参与大国外交博弈的冲动。但总体而言，日本在中亚外交上对上海合作组织进行战略制衡的能力有限。反之，上海合作组织与日本进行对话会进一步抵消“中亚＋日本”机制的竞争性。

日本与中亚相距遥远，在中亚的地缘政治格局中缺乏参与竞争的客观地理条件，也没有军事存在的强力支撑和历史文化上的传统联系，在该地区并没有强烈的排他性安全诉求。正如西方学者所言，日本的中亚外交是发展导向而不是安全导向的。[②] 它更多地着眼于“通过长期的援助最后获得一个合作者的美誉，而非一个博弈的参与者”。[③] 日本在中亚最主要的利益诉求是维护本国的能源安全以及用经济援助换取中亚国家对其政治大国地位的支持。要实现这两大目标，日本不但难以通过牵制上海合作组织

① Iwashita Akihiro, “The Shanghai Cooperation Organization and Japan: Moving Together to Reshape the Eurasian Conmmunity,” Iwashita Akihiro ed., *Toward a New Dialogue on Eurasia: The Shanghai Cooperation and Its Partners*, Sappro: Slavic Research Center, Hokkaido University, 2007, p. 25.

② Frederick Starr, “A Partnership for Central Asia,” *Foreign Affairs*, Vol. 84 2005, p. 164.

③ Christopher Len, “Japan's Central Asia Diplomacy: Motivations, Implications and Prospects for the Region,” *The China and Eurasia Forum Quarterly*, Nov. 2005, p. 129.

来得偿所愿，反而越来越需要得到上海合作组织的协助。

日本在“中亚＋日本”框架下推进“南向通道”建设，是它多年来在修建从中亚经中国到本土的油气管道上迟迟没有进展之下做出的一种退而求其次的选择，而且“南向通道”的前提条件是必须确保阿富汗和巴基斯坦局势的稳定。然而，北约主导的阿富汗重建工作并未有效改善当地的安全环境，反而在巴基斯坦也出现了塔利班化态势，只得向上海合作组织发出了寻求对话与合作的积极信号。这样，日本无论是着眼于自己的利益还是维护日美同盟的需要，当前最现实的做法是就维护中亚地区的稳定和发展同上海合作组织进行建设性的对话，而非以牵制上海合作组织体现自己的政治大国地位。

不仅如此，近年来上海合作组织成员国间的能源合作进展也降低了日本参与中亚能源开发的成本，为其提供了搭便车的机会。2009 年 12 月 14 日，中国、土库曼斯坦、哈萨克斯坦、乌兹别克斯坦四国领导人出席了在土库曼斯坦阿姆河右岸举行的中国一中亚天然气管道通气仪式。该管道起始于土库曼斯坦一乌兹别克斯坦边境，经乌兹别克斯坦、哈萨克斯坦到达中国霍尔果斯，在进入中国境内后通过西气东输二线运至中国东部沿海城市。[①] 显然，这条管道的建成实际上已经帮助日本实现了多年想做而未做成的中亚能源梦中最为困难也最为核心的绝大部分设想。如果将这一管道继续向东延伸到日本，无论在经济成本、技术管理还是安全风险等各方面，与“南向通道”相比都有显著的替代性优势。尽管日本一直担心俄罗斯、中国垄断中亚能源输出通道，但与上海合作组织进行能源合作无疑是当前满足其能源诉求最现实、最便捷的途径。

对于上海合作组织而言，在能源领域同与日本展开对话将覆盖“中亚＋日本”机制的核心议程，从而能有力地抵消该机制对

① 新华网 2009 年 12 月 14 日电。

成员国的分化作用。同时，上海合作组织将日本纳入自己的能源合作框架，可以借此吸收日本的资金、技术和管理方式来进一步降低中国－中亚油气管道的运营成本并提高它的安全系数，也可以借此推动日本与输出国和过境国共同参与终端产品的开发，共同开拓新市场、做大“蛋糕”。

除了能源领域，上海合作组织与日本还可以就基础设施和人力资源建设展开对话与合作，共同改善中亚地区的经济环境。长期以来，落后的基础设施是制约中亚各国经济发展的一大瓶颈，而推进经济转型的制度建设和产业结构的调整需要大量的专业人才。有鉴于此，日本为中亚国家提供的ODA项目将人员培训、制度建设和经济、社会基础设施建设确定为重点领域，从而在当地树立了良好的国家形象。2005年秋，东京大学曾对中亚国家做过一次民意调查，其中哈萨克斯坦有超过40％的受访者认为日本对本国有好的或相当好的影响，乌兹别克斯坦则有近52％的受访者持此观点。中亚国家民众普遍认为日本对该地区不存在明显的政治或能源企图。[①] 这不仅是因为日本与中亚国家没有历史或现实矛盾的纠葛，而且也是因为日本凭借雄厚的经济实力和先进的技术，通过ODA项目在中亚地区做了大量扎实的基础工作迎合了中亚国家的发展需求和多边务实的外交战略。2008年上海合作组织阿斯塔纳峰会上，经济合作已逐渐成为上海合作组织的工作重心。[②] 在这样的情况下，上海合作组织与日本就中亚的经济一体化进行交流与合作，学习日本的ODA经验，可以在上海合作组织的框架下更有效地为中亚地区提供基础设施、教育

---

① Timur Dadabaev, “Modes of Cooperation in Central Asia and Japan's Central Asian Engagements,” Christopher Len, Tomohiko Uyama and Tetsuya Hirose eds., *Japan's Silk Road Diplomacy: Paving the Road Ahead*, Washington/Stockholm: Central Asia－Caucasus Institute & Silk Road Studies Program, 2008, p. 138.

② 新华网2008年11月13日电。

和医疗等地区公共产品。

2008 年上海合作组织杜尚别峰会批准了《上海合作组织对话伙伴条例》，遵循上海合作组织宪章确立的开放性原则，在宪章第 14 条的基础上进一步规定了对话伙伴关系的确立与中止等具体运作方式的细则。这样，上海合作组织与日本建立对话伙伴关系已具有了相应的法律依据和操作程序，但何时确立这一关系还有待对日本的意向做进一步的观察。正如日本学者宇山智彦所批评的那样，中亚并非日本对外战略中的优先地区，其中亚政策一直缺乏一致性和连贯性，往往带有日本领导人的个人色彩，并没有形成清晰的战略。① 近年来日本国内经济不振导致政局频繁变动，新上台的领导人忙于巩固内政而难免在外交上束手束脚，缺乏施展个人抱负的时间与空间，即便有新的外交举措也往往是首先考虑如何调整其与美、中、俄及东亚国家的关系，无暇顾及中亚。同时，日美同盟仍然是日本外交政策的基轴，日本与美国在中亚地区的政策有强烈的战略趋同性，美国如何定位上海合作组织对日本的态度有决定性影响。2008 年以来，国际金融危机的爆发和新兴大国的整体崛起使国际体系发生了深刻变化，特别是中美两国在双边、地区和全球层面的互动处在冷战后最为复杂的时期，在整体向好的同时又存在着局部性的或阶段性的“降温”，这不仅会影响到中、日之间在东亚地区的关系，而且也将左右日本是否继续接近上海合作组织。因此，上海合作组织与日本之间可以先就双方共同感兴趣并且不损害上海合作组织的根本利益和内部团结的专门性议题进行非正式的讨论，如油气管道安全、人力资源培训等，在双方充分建立互信的基础上，待日本政府表明态度后再将建立对话伙伴提上正式的议事日程。

---

① Tomohiko Uyama, “Japanese Policies in Relation to Kazakhstan: Is There a Strategy?” Robert Legvold, ed., *Thinking Strategically: The Major Powers, Kazakhstan, and the Central Asian Nexus*, Cambridge: The MIT Press, 2003, pp. 174—181.

关于加强中国与海湾国家经贸合作的思考与建议

周国建*

内容提要：海湾地区不仅是世界最大的能源基地，而且也是国际上最大的贸易市场之一。在全球经济面临衰退危机时，海湾地区经济依然保持了较高的增长。各国普遍实施以石油经济为基础的经济改革和庞大的经济和社会发展战略，为海湾经济稳定发展奠定了比较坚实的基础。中国与海湾国家经济上互补性强，政治关系良好，又都实行经济发展多元化战略。可以预计，随着世界经济走出低谷，海湾国家将迎来新一轮的经济增长，这将为中国开展与海湾国家经济合作创造新的良机。

海湾国家是指沙特、科威特、巴林、卡塔尔、阿联酋、阿曼六个国家。这里不仅是世界最大的能源基地，而且也是全球最富经济活力的热点市场之一。中国与海湾国家经济上互补性强，政治关系良好，而且都在实行对外发展多元化战略。此次世界金融

* 周国建，上海社会科学院欧亚研究所副研究员。

危机期间，中国和海湾地区经济都经受住了考验，显示出坚实的基础巨大的发展潜力。随着世界经济逐渐转好，中国和海湾国家经济都将迎来新一轮建设高潮。预计双方之间的经贸合作必将在原有的基础上出现快速发展。

一、海湾国家经济形势和发展趋势

海湾国家经济在这次世界性的金融危机中，虽然受到了一些冲击，但所受影响要远低于其他国家，经济依然保持了一定规模的增长。《世界投资报告 2008》中的数据显示，2007 年海湾国家吸引外国直接投资增长 20％达到 430 亿美元。2007 年海湾国家对外直接投资连续四年增长达到 440 亿美元，大约是 2004 年的六倍。2008 年在全球投资下降 10％的情况下，海湾国家吸引外国直接投资依然增长 10％。[①] 2008 年海湾六国的国民生产总值突破万亿美元，其中阿联酋的经济增长率由 2007 年的 7.4％上升到 2008 年的 8.4％。

沙特是海湾地区最大的经济体，近年来在丰厚的石油美元支撑下，经济保持快速发展。2008 年沙特吸引外资 296 亿美元，居于海湾地区之首。同时，沙特对外贸易规模呈现持续快速增长态势，连续多年实现巨额贸易顺差。沙特统计局资料显示，2008 年沙特货物及服务进出口总额达 4896 亿美元。其中出口 3269 亿美元，同比增长 31.2％；进口 1627 亿美元，同比增长 12％；实现贸易顺差 2187 亿美元。

随着世界经济逐渐复苏，海湾经济发展预计要比世界其他地区要快。2010 年随着世界油价上涨，海湾国家的石油出口预计从 2009 年的 3230 亿美元增长为 4570 亿美元。海湾国家的外汇

① 科威特《火炬报》，2009 年 8 月 22 日。

资产也将由 2009 年的 1.049 万亿美元，增加到 2011 年底的 1.34 万亿美元。[①] 毫无疑问，这将为海湾经济持续发展注入新的动力。石油产量提高和石油收入增加，将刺激当地房地产、金融和基础建设领域投资的增加，并带动整个地区的经济增长。世界银行预测，到 2010 年海湾国家非石油经济将实现 16％的增幅，达到 4483.9 亿美元。同年地区经济增长将总体达到 4.4％，高于世界平均增长率的 1.9％。而到 2011 年海湾国家经济增长将达到 4.7％。[②]

世界金融危机期间，海湾国家之所以能够保持经济持续增长，主要得益于以下几个方面原因：

1. 大量石油外汇收入成为海湾国家应对危机的缓冲垫

海湾经济在很大程度上依赖石油市场走势和外汇收入。2003 年至 2008 年期间，油价从最初的稳升到后来的暴涨，海湾国家因此聚集了大量石油美元，仅沙特和科威特两国就超过 1.1 万亿美元。这些美元如同缓冲垫，成为海湾国家度过二战以来最严重的经济危机的保障。

2. 积极灵活的金融政策措施使海湾国家金融机构运转良好

金融危机期间，尽管海湾国家经济也面临一些困难，但由于实行积极的财政政策和稳健的货币政策，保证了金融机构正常运行。如沙特在金融危机期间，采取灵活的金融政策措施，包括降低外债、增加资金流动性等，从而避免了金融危机对地区经济所产生的负面影响。有关资料统计，2009 年前三个月沙特银行业利润总额为 22 亿美元，远远超出市场预期。3 月份沙特银行业对外投资增幅明显，达 191 亿美元，比 2 月份（175 亿美元）增长 8.8％。[③] 数据显示，2009 年沙特经济并没有受到世界金融危机的冲击，依然保持着良好的运行状态。

---

① 中国经济网，2010 年 6 月 4 日。

② 中国经济网，2010 年 6 月 4 日。

③ 中国驻沙特阿拉伯经商参处统计资料，2009 年 3 月。

3. 经济结构多样化发展战略成为避免世界金融危机的法宝

近年来海湾国家都制定了经济多样化的长期发展规划。阿联酋注重发展基础和战略性工业，如石油化工、钢铁、水泥和铝业等。工业在其实现经济多元化中发挥重要作用。2010 年阿联酋工业部分投资由 2007 年的 198.36 亿美元增加至 327 亿美元，预计 2012 年将达到 1200 亿美元。大规模投资催生了一大批新兴工业发展项目，如在阿布扎比 220 亿迪拉姆的铝厂和 30 亿美元的钢厂。[①] 可见，经济结构多样化举措为海湾国家经济注入了活力，使这些国家在一定程度上避免了世界金额危机的冲击。

另外，欧元贬值减轻海湾国家的通胀压力，有利于海湾经济保持增长。海湾国家的生活用品和工业设备大部分依赖进口。自 2009 年末以来，世界经济复苏和国际商品价格上涨，使海湾国家在进口商品时不同程度蒙受了通胀压力。然而，欧元贬值使这种情况得到了好转。沙特是海湾地区欧元贬值的最大受益国之一。沙特进口商品中，从欧洲进口的商品占其总量的 30%。欧元贬值使沙特从欧洲进口的商品价格降低，大大减轻了国内的通胀压力。

二、中国与海湾国家经贸合作现状与问题

中国与海湾国家自 20 世纪 50 年代起就有直接的贸易往来，但开始时规模一直不大。70 年代随着中国与海湾国家相继建立外交关系，双边的经贸关系开始逐渐成熟起来。进入 21 世纪，中国已经与海湾所有国家都签署了双边经济、贸易和技术合作协定，成立了经贸混委会机制。半个多世纪以来，在双方的共同努力下，中国和海湾国家在贸易往来、双向投资等多领域的合作正

① 中国驻阿联酋使馆经商参处统计资料，2008 年 10 月 30 日。

在朝着富有成效的方向发展。

中国与海湾国家的贸易往来是双边经贸关系的重要组成部分。从21世纪起，中国和海湾国家经贸合作发展势头强劲。截止2008年，双边贸易额已经达到700亿美元，其中海湾国家对中国出口额为420亿美元。中国已经成为海湾国家首要的贸易伙伴。

从双边贸易结构看，中国从海湾国家主要进口石油、天然气，出口产品主要包括机电设备、工程机械、建材、金属制品、纺织和轻工产品等。

从国别看，沙特是中国与海湾地区贸易发展最快的国家，而且是最大的贸易国。截止2005年，以石油贸易为主的两国贸易额达145亿美元，比2004年增长59%，与2000年的30.98亿美元相比，增加近4倍。沙特因此成为中国最大的石油供应国。

值得一提的是，此次世界金融危机使中国和海湾国家都受到不同程度的冲击，但整体上来说，并未伤筋动骨，双边贸易增长依然较大。2009年，在国际金融危机冲击下，中国生产总值仍然达到了33.5万亿元人民币，比上年增长了8.7%，在世界范围内率先实现了经济回升。对于海湾国家而言，其多年来累积的财政盈余和相对健全的金融体系，仍然能够确保其经济和社会的相对平稳发展。其强劲的内需与及时有效的经济调控政策，也在2009年下半年拉动区域经济进入上升的轨道。坚实的经济基础及较强的经济结构互补，为中国与海湾国家经济合作稳定发展创造了有利条件。

在贸易增长的同时，中国与海湾国家在工程承包和劳务方面的合作也获得了蓬勃发展。海湾地区是中国重要的工程承包市场。中国公司进入该地区虽然起步晚，但发展迅速。至1998年底，中国与海湾六国共签订承包劳务合同2021项，合同金额22.5亿美元，外派劳务人员达17271人，完成营业额13.2亿美元。

中国与海湾国家的相互投资也在日益扩大。近10年来，中国公司采取灵活多变、积极主动的策略，在海湾地区投资成效显著。如2005年9月，中石化上海工程公司与荷兰AK公司组成联合体与沙特SABIC签署了年产40万吨聚乙烯、40万吨聚丙烯生产装置项目合同，总金额达7.5亿美元，且中方占资50%。中国葛洲坝水利工程公司在科威特水电部承包的三大水库工程，也于2006年完工。随着中国对外投资力度增强，近年来中国的机械设备、中小成套设备在海湾地区的市场份额有所上升。

与此同时，海湾国家对中国的投资也在不断增加。2004年沙特阿美国家石油公司同埃克森一美孚以及中国石油化工股份有限公司成功签订35亿美元的合同，共同投资福建炼油乙烯大型项目。截止2008年，中国与海湾国家相互投资也已经接近500亿美元，双方签署了上百项经贸协议。合作项目涉及化工、公路、钢材、机场扩建，以及房地产等领域。中国已经成为海湾国家首要的经济合作伙伴。

建立中外合资企业是中国吸引海外资金的一种经济合作形式。过去中国发展合资企业的对象主要是日、美、欧等西方国家，以及港、澳、台地区。但进入21世纪以来，在中国，一些中外合资企业中海湾国家的份额开始明显上升。科威特是第一个通过贷款形式参与中国项目开发的国家。2006年科威特与中国达成协议，在珠海新建1000万吨级的大型炼油厂，科威特出资50亿美元。另外，20年来科威特低息贷款给中国用于各种公共设施项目，其总额达8亿多美元。与此同时，不久前沙特投资40亿美元，在厦门建造一座1000万吨级的大型炼油厂，并提供全部原油。这些大型合资项目对加强中国与海湾国家经济合作意义重大。

虽然中国在外贸多元化战略指导下，积极开展同海湾各国的经贸合作，特别是进入21世纪以来，贸易额逐年大幅增长，但总的来说，中国同海湾国家的经贸合作规模依然不够大，特别是与中国出口能力不相适应，而且产品档次和合作范围也有待提高和拓展。

目前中国与海湾国家经贸合作存在的问题主要表现为以下几个方面：

首先，是信息渠道不畅。一方面，中国企业对海湾市场缺乏了解。另一方面，厂家对产品的宣传也不够，导致国内许多好的产品不能为当地所接受。目前在海湾地区的中国公司，还没有大型的具有名牌产品和优质产品的生产厂家进入当地市场。中国有关方面应当对此加以重视。如可在当地一些大城市举办国内名牌产品的展览，或通过媒体广告宣传，提高中国高档产品在海湾国家的知名度，扩大出口份额。

其次，是质量和售后服务不佳。如：一些机械设备缺乏标准化，大部分产品的国家标准低于国际标准；部分机械设备产品没有统一的型号，没有统一的通用备件；有些产品档次低劣，存在质量问题。虽然一些较好的中国产品也已进入了海湾市场，但售后服务跟不上，几乎都是一锤子买卖。

第三，是产品的档次不高和附加值较低。仅以中国在海湾最大的机电产品市场阿联酋为例。据资料统计，阿联酋机电产品进口占其贸易总额的38%，大约135亿美元，需求很大。但其高、中档机电产品进口主要来自西方国家，约占其进口总值的70%左右。重要的石油和天然气设备，包括钻探、开采、提炼、液化、管道输送设备和开关等，以及飞机、汽车、发电机、海水淡化设备和电脑等大都从欧、日、美等国家进口。虽然中国对阿联酋的机电产品出口占对中东地区机电产品出口的40.9%，但仍然仅占阿联酋机电产品进口额的4%左右，[①] 而且仍以技术含量及附加值较低的轻工类机电产品为主，如缝纫机、自行车、电

① http://www.chinamarket.com.cn/C/invest/jdzlzx/czdh003.html.

池、食品榨油机、搅拌机、绞碎机、电吹风机、电熨斗、烤炉、黑白电视机、游戏机和钟表等，可供出口的技术含量较高的石油钻探设备、潜水油泵、油气管道和阀门等，目前尚未进入阿联酋市场。

三、关于加强与海湾国家经贸合作的几点建议

海湾地区是世界最大能源基地，又是国际重要贸易市场。从战略和经济安全等方面与海湾国家进行长期合作，将对中国的发展至关重要。笔者认为，要进一步推进中国与海湾国家的经济合作，必须加强以下几个方面的工作。

首先，必须从国家安全的战略高度来重视与海湾地区的经贸关系，加强这方面的研究。首先，从维护国家安全方面看，加强与海湾国家的关系，特别是经贸合作关系，可以巩固穆斯林和少数民族聚集的中国西北边疆地区的安定。其次，从经济战略上看，与海湾国家发展经贸关系不仅是实现中国市场多元化战略的一个重要组成部分，而且还是确保中国经济安全的一个重要保证。随着中国经济的迅速发展和石油缺口的不断加大，中国在今后相当长的一段时期内势必会加大石油进口。由于海湾地区储量大，开采能力强，而且余额大，价格便宜，未来中国进口石油中的绝大部分仍将来自海湾。石油是一国经济发展的动力之源，确保中东石油供给关乎中国的国家安全。因此，我们应该从国家安全的战略高度来重视与海湾地区的经济合作，并加强这方面的研究。

其次，从商品贸易方面来看，中国必须增加和提高国内出口商品的品种和档次，并通过增加出口来平衡大量进口石油所带来的贸易逆差趋势。从目前的情况来看，中国对海湾国家出

口商品的技术含量和附加值虽然有所提高，但总体来说仍然以耐用消费品为主。而海湾国家都是中高收入国家，所需耐用消费品的档次较高。这在很大程度上制约了中国初级产品和中间产品对海湾地区的出口。值得注意的是，随着中国对海湾地区石油进口的大量增加，中国的贸易逆差一直在扩大。因此切实增加对中东出口，特别是高附加值的成套设备出口对平衡贸易收支十分重要。

第三，从承包劳务等方面来看，中国必须针对中东市场的变化，逐渐增加技术型工程承包和劳务输出的比例。从中东承包劳务市场需求来看，20 世纪末，海湾主要劳务需求是大型基础设施的建设和大型工业建设。进入 21 世纪后，对已有设施的维护、保养、操作、管理等方面的需求明显上升，并因此对电信、商业、金融、园林绿化、医疗护理、沙漠治理等方面的技术工人和专家的劳务需求增加。我们应针对这种情况，努力提高中国劳动力的素质，积极扩大相关方面的劳务输出。目前，中国的劳动力出现过剩，而且这一趋势在可预见的将来仍会存在，因此扩大对中东地区的劳务输出，不仅可以增加就业机会，缓解国内就业压力，而且可以增加外汇，提高人民生活水平。我们必须从实现充分就业、维护社会稳定的高度来看待劳务输出问题。

第四，从能源战略方面来看，中国必须抓住时机，加强与海湾国家在石油开发方面的合作，以确保中国未来经济的持续发展。目前中国东部大油田（如大庆和胜利）将近枯竭，而新的油田和海上油田仍在开发中，目前尚无法增加其国内供应。中国国内的石油供应已经无法满足经济发展的需求。到 2010 年，中国石油产量与石油消费之间的差额约在 9000 万一1.77 亿吨。这一差额只能通过进口来解决。对此，中国必须加强与海湾国家的石油开发合作。目前看来，这种合作的前景十分广阔。因为一方面，海湾国家石油开采成本低，石油油质好，单位产出高，是理想的联合开发地区；另一方面，近年来海湾国家为了打破欧美和日本等少数发达国家垄断石油生产、运输和加工的格局，提出了能源发展新战略，从以出口原油为主逐步转向建立勘探、开采、提炼和运输一体化的完整的石油工业体系。这就为中国开拓海湾石油市场提供了良机。因此，我们必须抓住时机，加强对海湾地区石油的开发和利用，以确保未来中国经济的进一步持续发展。

软权力与国家形象

从欧盟对华援助模式看中国对外软实力发展

孙敬亭*

内容提要：通过对外发展援助发展软实力是一条有效途径。本文着重分析欧盟对华援助的目标、模式以及通过此种模式实现目标的成效，认为欧盟对华推广其价值理念这种软实力没有实现其所预期。但我们可以从中得到对外软实力发展的有益借鉴。

随着对外经济文化交往的增多，中国对外援助规模越来越大，方式也越来越多样。如何有效地利用对外援助方式发展中国软实力的影响力，是我们亟待解决的问题。不可否认，欧盟在这个问题上走在世界前列。本文拟对欧盟对华援助中价值理念推广模式进行剖析，为中国对外软实力发展寻求可供借鉴之处。

* 孙敬亭，上海社会科学院欧亚研究所副研究员，博士。

一、欧盟对中国输出其价值理念的模式

在欧盟的对外活动中，人道活动与援助、推广自由民主等价值理念一直是其重要组成部分。

（一）欧盟对外援助的目的

欧盟的对外援助最初是针对不发达国家的，其对华援助的模式也从对不发达国家的援助模式中发展而来的。1957 年《罗马条约》第 131 条同意欧共体与海外国家或领土[①]建立“联系”，其目的是促进其经济和社会发展，并建立和欧共体成员国密切经济关系。这是欧盟最早的发展政策（Development Policy），援助对象多为过去或当时的殖民地。虽然这些国家逐渐脱离与欧洲国家的宗主—附庸关系，但欧洲国家和它们仍有较为密切的政治经济关系。分别于 1963 年和 1969 年公布实施的两份《雅温得公约》（Yaound Conventions）进一步细化《罗马条约》的精神。随着 20 世纪 70 年代初期国际环境的改变，欧共体认为需要和更多国家建立更为有效的合作架构，因此 1975 年第一次《洛梅公约》（Lomé Conventions I）[②] 把受援合作对象扩大到非洲、加勒比国家、太平洋岛国以及亚洲和拉美国家等。

虽然自从 1957 年起欧共体即开始推动发展政策，和越来越多的国家建立发展援助关系，不过直到 1993 年生效的《欧洲联

---

① 根据该条约原文，这些海外国家和领土是指和比利时、丹麦、荷兰、意大利、法国和英国有特殊关系的国家。其实，即主要是指欧体相关国家在过去或当时的海外殖民地。

② 《洛梅公约》从 1975 年的第一号（Lomé I）起，已多次修订，有第二号（Lomé II）、第三号（Lomé III）、第四号（Lomé IV）及修正的第四号（Revised Lomé IV）。目前《洛梅公约》也已由《科多努协议》（Cotonou Agreement）所取代。

盟条约》(Treaty on European Union)才为其赋予了法律基础。而且该政策发展初期，多以促进受援地区经济发展为主要目标，推广“普世价值”并非其突出议题。不过，随着欧盟逐渐发展，对于自身有了更大的信心，而对世界的发展方向有了更多的期待，因此在对外援助与发展政策方面有所调整。目前欧盟是世界上提供援助、贸易和直接投资的最大供应方，欧盟及其成员国共提供世界约55%的官方发展援助。根据欧盟官方文件，目前发展政策的目标是鼓励受援国持续发展：在经济和社会方面，帮助发展中国家脱离贫穷，整合进入全球经济体系；政治目标方面，是帮助强化民主与法治，推广尊重人权与基本自由。①

在欧盟帮助这些国家发展过程中，议题也逐渐增加，从早期单纯地让过去殖民地拥有较优惠贸易方式将产品输往欧共体地区，到帮助其脱离贫困，再到将民主化、良好治理、人权等“普世价值”理念结合在一起。首次将人权条款纳入协议的是第四号《洛梅公约》，修正的第四号《洛梅公约》(Revised Lomé IV)第5条提到，良好治理是公平与持续发展合作的目标，也和人权、民主、法治的目标相符。

从欧洲民主暨人权计划(European Initiative for Developing and Human Rights，EIDHR)② 支出金额也可发现，欧盟致力于协助不发达国家发展民主与人权。该计划协助金额不断增加，其内容主要可分成四大项，每个大项再由许多细项组成，因此欧盟协助的标的非常多样，而且主要对象随着时间不同而有变化。当欧盟与第三国签署任何新协定或合作计划时，都会附加人权条款，要求进行人权与民主对话，且表明如果确定出现违反人

---

① “Development: Introduction,”〈http://www.europa.eu.int/scadplus/leg/en/lvb/r12000.htm〉.

② Karen E. Smith, European Union Foreign Policy in a Changing World, (Cambridge: Polity Press, 2003), pp. 209—212.

权情况，同意中止贸易优惠和发展合作。[①] 该人权条款已成为欧盟对外援助的必要条件。

欧盟还为在发展政策中推广其所谓“普世价值”精神提供了法律保障。除《欧盟条约》正式赋予法理依据外，在欧盟宪法“欧盟的政策与职责”部分（第三部分），还分别阐述“与海外国家与领土联系”（第四款），以及“对第三世界的合作与人道援助”（第五款第四章），赋予欧盟对外发展援助更完整的宪法基础。

因此，尽管欧盟早在 1957 年就开始和海外地区建立联系，主要考虑和这些殖民地继续维持关系，取得有利资源，但随着环境变化，取得有利资源虽仍为其发展政策的重要内容，但推广其价值理念，普及所谓“普世价值”，推动民主和人权发展，已成为欧盟对外发展援助最为重要的发展目标和战略。

1978 年中国改革开放以来，中国经济的迅猛发展对欧盟产生巨大的吸引力，双边的发展合作规模不断扩大，程度不断加深。因此，欧盟对华援助政策最初基本参照对其他不发达国家的发展援助政策。但中国地域广阔，国势强大，特别是随着改革开放，中国的发展日新月异，欧盟对中国的政策目标也有所变化。

在 1998 年 3 月 25 日欧盟执委会的《与中国建立全面伙伴关系》文件中提出对中国的五项政策目标：（1）使中国进一步进入国际社会：透过提高政治对话层级，以及使中国进一步参与地区及全球性问题，如透过亚欧会议和东盟来共同讨论全球和区域问题。（2）支持中国发展法治和尊重人权，转型为开放社会。（3）使中国进一步融入世界经济：让中国进一步参与世界贸易体系及支持经济社会改革。对此，欧盟也提出更细致操作方法，例如支

---

① European Commission, The European Union and the World, (Luxembourg: Office for Official Publications of the European Communities, 2001), p. 32.

持中国加入 WTO、促进投资、发展双边共识、财政改革、工业合作、商业对话等。（4）更好地利用欧盟与中国的合作项目。（5）提高欧盟在中国的形象。

从这些设定目标中，发现欧盟对于中国也像对其他发展中国家一样，带有相当多的理想主义色彩，既认为中国的法治和人权状况不完善，也认为中国经济发展程度尚有改进空间，未与国际体系全面接轨，因此欧盟可协助改善。也就是说，欧盟对发展中国家的发展政策，也基本适用于中国。

但毕竟中国发展程度不同于其他发展中国家。虽有广大落后地区，但在国际上确有不容小觑的地位与实力。政治方面，中国为联合国安理会五个常任理事国之一，在国际事务中发挥越来越重要的作用。经济发展方面，近 30 年来中国的经济发展世所罕见，特别是最近 10 年，中国经济总量连续超越所有欧洲国家，目前仅次于美国、日本，为第三位。这使得重视全球贸易和希望提高自我国际地位的欧盟逐渐拉高对中国的重视，成为其外交政策重要一环。

因此进入 21 世纪后欧盟调整对华政策，2003 年 9 月 10 日的《走向成熟的伙伴关系：欧盟与中国关系中的共同利益和挑战》修正上述第一、三、四项目标，调整如下：（1）欧盟与中国分担促进全球治理的责任。（2）依据法治和尊重人权，支持中国转型为开放社会。（3）促进中国对内与对外的经济开放。（4）欧盟一中国合作计划，以双方互惠互利的合作伙伴关系，来支撑欧盟发展目标。（5）提高欧盟在中国的形象。

欧盟发展同中国关系首先是看好中国的经济发展，期望发展与中国的经贸关系，获取经济利益。欧盟贸易委员曼德尔森于 2005 年 2 月访中时指出："加强与中国的合作伙伴关系不仅是大势所趋，更是我们的利益所在。”[①] 欧盟执委会在对外援助政策报告也指出，欧盟支持中国加入WTO合作项目框架除了是使中国更参与多边世界贸易体系，改善其功能外，也同时有利于欧盟及其人民。[②]

在上述欧盟对中国的五大政策目标中，2003年版文件与1998年版有着三个方面的变化：首先，欧盟要求中国承担全球治理责任，这是欧盟认识到中国在国际社会已扮演重要角色；第二，欧盟要求中国进一步对外济开放，这样欧洲将可更有利可图；第三，在合作计划部分，新版本改为强调互利互惠的合作伙伴关系，除显现欧盟重视与尊重中国外，也表现出欧盟期待在合作中得利。

欧盟2006年10月发表的《欧盟与中国：更紧密的伙伴，扩大的责任》表明欧盟对华政策有了进一步的改变。除了继续支持中国的政治和经济改革，支持中国的开放、稳定、人权和法治建设，支持中国的可持续发展战略，与中国一起应对气候、环境和发展不平衡等问题，并在科学、文化、移民和人员交流等方面以及在国际事务中与中国展开合作这些以往文件中的精神外，也有了进一步的变化，体现了欧盟对中欧关系新的态度。首要一点就是欧盟承认中国崛起这一事实，强调“平等关系”。欧盟认为，过去在中欧关系的实践中，欧盟方面“给予”大于“回报”。现在中国已经站在这样一个高度，欧盟希望中国“更负责任”，双方更加“平等互惠”。所谓的“平等”既包括“利益”的平等，也包括“承担责任”的平等。尽管有了这些变化，但欧盟在向中

---

① “Trade Commissioner Mandelson calls for closer partnership, progress on IPR, WTO,” EU－China News, 〈http://www.delchn.cec.eu.int/newsletters/200504/001_en.htm〉.

② European Commission, “Annual Report 2001 from the Commission to the Council and the European Parliament - On the EC Development Policy and the Implementation of the External Assistance,” COM (2002) 490final, Brussels, Sep. 12, 2002, p. 177.

国推广其价值理念的精神却是一贯的，该文件敦促中国按照欧盟的价值观建立更加开放和多元化社会，公开提出“民主、人权和促进共同价值始终是欧盟政策的基本原则”，“欧盟将继续鼓励在中国所有地区完全尊重基本权利和自由：言论、宗教、结社自由、公平审判的权利以及少数民族的保护都应当受到特别的关注”。文件还对中国保障基本权利和自由的状况提出批评，认为这方面的改革“实际取得的进步十分有限”，中国在人权对话中没有满足欧盟的期望。

因此，欧盟对于发展程度较落后国家使用较多发展援助理念，并在发展援助过程中融入自由贸易、和平稳定与政治对话等价值；对于经济较为发达国家则把协助发展放在次要地位，更重视透过政治合作、经济对话、发展伙伴关系等务实方式来促进关系发展，甚至一同致力于全球和平与安全。对于中国则两者并济：一方面欧盟根据传统发展理念，通过发展援助向中国推广其民主、人权等价值观念，期望逐步把中国改造为与欧洲同质的社会，即所谓开放社会；另一方面面对中国庞大市场，希望尽量获得更多商业机会。

二、欧盟在对华援助中推广价值理念的模式

由于中欧间距离遥远，又有语言、文化差异等障碍，到20世纪80年代为止，欧洲国家对华投资远远落后于港、澳、台和日、美等地区和国家。为了实现欧盟设定目标和争取更有利的投资环境，从90年代开始欧盟扮演推动中欧关系的重要角色。

欧盟从1995年起至2006年共提出六份对中国政策文件，[①]逐渐提高对中国重视层级，目前已把中国视为全球六大战略伙伴之一。欧盟为了对中国输出普世价值和获得更大的经济利益，主要采用政治、经济与合作三者并济的交往政策模式来推动。

（一）政治与人权对话

欧盟与中国于1994年正式开始展开政治对话。目前，中欧间定期的政治对话主要有以下几个层级：

（1）中国和欧盟领袖每年举行一次领导人高峰会议；

（2）除每年在联合国大会期间举行中欧外交部长年会外，可根据需要随时召开；

（3）欧盟“三驾马车”负责全球政治事务高级官员，与中国负责全球政治事务高级官员每年举行会议；

（4）欧盟“三驾马车”负责亚太事务高级官员，与中国负责亚太事务高级官员每年举行会议；

（5）欧盟“三驾马车”和中国的专家，就国际安全、军控、防止扩散和出口控制问题每年至少举行一次会议；

（6）中国外交部部长与欧盟成员国，以及欧盟驻中国大使，每半年举行一次会议；

（7）欧盟轮值主席国外长与中国驻该轮值主席国首都的大使，每半年举行一次会议。

人权对话开始于1996年1月，但1997年因欧盟在联合国人权委员会上的提出反华议案而被中断，该年底得以重新恢复。之

---

① 包括：1.1995年5月的“中欧关系长期政策”；2.1998年3月的“同中国建立综合性伙伴关系”以及2000年9月对1998年文件的“实施报告”；3.2001年5月的“欧盟对华战略：1998年文件的实施以及更有效欧盟政策的未来步骤”；4.2002年3月的“中国：欧盟委员会批准的2002—2006年国家战略”；5.2003年的“走向成熟的伙伴关系：欧盟与中国关系的共同利益和挑战”；6.2006年10月的《欧盟与中国：更紧密的伙伴，扩大的责任》。

后一年举行两次，分别在北京和欧盟轮值主席国举行。1998年就分别在伦敦与北京举行了第五次与第六次中国－欧盟人权对话。同时，第一次“中国－欧盟司法管理和人权保护研讨会”在北京举行。此后，中欧司法研讨会几乎一年举行两次。有关人权议题，欧盟特别关注死刑、偷渡与滞留、联合国人权机制合作、批准《联合国公民权利与政治权利公约》、集会、意见、宗教自由和少数民族权力等。在实际操作上，就是执委会以透过合作项目来支持中国人权状况发展。

（二）经济和贸易政策

中国与欧共体建交后就开始发展经贸往来，1978年签署贸易协议，设立一年一会的欧共体－中国经贸合作混合委员会会议，于1979年开始运作，由中国外经贸部部长和执委会贸易委员共同主持。1991年后讨论议题日渐复杂多样。1993年4月，双方决定在混合委员会下设贸易工作组。9月，欧共体－中国贸易工作组第一次会议在北京举行，使双边关系能进一步发展。

此外，中欧间还有一些较低层次部门对话，及透过一些合作计划来拉近彼此关系。在多边组织中，双边官员也有对话机会。例如：亚欧会议（ASEM）三大重要核心部长会议就包括经济部长会议及财政部长会议，平均每年一会，双方经贸官员借此定期进行对话；低一级层次还有高级官员会议，包含贸易和投资高级官员会议、财政高级官员会议、亚欧商业论坛等，于必要时即可开会，至少一年一会。在此之下，也还有更低层次的对话机制。因此，对话机制管道畅通，欧盟官员藉此阐述欧盟立场和进行沟通。

（三）中欧合作计划：向中国输出价值理念的主要途径

中欧合作关系从20个世纪80年代初开始，每年的中欧经贸合作混委会会议除审议经贸关系也洽谈合作事宜。在欧盟外交政策中，通过援助或合作计划是输出其价值观的重要手段。在一般情况下，欧盟是通过对发展援助附加政治条件的方式向受援国施加价值观影响；而对于中国，欧盟超越传统型态发展援助，主要透过合作计划来实现其所谓“普世价值”的推广。目前欧盟整体合作方案包括约40个项目用以支持欧盟的中国政策。经费部分，欧盟在《2002—2006年国家战略文件》基础上，通过2006年《欧盟与中国：更紧密的伙伴，扩大的责任》文件作为指导、监督和评估欧盟对中国援助情况的指南，拟定2.5亿欧元预算方案以支持期间的合作项目。其中，经费主要来源包括欧盟人道援助办公室（ECHO）预算提供紧急援助，B7-3“与亚洲发展中国家的合作”，B7-7“欧洲对民主和人权倡议”（EIDHR），B7-6000“非政府组织的联合资助”，B7-6212“卫生、人口和性病艾滋病防御”等项目。

目前，中欧合作计划新发展方向是从经贸领域合作外溢延伸到科技工业技术。虽然中欧科技合作始于1981年，但直到1995年的第十四次中欧经贸混合委员会，双方才就进一步扩大在科技领域合作进行磋商，同意继续密切合作。自此开始，双边有较多科技合作。迄今，中欧双方的科技合作已发展到能源、信息、生物技术、环境保护、农业和卫生等领域，合作项目超过了300个。对欧盟而言，这些项目可协助中国发展，落实政策目标；对中国，通过这些合作项目的落实，可从欧盟获得发展所需的高科技和先进技术。最早合作方案是“中国口译员培训项目”，1985年开始启动。不过真正大规模启动的双边合作计划是始于1994年的“青海畜牧业/马铃薯发展项目”，这一时间点正是欧盟真正启动对中国交往政策时点。而且随着中欧交往越密切，合作计划有增无减，目前计划尚在持续洽谈中。为缩短项目核准后实施时间以提高工作效率，执委会将合作计划管理权下放到欧盟驻中国代表团，2002年在驻中国代表团设立了发展合作处和财政与合同管理处，目约有35名人员专门从事欧盟与中国合作项目的管理与实施。

在资金方面，在每项计划中欧盟提供的资金都有相当规模，少则数十万欧元，多则数千万欧元。例如为提升高等教育认识欧盟，欧盟于“高等教育项目”提拨975万欧元，结束后，更加码至1032万欧元，以执行2004—2008年间“欧洲研究中心项目，ESCP”。以后者而言，平均欧盟每年支出约206万欧元。同时，中方也必须负担部分款项，但明显少于欧方援助金额，以ESCP为例，中方出资额约为欧盟的7.2%。

欧盟援助对象主要分为三类：第一类是完全针对中国，如综合性项目以及经济和社会改革、法治与高效管理、环境与可持续发展等；第二类是以亚洲国家为受惠标的，即“区域性项目”；第三类是与其他国际机构合作，即“NGO联合资助及卫生与人口”项目。其中，就完全针对中国的项目而言，除综合性项目外，分为经济和社会改革、法治与高效管理、环境与可持续发展共三小类，这正是《2002—2006年国家战略文件》所指出的三个优先援助领域，因此该战略文件确实是目前指导、监督和评估欧盟对中国援助情况之指南。

最后，在项目内容方面，在帮助中国发展与进步的目标设定上，不同计划有不同取向，且有三大特色：第一，符合《2002—2006年国家战略文件》设定比重，在该文件中特别提出三个优先领域：

（1）约50%预算资金用于“经济及社会改革”，重点是透过机构强化和能力建立，使中国进一步融入国际经济体系；推广健全的企业管理架构、传授知识与技术等，以帮助中国改革经济与社会的落后贫困问题。

（2）预计以30%预算用于“可持续发展”，使中国在环境保护、社会发展和经济增长间取得平衡点。

（3）计划以20%预算用于“良好治理”，以促进法治、加强基础民主和市民社会，并保护经济、社会、政治、人民之权利，使中国形成一个开放社会。

在中欧合作项目中以“经济和社会改革”最大类，涵盖多领域议题，援助额最多；其次是“环境与可持续发展”；最后是强调良好治理的“法治与高效管理”。而这也可看出欧盟对于援助中国的重点领域。

另外，欧盟对华政策目标之一是使中国承担全球治理的责任，对国际社会更开放，因此推动中国遵守主要由欧美国际确立的国际事务游戏规则，即所谓融入国际社会，因而提出多项让中国融入国际社会计划。例如，欧盟认为 WTO 是实现这一目标的有效手段，因此欧盟向中国发动合作计划主要有两项。第一，是 1998—2004 年间“中国加入 WTO 欧盟—中国项目”，总体目标是协助中国加入 WTO，并帮助中国做好准备，以便入会后可有效地履行义务，因此向中国提供相关的技术专业知识，并将重点集中在法律、法规和市场准入条件上，欧盟认为此举既能使中国遵守世贸组织的要求，又能有助于中国经济改革的总体进程。第二，前项计划结束后，再启动为期五年（2004－2009）的“欧盟支持中国参与世界贸易体系项目”（EUTCP）。本项有六大优先合作领域，总体目标是帮助中国进一步与世界经济接轨，帮助中国贯彻其与 WTO 有关的义务和承诺，提高中国以促进经济发展为目的、为进一步贸易自由化而在经济、制度、司法和行政等领域进行改革所必须具备的能力。最大特色是此为欧盟在全球运作的最大贸易类技术援助方案，这显示出欧盟对中国的重视程度，与双边关系发展的积极与密切。和前者相较，前者偏重协助中国加入 WTO，本项则是设法让中国更进一步遵守 WTO 的规则。

除此之外，欧盟也有其他相关合作计划让中国融入世界体系。例如，“欧盟－中国小项目便捷基金”、“中欧智能财产权合作项目”等。所以，欧盟对中国援助和提供合作计划的目的，不同于其他发展中国家。脱贫仅是其部分目标之一，最主要的是帮助中国国力进行综合提升与发展，充满了欧盟在促进世界繁荣的理想主义。此外，欧盟也注意现实利益，中国拥有庞大商机与市场，且将眼光放于更远，看好中国未来发展，因此欧盟各成员国凭借欧盟的整体力量，和中国一方面发展友好关系，拉近双边官方关系，另一方面同时争取对欧盟更有利的商业利益，欧盟根据合作计划案，提供大笔资金，逐步将中国带入国际社会，使中国习惯国际规则，以便更有利于欧盟实现其现实利益。

三、欧盟在华价值理念推广模式的评价

欧盟对华援助的内容之一是帮助不发达地区的社会经济的发展，欧盟对中国落后地区的发展援助一直没有中断，特别是在东北、西北以及西南地区的项目都取得了很好的效果。一方面，这种援助计划只要实施得当就能立竿见影；另一方面，这些发展计划所提供的正是当地经济发展所急需的资金和技术支持，因此成效明显。同时，中国正处于经济高速发展时期，欧盟对华经济援助能很好地纳入到中国整体的经济社会发展布局中，收到很好的效果。

欧盟对中国提供的很多合作计划项目的目标是试图建立一个公民社会，弱化政府职能，发展社会组织功能，而这方面并没有完全按照欧盟的意愿发展。在欧盟的治理理念中，政府和社会的双向互动，特别是由下而上的动力，让人民能逐渐积极参与国家事务，才是国家治理的重要发展方向。这固然也符合中国社会改革前进方向，但当前中国社会改革阶段还远远没有达到这个阶段，由外力揠苗助长很可能事与愿违。目前中国的改革仍处于政府推动型改革，政府的职能因而得到不断加强。Jon Pierre 和 B. Guy Peters 等学者通过对国家在治理过程的作用的研究发现，在一定的社会变革发展时期，国家将自己视为权力的治理中心（powerful centre of governance），全球化、民营化、民主化等

影响力出现并未解除国家行使权利的能力，虽然这些影响力通常由国家引导和执行，政府仍拥有正式、有效的权力与能力，由各种直接控制手段，对社会与经济领域进行控制，以确保该国所选择的改革政策的顺利实施。[①]

就欧盟在中国实施的发展项目而言，全国性计划方面，以“支持中国融入世界贸易体系”计划为例，中方的合作和实施机构是中国商务部；“智能财产权保护合作项目”由中国专利局、知识产权局、商标局、国家版权局等单位申请实施；“农村治理培训项目”由中国民政局和商务部来签订。因此，中央政府在计划中扮演了关键角色。

区域性计划方面，例如“甘肃省基础教育合作项目”由甘肃省政府申请实施，包括培训教师、行政人权，并改善就学环境等项目。“西藏白朗县农村综合扶贫发展项目”由西藏自治区商务厅提出申请，以提高白朗县的发展水平。“辽宁综合环境项目”由辽宁省环保局、辽宁省发展计划委员会、沈阳市政府提出申请。所以在地区性项目中，多由地方政府扮演主导角色。

实际操作方面，区域性计划为帮助不发达地区脱离贫穷，或进行环境保护；全国性计划则多是针对中国加入 WTO，协助进行制度调整，使其与国际制度接轨。仅有少部分目标针对法治和良好治理，提高中国人权与民主，且程度距欧盟推广其价值理念的标准有很大程度的弱化。

例如，在“人权小型项目基金”计划中，虽总体目标是增进对人权尊重、促进公民社会不断成长，加强法治建设。但实际落实方面，在 2004 年项目征集优先考虑主题是：(1) 促进和保护工人（包括外来工人）的权利；(2) 加强对艾滋病带原携带者和患者权利保护，并减轻直接或间接受到艾滋病影响的人群所受到

---

① Pierre, Jon, and Peters, B. Guy, Governance, Politics and the State, (New York: St. Martin's Press, 2000), pp. 94—98.

的歧视；（3）提高弱势群体接受教育的机会；（4）促进被拘禁者人权及提高警察和执法人员的人权意识。2005 年优先考虑主题是：（1）加强当地公民社会组织，特别是从事人权活动组织的工作能力；（2）提高公安部门和执法者人权意识，改善被拘留者的合法权利保障；（3）保护全国少数民族权利等。所以，欧盟对中国援助合作计划，以帮助中国国家能力升级为主，良好治理与法治为最少，其中还没有达到让人民接触国家治理的层次，仅停留在参与地方治理部分。

欧盟对中国政策现阶段尚还无法真正解决中国和西方政府治理模式差异。胡锦涛主席在 2004 年纪念全国人民代表大会成立五十周年会议上指出，“一个国家实行什么样的政治制度，必须与这个国家的国情和性质相适应。中国的社会主义民主政治，是最适合中国国情的民主政治。……历史证明，在中国，照搬西方政治体制的模式是一条走不通的路”。欧盟驻北京的 EUTCP 欧方主任巴特力也承认，“在中国解决问题的方式不同于在欧盟国家”。[①] 因此，欧盟按照它的治理模式和价值观来改造中国的设想很难如欧盟之所愿。欧盟一向在发展援助政策中捆绑推广的西方自由、民主与人权等价值的理念，在中国收效甚微。

四、对中国在对外援助中发展软实力的思考

对外援助一直是中国外交工作中的重要组成部分，中国对外援助尽管在不同的历史时期形成了不同特点，但在实践中形成一

---

① “The EU－China Trade Project is helping China to meet its WTO commitments,” EU－China News, 〈http://www.delchn.cec.eu.int/newsletters/200504/003_en.htm〉.

套对外援助的指导思想，包括：第一，平等相待，维护共同利益；第二，尽力而为，不附带任何政治条件；第三，互利共赢，谋求共同发展。[①] 进入21世纪以来，随着中国经济实力的上升和对外交往能力的提高，对外援助的规模不断增大，对外援助的方式也越来越多样化。在对外援助中提高中国的形象、加强中国的影响力，也就是软实力的发展，是未来急需加强的方面。

他山之石可以攻玉。认真分析欧盟对华援助的一些做法，可以为我们改进和完善自己的对外援助存在的问题，特别是软实力发展方面提供很好的借鉴。

首先，对外援助是国家软实力对外发展的最佳通道，这需要得到充分认识。当前中国的对外援助除人道援助和负担国际责任外，多强调“互利合作、共同发展”，注重经济利益，忽略了价值理念的交流，这是对外交资源的巨大浪费。欧盟国家对外发展援助从一开始就把软实力的发展与经济援助密切结合，特别是在其前殖民地国家能维持较强的影响力。

其次，软实力的发展是个潜移默化的长期过程，润物于无声之中。欧盟所谓“普世价值”在中国以及其他国家推广的失败，是没有顾及这些国家历史和文化背景，把“软”实力的内容“硬”推广，其效果可想而知。所以软实力的发展要避免欧盟那种向受援方附加政治条件的方式进行推广。软实力发挥的作用是“吸引”，而不是“强制”。因此，中国对外发展援助中“不附带任何政治条件”的指导思想，尽管遭到西方的无理指责，应当坚持和发展。

另外，中国要尽快形成自己的发展援助价值理念，从自己发展经历和文化积淀中发掘，并能为多数国家所接受。近年来中国在国际援助中做了大量工作，付出很大代价，而西方有些国家仍

---

① 黄梅波：“中国对外援助机制：现状和趋势”，《国际经济合作》2007年第6期。

对中国对外援助原则多有指责。原因之一就是中国还没有能与之相抗衡的发展援助价值理念。

最后，加快对外援助立法，建立良好的对外援助制度，使对外援助中软实力发展获得法理支撑，可以有法可依。前文论及，欧盟在一系列相关文件中给予对外价值理念推广提供了法律支持，而且在欧盟宪法“欧盟的政策与职责”部分赋予其更完整的宪法基础。中国的对外援助要尽快改变有几个部门就可以确定的老办法，避免随意性，增加透明度。对外援助的法制化，规范援外管理，使对外援助有序发展、科学发展，为对外软实力发展提供法律保障。

中国在东亚地区的软权力资源及其运用

周 石*

内容提要：软权力在当代国际政治中越来越被重视。一个国家的软权力资源由三部分构成：对他国有吸引力的文化、在国内和国际上都得到认可的政治价值观、被视为合法和享有道德权威的外交政策。本文结合软权力的概念，对中国在东亚地区这三方面的软权力资源进行考察，分析中国在该地区运用其软权力的成效，并指出其不足之处。

中国高速的经济增长、不断增强的军事力量、对地区事务的积极参与，都使中国在东亚地区的政治影响力不断扩大，处理好与周边国家的关系，树立友善的外交形象，对中国的和平发展有重要的意义。而这不仅需要靠中国逐渐增强的经济、军事实力作为后盾，还需要靠自身的吸引力来获取各国的尊重。中国对东亚各国是否有足够多的吸引力？中国在东亚地区施展自身魅力的资本是什么？本文将对这些问题提出自己的思考。

* 周石，上海社科院世界经济研究所硕士研究生。

一、软权力的内涵及其应用

约瑟夫·奈在1990年的著作《注定领导世界：美国权力性质的变迁》中最早提出了“软权力”这一概念，并在之后的相关文章和著作中不断进行阐释和补充。

政治学家罗伯特·达尔曾给“权力”下过一个经典的定义：使其他人做其不愿意做的事情的能力。[①] 达尔的这一定义也蕴含了一个问题，即影响或控制他人行为的手段是什么。奈认为有两种途径来实现这一目的，一种是基于引诱（胡萝卜）和威胁（大棒）的“命令权力”，另一种是“使其他国家期望你所期望”[②]的“同化权力”。前者早已为为世人所熟悉，以这一范畴内的权力所界定的利益成为国际政治理论分析最重要的因素。罗伯特·吉尔平就认为，权力指“国家的军事、经济和科技实力”，[③] 这些力量直接与国家的安全、财富挂钩，成为国际体系变化函数中最重要的自变量。而同化权力，即“基于某国观念的吸引力或确定政治议程从而塑造其他国家表达倾向的能力”，奈认为“这种权力在特定形势下在改变他者上同样重要”。[④]

这种同化权力实际上就是奈提出的“软权力”。“一个国家在世界政治中之所以能够实现所期望的结果，是因为其他国家愿意

① Robert A. Dahl, *Who Governs? Democracy and Power in an American City*, quoted from Joseph S. Nye, Jr., “The Changing Nature of World Power,” *Political Science Quarterly*, Vol. 105, No. 2 (Summer, 1990), p. 177.

② Joseph S. Nye, Jr., “The Changing Nature of World Power,” *Political Science Quarterly*, Vol. 105, No. 2 (Summer, 1990), p. 181.

③ 罗伯特·吉尔平著，宋新宁等译：《世界政治中的战争与变革》，上海人民出版社，2007年，第20页。

④ Joseph S. Nye, Jr., “The Changing Nature of World Power,” p. 181.

追随它，或者认可这一状况”，[①] 而这种认同并不是传统的“胡萝卜”加“大棒”能给予的，还需要“富有吸引力的观念、确定政治议程和决定讨论框架的能力”。[②]

同化权力或者说软权力是指一个国家构建一种情势，使得其他国家对其产生偏好或者以相同的方式鉴定利益。[③] “如果一个国家可以使其权力被他国视为合法，则将遭受更少的抵制；如果其文化和意识形态有吸引力，其他国家将更愿意追随其后；如果他国能够建立与其社会相一致的国际规范，则他无需被迫改变”。[④] 软权力强调的是靠自身的吸引力来实现目的，而非强迫别人做自己不想做的事情，“让别国接受你的观念、模仿你的制度、追随你的行为，其效果当然会事半而功倍”。[⑤]

软权力理论在后冷战时期的提出和发展，与世界政治特征的变化不无关系。如亨利·基辛格在 1975 年的一次演讲上所承认的：“我们正在进入一个新时代。旧有国际模式处于崩溃之中。在经济、交流和人类理想等方面，世界已经变得相互依赖。”[⑥] 相互依赖成为 20 世纪 70 年代以来国际政治经济研究中使用频率最高的词之一。而国际政治的权力分配也不纯粹能够以单极两极还是多极能够概括的。经济的相互依赖、跨国家行为体的活跃、小国中的民族主义，技术的扩散、全球性议题的变化等因素都使得世界政治的权力在分散，如苏珊·斯特兰奇所提出来的，不同

---

① Joseph S. Nye, Jr. “Soft Power,” *Foreign Policy*, No. 80, Twentieth Anniversary (Autumn, 1990), p. 166.

② Ibid.

③ Ibid, p. 168.

④ Ibid, p. 167.

⑤ 苏长和：“中国的软权力——以国际制度与中国的关系为例”，《国际观察》2009 年第 2 期，第 28 页。

⑥ Joseph S. Nye, Jr. “Soft Power,” p. 156.

的领域由不同的权力分配，存在着不同的结构性权力。[①] 而世界政治的碎片化使得权力资源更不易替代，更难以从一个领域转换到另一领域。未来军事力量无法换取“等额”的经济财富，反之亦然；而军备和财富的增加也不能直接转换成一个国家的威望。正如奈所说的：“国际政治性质的变化常常使无形的权力变得更加重要，权力正在从拥有雄厚的资本转向拥有丰富的信息。”[②] 权力正在变得更少转化性、更少强制性、更趋无形化。在这种形势下，“软权力”为理解世界政治的变化提供了新的角度和思维方式。

自“软权力”概念第一次由约瑟夫·奈提出，近20年来这一理论得以流行并在其他领域扩展开来。奈提出“软权力”的初衷是解释美国在失去苏联这一挑战对手后在国际体系中的权力地位，而美国所拥有的文化、制度等方面的软资源或多或少减轻了对美国衰落的担忧。而奈指责小布什时期的单边政策削弱了美国的软权力，“华盛顿忽视了国外吸引力的重要性，并付出了沉重的代价”。[③] 也正因为此，奥巴马上台之后注重软权力资源的运用，尤其是在外交政策上，提升美国的软权力。希拉里·克林顿提出的“巧权力”（smart power）也是一种将硬权力与软权力相结合的整体战略。“实现经济发展，保障公共卫生，解决气候变化问题，保持一个开放、稳定的国际经济体系都需要美国的领导。通过软权力的大力投入，实现对军事和经济力量的互补，美国必能重建解决全球性挑战的体系，这就是真正的‘巧权力’。”[④]

---

① 苏珊·斯特兰奇著，杨宇光等译：《国家与市场（第二版）》，上海人民出版社，2006年版，第21页。

② Joseph S. Nye, Jr. “Soft Power,” p. 164.

③ Joseph S. Nye Jr., “The Decline of America's Soft Power: Why Washington Should Worry,” *Foreign Affairs*, Vol. 83, No. 3 (May - Jun., 2004), p. 17.

④ Joseph S. Nye Jr. “Get Smart—Combining Hard and Soft Power,” http://www.foreignaffairs.com/articles/65163/joseph-s-nye-jr/get-smart?page=show.

总之，软权力这个概念因为20世纪90年代以来美国在世界上史无前例的影响力而被学界熟悉并引发探讨，甚至引起各国政治家们的重视，视其为锻造强大国力不可缺失的一部分。日本的动漫、印度的瑜伽、欧盟的发展模式与对外政策都是发挥其各自吸引力与影响力的重要资源。而对于中国来说，软权力（软实力）也成为中国和平发展道路上越来越重要的问题，随着中国经济总量的增长和国防力量的加强，中国硬权力的增强毋庸置疑。而软权力是以硬权力为基础的，正是因为此，学界也开始探讨与中国硬权力的增长相辅相成的“软权力”的资源与现状。

但是，软权力并没有一个衡量标准，它无法像硬权力一样通过国民生产总值、军备投入、人口、国土面积等一系列数字得以直观呈现。因为软权力的资源是无形的，导致其很难测量与划分，“有时候，‘软权力’就如‘情感’一样，着实很难度量其轻重多寡，只能身同感受，可描述，但难以展开逻辑分析”。[①] 因此，当我们分析某一个国家在特定范围内的“软权力”时，也就要特别小心防止陷入一个过于宽泛而空洞的分析模式，将软权力描述成无所不包的“万金油”。

虽然软权力的界线很难清晰划出，但提供一个较为清晰的框架还是十分有益的。奈也曾提出一个国家的软权力资源由三部分构成：对他国有吸引力的文化、在国内和国际上都得到认可的政治价值观、被视为合法和享有道德权威的外交政策。[②] 这也是学术界较为普遍认可的对“软权力”的界定。从这个角度出发，我们可以较为清晰地鉴定中国在东亚（包括东南亚）的软权力资源，挖掘和运用好这些资源不仅能让东亚各国认可中国和平发展的现实，还可以更成功地发挥中国的地区影响力。

---

① 苏长和：“中国的软权力——以国际制度与中国的关系为例”，《国际观察》2009年第2期，第28页。

② Joseph S. Nye Jr.，“Think Again：Soft Power,” *Foreign Policy*，February，2006，http：//www.foreignpolicy.com/articles/2006/02/22/think_again_soft_power.

二、中国在东盟的软权力资源

(一) 文化吸引力

文化是软权力的重要来源。奈认为文化是"一种相对廉价和有用的软权力资源",他认为"蕴藏在产品和交流中的美国流行文化具有广泛的吸引力"。[①]

当然文化并不都是软权力。有学者对提出文化要成为软权力必须满足的三个条件:其一,文化的传播能同化他人的观念和思维方式;其二,他人观念的同化有助于本国目标(所推行的政策或所主张的规范、制度)的实现;其三,在通过文化同化实现本国目标的过程中,国家的控制力得到增强。[②] 从这个角度来看,文化转化成软权力并非易事。

中国与东亚地区有着深厚的文化历史渊源,这成为扩展其影响力的独特的资源优势。尤其是在唐代,日本、韩国、越南等东亚国家不仅学习中国的文字、建筑、艺术等,而且也在制度层面上效仿唐朝。中国与东南亚就已经进行了近千年的广泛而深入的商业与文化交往,而明代郑和的七次远洋,显示了中华文明的强大力量,"南洋各地政治上的领袖和著名的山川都受中国册封,在经济方面,更是贸迁有无,息息相关。两地交通经过几千年的历史,更经过成(明成祖)宣(明宣宗)时代的积极经营,南洋的社会文物渐有华化的趋势"。[③]

"中国的亚洲传统中心国家身份为当代软权力的运用提供了

---

① Joseph S. Nye, Jr. "Soft Power," p. 168.

② 陈玉聃:"论文化软权力的边界",《现代国际关系》2006 年第 1 期,第 58 页。

③ 吴晗:"十六世纪前之中国与南洋",转引自梁向明:"郑和下西洋对东南亚诸国的影响",《云南民族大学学报(哲学社会科学版)》2005 年 9 月第 22 卷第 5 期,第 111 页。

大量的资源储存”,[①] 儒家文化成为东亚地区文化认同的纽带。正如亨廷顿说，东亚各国“把亚洲成功的原因归功于从根本上讲是儒家文化的亚洲文化的优点——秩序、纪律、家庭责任感、勤奋工作、集体主义、节俭等”。[②]

文化认同是文化软权力的基本条件。但是东亚文化圈所具有的“儒学精神”在当代还有多少是对中国的认同值得怀疑。因为“不能把东亚文化圈单纯说成是汉文化圈，它是以汉文化圈为核心、为主体，吸收和结合了其他各国的文化而形成的”。[③] 东亚各国汲取了汉文化或者说儒家文化的营养，并不断对其进行丰富和发展，经过历史的沉淀，已经转化为自己的独特文化。例如日本虽然承袭了中国的汉文化，但是却已经完全将其本土化，形成属于自己的“大和文化”。

因此，只能说传统的儒家文化为中国与东亚各国彼此之间的理解与互动上提供社会性甚至政治性观念的共通，减少思维上的障碍。但是因为这种文化在东亚国家中早已经本土化，所以这种认同也无法等同于对中国的认同，因此很难说能直接成为中国在该地区的文化软权力。

改革开放以来，随着国力的增长，中国也意识到真正发挥中国文化影响力的重要性。而语言成为增强文化软权力的切入点。“语言直接与人的思维方式相关，而对于语言特别是当代语言的理解和掌握，又是深入了解并认同一国政策与思想的途径。”[④]

中国汉语水平考试（HSK）自1991年正式推向海外，成为中国的“托福”考试。HSK设立的近二十年来，每年的报考人

---

① Gill Bates and Huang Yanzhong, “Sources and limits of Chinese ‘soft power’,” *Survival*, 48：2, p. 18.

② 塞缪尔·亨廷顿：《文明的冲突与世界秩序的重建》，新华出版社，2002年第三版，第108页。

③ 胡礼忠、汪伟民：“东亚文化圈：传承、裂变与重构”，《国际观察》2004年第2期，第76页。

④ 同上，第59页。

数基本上以40％－50％的速度增长。2010年HSK的海外考点分布在35个国家和地区，其中东亚国家（地区）占了10个。①

而另一个推广中国语言与文化的工程——孔子学院，近年来也在如火如荼地发展着。孔子学院是推广汉语和传播中国文化与国学的教育和文化交流机构，重要的一项工作就是给世界各地的汉语学习者提供最正规、最主要的汉语教学渠道。截至2009年12月，已在88个国家和地区建设了282所孔子学院和272个孔子课堂。其中亚洲28个国家共建立了70所孔子学院及27个课堂。②“汉语推广在东亚力度最大。第一语言是粤语的中国香港在这方面步伐很快，东南亚的海外华人团体也是如此。在韩国，16万学生正在学习汉语，过去5年内这个数字增长了66％，所有小学和初中都提供了汉语教学。泰国中小学也是如此，政府希望到2011年1/3的高中生能精通汉语。”③与英国理事会（British Council）、歌德学院（Goethe Institute）和法兰西之家（Maison Fransçaise）等类似，中国建立起的孔子学院网络是有其政治纲领的：向外部世界呈现中国更加友好、更加温和的形象。④

中国语言的推广收到了成效，根据教育部的统计，2009年全年在华学习人数首次突破23万人，较2008年同比增长6.57％。按洲别统计，来自亚洲的留学生人数占首位，占全年来华留学生总数的67.84％；按国别统计，来华留学生人数名列前10位的国家是韩国、美国、日本、越南、泰国、俄罗斯、印度、

① 数据来源：http：//www.hsk.org.cn/Arrg_Srv2Time_F.aspx，考点信息，访问时间2010/8/9

② http：//college.chinese.cn/node_1941.htm，孔子学院简介，访问时间2010/8/9

③ 马丁·雅克：《当中国统治世界：中国的崛起和西方世界的衰落》，中信出版社，2010年1月版，第317页。

④ Gill Bates and Huang Yanzhong，“Sources and limits of Chinese ‘soft power’，” p.18.

印度尼西亚、哈萨克斯坦、巴基斯坦。[①] 前十位中，东亚（东南亚）国家占据半壁江山，这种现象在一定程度上证明了东亚共有的文化基础为东亚各国增进对中国的了解提供了催化剂。

而且相信在中国的学习生活经历会对中国人的世界观与价值观持有开放的态度。奈在其2004年的著作《软权力：在世界政治中获得成功的途径》中统计世界范围内有30位的本国的部长级官员拥有中国留学背景，有10位以上官员担任驻华大使，另外有120多位在本国担任大学的资深教授。[②] 现在虽然无法确定有多少在华留学生以后会成为本国的政治精英，但如若他们中的成员将来担任本国政府的官员，在中国的学习经历会使得他们在鉴定与中国的利益时考虑中国人的思维方式和利益。

（二）价值魅力

软权力的另一个重要方面就是中国的价值魅力，而这主要是在国内经济和政治发展模式中体现出来的。20世纪70年代末开始的改革开放使中国在经济上摆脱了僵硬的苏联模式，开始了更有活力的市场经济。中国持续三十年的经济高速发展为许多的发展中国家提供了借鉴的模式。

2004年5月，伦敦外交政策中心发表了舒亚·库珀·拉莫的一篇论文，题为“北京共识”，认为中国的经济奇迹为发展中国家提供了成功的方法。拉莫认为中国模式的特点是：努力、创新和实验；捍卫国家利益；循序渐进。文章认为，“北京共识”对“华盛顿共识”形成了挑战，它强调国家要通过彻底的创新和实践，根据本国的特色发展，而不是一味照搬统一标准，或采取

---

① 教育部：2009年全国来华留学生人数首次突破23万，http：//www.gov.cn/gzdt/2010—03/22/content_1562026.htm，访问时间2010/8/9。

② Joseph S. Nye，*Soft Power*：*The Means to Success in World Politics*，quoted from Gill Bates and Huang Yanzhong，“Sources and limits of Chinese ‘soft power’，” p. 19.

所谓的“休克疗法”。[①]

虽然没有系统的资料证明中国模式在多大程度上受到欢迎，而且中国政府也从未在正式场合承认这一术语，但是“北京共识”仍然成为媒体和学界讨论的焦点，人们甚至在重新思考经济自由与政治自由之间的关系。在比较中国与俄罗斯的改革之后，美国著名的记者罗伯特·卡普兰得出结论：“有时候，专制也会孕育出自由”。同样的，《纽约时报》的专栏作家托马斯·弗里德曼也承认，在中国“专制的政治体系”中，领导人可以而且确实在井然有序地解决问题。[②] 而在全球金融危机中中国经济的一枝独秀也使得“中国模式”显得更加有市场。

但是中国模式在西方世界只会引起争论，却无法成为榜样。“说集权式快速增长的北京共识对津巴布韦或者中亚的上海合作组织成员国有吸引力是一回事；当放到欧洲或者北美，这恰恰又是中国软权力流失”。[③] 政治停滞将中国带入了一种不舒服的境地，即没有足够多的阀门，以便温和地释放社会不安情绪。[④]

不过中国模式给俄罗斯、哈萨克斯坦、乌兹别克斯坦、土库曼斯坦等前苏联国家的经济秩序提供了新的可能；在南亚，中国模式也有吸引力，印度前总统辛格表示印度应该视中国为经济增长和全球贸易上的榜样；拉美的领导人也显示出对中国模式的兴趣，巴西总统卢拉甚至派学习组到中国学习经验；在非洲，独裁

---

① Joshua Cooper Ramo, *The Beijing Consensus*, London: Foreign Policy Centre, 2004.

② Robert Kaplan, “Sometimes, Autocracy Breeds Freedom,” *New York Times*, 28 June 1998; Thomas L. Friedman, “Thou Shalt Not Destroy the Center,” *New York Times*, 11 November 2005. quoted from Gill Bates and Huang Yanzhong, “Sources and limits of Chinese ‘soft power’,” p. 20.

③ Joseph S. Nye Jr. et al, *The Rise of China's Soft Power*, Kennedy School of Government, Harvard University, April 19th, 2006.

④ 唐晓：“欧美媒体对‘中国模式’的评价及其启示”，《外交评论》2010 年第 1 期，第 47 页。

的统治者也希望借助中国模式刺激经济来缓解贫困；在中东，中国模式也受到伊朗的保守派领袖的青睐。[①]

那么对于东亚国家来说，中国模式是否能成为软权力的来源呢?

在东亚地区，也曾存在被人津津乐道的“东亚模式”。日本从20世纪50年代开始，韩国与中国台湾从60年代，东盟从80年代以来，实现出口导向政策，即用国家力量设法增加出口，增加财富积累，增加货币积累。[②] 然而随着20世纪90年代末期亚洲金融危机的爆发，这个曾经创造出“东亚奇迹”的经济模式也遭遇了巨大的挑战，黯然失色。而所谓的中国模式在经济体制上与上世纪的“亚洲模式”有较多相似之处，这也决定了在走在前面的日本、韩国及东南亚一些国家无法从中国的经济发展模式上汲取更多营养，对“中国模式”也表现冷淡态度。

但是东南亚还有一些国家国情与中国较为相似，但经济发展水平远落后于中国。因此把中国作为一种发展模式来参考和借鉴。越南就是其中一个。20世纪80年代中期以来越南所实行的“革新开放”，一些具体的举措如设立经济特区、工业区、出口加工区等都借鉴了中国的经验。越南社会科学院中国研究所杜进森所长认为，“中国做对了，我们就对了”，“胡志明说过，中国的革命已经照亮了越南革命的道路。今天我们也可以套用这句话，中国的改革照亮了越南的革新之路”。他认为，中国人均GDP已经达到3000美元，越南刚刚达到1000美元。从1000美元到3000美元是一个国家发展的黄金时期，中国已经成功走过了这

---

① Gill Bates and Huang Yanzhong, “Sources and limits of Chinese ‘soft power’,” p. 20.

② 全毅、尹竹：“超越东亚模式：金融危机中的东亚与中国”，《世界经济研究》2009年第10期，第75页。

个时期，中国的做法值得越南借鉴。①

客观地说中国30多年的改革开放过程中确实走出了一个属于自己的独特模式。这个模式既不同于老牌的西方工业化国家走过的道路，又不同于冷战结束前的苏联和东欧的发展模式，也不同于二战以后日本、韩国等走过的道路。然而，“中国模式”虽然引起的关注很多，但真正能被其他国家接受甚至效仿却并不容易。如丁学良所说，中国模式操作的过程和机制，涉及到很多无法回避的问题，需要支付巨大社会成本。至少包括三大块：一是发展过程中的公正问题，二是生态环境的恶化，三是发展的行政成本问题。②

总的来说，中国国内的发展模式或者说价值观本身仍在面临转型的问题，所以对于很多国家尤其是发达国家而言很难成为软权力的来源。在东亚范围来说，中国的经济成就对一些发展中国家，例如越南、老挝、柬埔寨等有吸引力，而且它们正在或者打算向中国取经，部分吸收中国成功的方式。这某种程度上说明中国模式在发展中国家有一定的影响力。但是如果要让中国价值观得到更广泛的认同，还需要中国在下一阶段发展中进行经济体制和政治体制的改革，促进自身更加可持续的发展。

（三）外交政策

奈认为，确定政治议程和决定讨论框架的能力是软权力的重要组成部分。这需要一国的外交政策能够被他国视为拥有合法性和道德权威，实现与其他国家的有效沟通。

中国在东亚的外交存在比较复杂。在毛泽东时代，“输出革命”战略对于东亚国家来说并不受欢迎。东盟的五个创始国早期

① 环球时报：“中国模式”再被热议，http：//theory.people.com.cn/GB/10240792.html，访问时间2010/8/10。

② 丁学良：“中国模式”为何不好推广？http：//www.ftchinese.com/story/001022056？page=1，访问时间2010/8/10。

与中国的关系就十分紧张，对共产主义叛乱的恐惧、对中国不信任，尤其怕中共对当地的共产主义运动提供支持；同时，中国视东南亚国家为美国反共的同盟。“防共”正是当时成立东盟的动机之一。[①]

后毛泽东时代，中国领导人放弃了这种激进的对外政策，转而采取更温和、更务实、更自信、更有建设性的外交方式处理国际和地区事务。[②] 因为改革开放以来，中国需要一个稳定的外部环境，从而可以专注于国内的经济发展。

中国在东亚地区的外交存在较为复杂，各种历史遗留问题较多，领土纷争、海权争议、台湾问题等都是无法轻易解决的。但中国经济持续高速发展和社会政治的稳定需要一个和平的地区环境，所以中国需要一个地区战略，减少周边国家对中国崛起的恐慌，减少对中国的抨击，避免出现美国联合中国的邻居采取 21 世纪版的遏制政策。[③]

为此，1997 年中国第一次明确提出了“新安全观”，中国的地区政策变得更积极，中国要通过自己的行动说服邻居，中国的崛起是和平的，不是破坏性的。新安全观提出了发展互信和共同利益链条的需要，代替过时了的强权政治的提法，以及旧式的双边军事联盟。至此，中国开始推动互信、互利、平等、合作的安全理念。

---

① Carolina G. Hernandez: “The rise of China and implications for Southeast Asia: a Philippine perceptive,” in Hsin－Huang Michael Hsiao and Cheng－yi Lin, *Rise of China: Beijing's strategies and implications for the Asia－Pacific*, Routledge, 2009, p. 254.

② Gill Bates and Huang Yanzhong, “Sources and limits of Chinese ‘soft power’,” p. 21.

③ Rosemary Foot: “China's Policies toward the Asia－Pacific Region: Changing Perceptions of Self and Changing Others' Perceptions toward China?” in Hsin－Huang Michael Hsiao and Cheng－yi Lin, *Rise of China: Beijing's strategies and implications for the Asia－Pacific*, p. 135.

而中国软权力更重要的体现是在东亚地区制度安排上的参与。苏长和认为，作为软权力的国际制度体现在以下几个方面：制度建设、议程设置、动员与联盟、承诺与声誉。[①]

在地区主义的推动下，东亚和亚太地区出现了亚太经合组织（APEC）、东盟＋中日韩（“10＋3”）、东盟地区论坛（ARF）等形式的地区合作制度化进程。中国也以更加积极的态度参与到东亚地区的多边共同体建设中。于 2010 年 1 月 1 日正式全面启动的中国—东盟自由贸易区（CAFTA）是中国主导的地区制度建设的典型例子。CAFTA 成为目前世界人口最多的自由贸易区，也是发展中国家间最大的自由贸易区。“中国在区域制度建设中的积极主动行为，也意味着中国在区域供应公共物品的能力在加强。至少在中国周边，中国庞大且开放的国内市场、比较完善的投资环境、充裕的外汇储备、以合作安全观处理纠纷与事端等，对地区经济繁荣与政治稳定发挥着重要的作用。”[②]

“国家在国际制度中的议程设置能力包括能否影响他国所关切议题的排序以及对国际环境的认知，并通过对话等手段使成员对自己设置的议程形成共识。”[③] 中国提出的“新安全观”就是一种创新性的理念，引导区域内成员的行动方向。在 2003 年 3 月开始的朝鲜核问题的六方多边会谈中，中国也始终扮演着重要的“协调者角色”，对会谈进程、议题解决方向、共同声明的起草上都起着主导性的作用。

在领土和海权的争端上，中国也采取了灵活的方法来缓和与其邻国的关系。对南中国海的“搁置争议、共同开发”，不再强调主权要求，与越南、菲律宾等国签署了一系列联合海洋勘探、石油开发的协议。1997－1998 年爆发亚洲金融危机后，中国迅

---

① 苏长和：“中国的软权力——以国际制度与中国的关系为例”，《国际观察》2009 年第 2 期，第 31－33 页。

② 同上，第 32 页。

③ 同上。

速地提供经济援助并宣布人民币不贬值，这表明中国的经济决策开始考虑地区利益，会对邻国负责任并提供必要的帮助。可靠的承诺与良好的信誉加强了中国在东亚地区关系性权力中的地位，也有助于证明中国是一个负责任的国家，这是对“中国威胁论”的有力反驳。

关于中国在东亚地区的制度软权力，无法回避的问题是历史上的东亚朝贡体系的影响。日本学者滨下武志将这种体制归纳为一种同心圆模型，由内而外分别为：中央一地方一少数民族一朝贡国家一贸易国家。[①] 至少从汉代开始，东亚传统的国际体系是以中国为中心的朝贡体系。在这个体系里，中国就像一个大家庭的头领，其周边小国就像家庭中的其他成员，在规定的年限内派遣使节，向中国表达敬意。[②] 滨下武志就认为，朝贡体系“是国内基本统治关系，即地方分权在对外关系上的延续和应用”。[③] 以“华夷秩序”为基础的朝贡体系在当时为双方政权提供了政治合法性，也为海外使节通过朝贡贸易获得了可观经济利益，同时使东亚地区维持了长久的地区稳定乃至和平局面。

到了清朝末年，中国朝贡体系逐渐失去了影响，现代国家理念也随着西方的殖民统治而深入东亚各国。中国在近代的衰落以及民族主义的兴起，使得朝贡国家开始采用威斯特伐利亚国际准则和方法来对抗中国的中心地位。朝贡体系最终成为了历史。

但中国近三十多年来的发展让东亚尤其是东南亚一些小国担忧，中国的崛起是否意味着会恢复古代的中华朝贡体系？因此，中国在东亚地区的外交努力在其他国家中引发了一些顾虑，认为

---

① 滨下武志：《中国、东亚与全球经济——区域和历史的视角》，社会科学文献出版社，2009 年版，第 22 页。

② 简军波：“中华朝贡体系：观念结构与功能”，《国际政治研究》2009 年第 1 期，第 133 页。

③ 滨下武志：《近代中国的国际契机——朝贡贸易体系与近代亚洲经济圈》，转引自简军波：“中华朝贡体系：观念结构与功能”，第 136 页。

中国竭力推动的“东亚合作”，正是为了恢复其在亚洲地区的中心地位。① 新加坡学者张朱照就认为“中国与东盟的自由贸易区计划是朝贡体系在东南亚的某种继续”。② 虽然这种声音除了历史循环论也没有其他论据，但朝贡体系论可能让国际社会对中国在亚洲的真正意图产生误解，削弱中国在东亚地区的外交软权力。

基于这种历史经历和中国崛起的现实，要使地区国家转变对中国的看法，中国需要树立起更和善的形象。地区主义是与“朝贡体系论和霸权稳定论存在本质区别的另一种国家秩序观……中国必须真正按照地区主义的逻辑，推动亚洲在自愿、平等、互利基础上的联合”。③ 中国在东亚地区表现出合作的诚意、“10＋3”、东盟地区论坛、中国一东盟自由贸易区都是在推动东亚地区区域主义的发展。此外，中国还需要用国际法规范来约束自己的行为。2003 年，中国加入《东南亚友好合作条约》，成为首个加入该条约的非东盟国家，这意味中国承诺在该地区的法律义务，也是向东亚各国明确中国在东亚地区的定位，即寻求地区主义的平等合作，而不是追求恢复在东亚地区的中心地位。

三、中国在东亚地区软权力投射的成效与制约

要评估一个国家在特定地区的软权力如何，首先要明确这个国家的战略目标，或者说在该地区的外交政策所要达到的效果。有学者曾指出中国未来二十年的五项主要目标：（1）成为全方面

① 庞中英：《中国与亚洲：观察、研究、评论》，上海社会科学院出版社，2004 年版，第 192 页。

② 同上，第 193 页。

③ 同上，第 194 页。

的影响力的大国；(2) 维持经济高速增长所需的能源的来源，实现社会的和谐和更加公平的发展；(3) 确保中国共产党的执政地位不受挑战；(4) 防止“台独”、“疆独”、“藏独”等破坏国家统一的行为；(5) 确保国内发展的焦点不会因地区或全球性的紧张局势所转移。[①] 总的说来，中国的目标就是要实现“和平发展”，一方面要建立起地区和全球的影响力，另一方面也消除其他国家对中国崛起的顾虑。

那么，中国在东亚地区软权力资源的运用，是否收到了成效?

软权力并没有一个衡量标准，对它也无法进行一个很精确的评估。不过还是可以找到相对直观的数据来说明一个国家的受欢迎程度，从而来检验其软权力的成效。

根据 BBC World Service 在 2010 年 4 月发布的最新民意调查显示，[②] 全球范围内对中国持正面评价的民众占了 41%，持负面评价的民众占了 38%，与 2009 年相比基本上保持不变。在全球范围内，27 个国家的民众对中国的态度分歧比较严重，12 个国家持正面评价，12 个国家持负面评价，3 个持中立态度。欧洲仍然是对中国持消极看法最多的地区，非洲与中美洲地区对中国的正面评价较多。在除中国外的 27 个国家中，东亚国家占了 5 个，分别是日本、韩国、菲律宾、泰国、印度尼西亚。

菲律宾人对中国的看法变化最大，2009 年多数民众 (52%) 对中国持消极态度，这个数字在 2010 年降了 21 个百分点；相应地，对中国持积极态度的占了 55%，比 2008 年上升了 16 个百分点。类似地，日本在 2009 年对中国看法消极的占了绝对多数

---

① Rosemary Foot, “China's Policies toward the Asia—Pacific Region: Changing Perceptions of Self and Changing Others' Perceptions toward China?,” p. 133.

② http://www.worldpublicopinion.org/pipa/pipa/pdf/apr10/BBCViews_Apr10_rpt.pdf，本次调查在 28 个国家内采访了 29977 位民众，数据采集时间是 2009 年 11 月 30 日至 2010 年 2 月 16 日。

(59%)，但是2010年下降到了38%，而持积极看法的民众从8%上升到18%。

印度尼西亚，对中国持消极态度的比例由2009年的37%下降到2010年的29%，持积极态度的比例占了43%。五个国家中，韩国人对中国的态度最消极，占了61%，这个数字比2008年参与调查时增加了11个百分点。而泰国对中国的态度持中立的态度，积极和消极态度各占一半（分别是45%和44%）。

这样的调查结果可以说是喜忧参半。总的来说，中国在东南亚地区得到的正面评价比较多，而在日本和韩国，却没有实现足够多的正面影响力。显然，中国在东亚地区的受欢迎程度还有待提高，尤其是各国之间对中国的态度分歧较大。中国要完全实现在该地区的战略目标，至少在软权力上还有一些漏洞需要修补。特别是中国的文化资源转化成文化产品的能力上明显不足。美国的软权力很大程度体现在其大众文化的吸引力上，美国的好莱坞电影、流行音乐、快餐文化等在全球范围内得到了广泛的传播和认同，同时传递了美国人很多社会性甚至政治性的观念。“一个支配着大众交往渠道的国家有更多机会传递自己的信息、影响其他国家的倾向。”① 而中国在这方面显然比较欠缺，在全球范围内，只有4%的信息资源是中国人提供的。②

四、小结

“软权力”在当今世界政治中的存在已经越来越受到重视，一个国家的文化、国内政治价值观以及外交政策都是其软权力的

① Joseph S. Nye, Jr. “Soft Power,” p. 169.

② Gill Bates and Huang Yanzhong, “Sources and limits of Chinese ‘soft power’,” *Survival*, 48: 2, p. 27.

源泉。总的来说，中国的软权力资源比较丰富，但同时情况也比较复杂。

中国悠久的历史孕育了丰厚的文化资源，而且早已经渗透到东亚各国，但这并不代表中国具备了该地区的文化软权力。因为东亚各国早已将以儒家文化为代表的传统中国文化本土化，对东亚各国之间文化共性的认同并不能简单地说是对中国的认同。但是，中国可用的文化资源还是很多，中国语言和传统文化的推广也收到了一定成效，但国内缺乏宽松的文化创作环境，成为中国文化影响力扩散的阻碍。而政治价值观上，“北京共识”、“中国模式”在东南亚的一些发展中国家中产生了一定的示范作用，但“中国模式”的缺陷决定了它无法获得广泛的认同。在外交政策上，中国积极参与东亚地区主义的合作，树立起了负责任大国的良好形象，不过还是要克服历史因素的羁绊。

转型俄罗斯的国家形象构建及困境

廉晓敏*

内容提要：在当今国际社会，每当俄罗斯与美国、与西方等国家关系出现紧张局面的时候，总能引起各方的特别关注，成为世界各国媒体争相报道的热点，双方的政治人物、评论家等发表的言论、观点、看法也纷纷成为各方媒体关注的焦点。在这种情况下，我们发现一个有意思的现象，即在俄罗斯国内舆论界和西方国家的视野中，存在两个可以称得上是截然相反的“俄罗斯”，使俄罗斯这个国家的形象出现了“分裂”。在国家的形象越来越被重视的当今世界，俄罗斯为自己的国家形象做了什么？俄罗斯又为何会面临这样窘境？

20世纪90年代时，一场重大的变革突然发生在俄罗斯大地上，同时也在整个国际社会引发“一石激起千层浪”的强大效应。苏联，当时世界上最强大的社会主义国家，世界的一极，如同它突然诞生那样，突然间崩溃了。自“二战”以来形成的国际

* 廉晓敏，上海社科院欧亚研究所硕士研究生。

体系如发生了一场大地震，完全改变了原有的世界政治格局。戈尔巴乔夫的改革，非但没有缓解苏联长期积累的各种问题和困难，反而最终导致了苏联的解体。

戈氏的改革虽以失败告终，但却为后来的俄罗斯转型进程“起了调”，“自由民主式”的政治改革最终带动了席卷俄罗斯各个领域的变革。尽管后来不断调整“航标”，但那毕竟是一个根本性转变开始。“转型”在俄语中常用“трансформация”一词，源于英语的“transformation”，意指“变形，形式的改变”。如果单纯从词义角度看，更利于我们理解“转型”。苏联的解体表明，原有的整个体制不适合俄罗斯这片土地，或者说已变得不适合俄罗斯，于是俄罗斯人选择彻底推倒，重新开始这个国家的发展。“俄罗斯转型”意味着俄罗斯要在国际体系里重新寻找、定位自己，寻找新的适合当下俄罗斯和国际大环境的生存发展模式，也因此俄罗斯的转型是全方位的，涵盖其政治、经济、社会各个领域。而在这场转型变革中，跟随着国家转型的不断推进，俄罗斯国家形象在不断地被构建的同时，也面临着来自外部现实的挑战。

一、叶利钦和普京时期的俄罗斯国家形象构建

（一）叶利钦时代的俄罗斯国家形象定位

在叶利钦时代，俄罗斯对于主动的国家形象构建关注并不系统化。受到当时的客观条件的制约，俄罗斯更多关注的是如何为自己寻找到一个合适的身份。只有解决了“我是谁”的问题，才能知道“我要别人如何看我”。而在这一找寻自我的过程中，很大程度上主导全局的是俄罗斯的精英层，特别是总统。在权威主义拥有深厚政治和社会根基的俄罗斯，这一点不难理解。

根据俄罗斯国家根本大法《宪法》里第 84 条的规定，每年总统应向联邦会议发表国情咨文，阐述有关国家地位、对内对外基本方针等问题。尽管从严格的法律意义上讲，总统的国情咨文对联邦会议和政府不具法律约束力，但从其本质上看，在俄罗斯这样一个总统占国家发展主导地位的国家，总统国情咨文不仅对议会来说，而且对俄联邦其他权力机关来说，都是一份重要的政治纲领性文件。透过总统国情咨文，人们可以清楚地了解到，哪些是对俄罗斯国家发展至关重要的，俄罗斯是怎样看待自己和自己的发展问题的。

叶利钦就任俄联邦总统后，第一篇国情咨文发表于 1994 年 2 月 24 日，名为《关于俄罗斯国家的巩固：主要对内对外方针》。在这篇国情咨文里，叶利钦主要谈到：建立法制国家，遵守宪法和法律，保护公民权利，国家完整和地区政策，继续市场改革。叶利钦强调，决不容许经济退回到苏联时期的计划经济，也不容许继续已经失控的“休克疗法”。叶利钦在国情咨文中提出，“我们的战略目标——把俄罗斯建设成为繁荣昌盛的国家，自由的俄罗斯人民为自己古老的历史感到骄傲，并且敢于展望未来；俄罗斯的政权应建立在法律基础上，不凌驾于人民之上；具有民族特色的国家经济运转有效，取得举世闻名的成就”。俄罗斯外交方面的主要目的，是以开放和合作维护国家利益，为国内发展和继续改革创造有利条件。

1995 年 2 月 16 日，叶利钦发表了题为《关于俄罗斯国家政权的有效性》的国情咨文。在这篇国情咨文中主要论述了如何保证俄罗斯的主权、独立和完整，国家经济发展的潜力，联邦制与地方自治，对车臣危机动武的权利，和俄罗斯外交的优先选择。此外文章还涉及保障全国范围内公民的权利和自由，支持科学、文化教育事业，大众媒体与国家政权的相互关系问题。联想到当时俄罗斯正在进行中的车臣战事，不难看出，这一年俄罗斯政府关注的焦点问题与车臣问题紧密相关。

1996年是俄联邦独立以来第一个大选年，因此在这一年的国情咨文《我们对俄罗斯负责》中，更多一些对过去四年改革进行预先总结的色彩，特别强调“过去四年的改革里，避免了俄罗斯的崩溃，驱散了内战的阴霾，为俄罗斯法制国家的建立奠定了宪法基础，开启了建立真正的联邦制国家的进程，开始恢复俄罗斯在国际上的相应地位，建立了市场经济基础”。叶利钦特别指出，在俄罗斯历史上，这是第一次没有对反对派进行镇压和迫害的大规模变革。尽管20世纪带给俄罗斯很多的考验，但这个国家挺过来了。俄罗斯以前是、现在还是伟大的国家。

1997年叶利钦国情咨文的题目是《整顿政权秩序——整顿国家秩序》。从这个题目可以看出，重整秩序对当时的俄罗斯已经到了十分迫切的地步。这篇咨文表明了国家整顿政权和国家秩序的决心，但不是通过独裁专制的手段，而是借助法律手段，在法律框架内进行。“这种秩序的基础不是专制独裁和压迫，而是共同的目标，理性和同心同德，忍耐力和创造力——建立这样的秩序对俄罗斯来说是真正的历史性任务。”文中强调秩序的整顿从政权开始，而要实现这一目标，最重要也是排第一位的出路就是坚定地完成经济、社会和法制改革。在这一年的国情咨文中，叶利钦没有回避俄罗斯在车臣的失利，承认国家领导层在车臣问题处理上犯了一些错误，造成人员伤亡和财产损失。而在外交政策上，叶利钦指出，俄罗斯不赞成北约的东扩计划，这是对俄罗斯国家安全的挑战。没有俄罗斯的参与，或不顾及俄罗斯，在欧洲没有建成过或将不会建成有效的安全体系。

1998年最初曾是人们预期中的“经济增长年”，8月爆发的“经济危机”完全是人们始料未及的，因此总统发布于2月份的国情咨文也反映了年初的乐观情绪——《为俄罗斯的崛起全力以赴》。叶利钦在回顾了1997年的成绩和不足后，认为1997年相对平稳的发展为俄罗斯在1998年的上升发展奠定了良好基础，而这就需要全国所有地区的共同努力。政府承诺到当年5月中旬研究有关国家经济崛起的联邦计划。在经济预期好转的背景下，咨文中还谈到了涉及民生的各种社会问题，包括医疗保健、青少年身心健康状况、社会文化、军队需求等。而为了给经济上升提供应有的保障，咨文还谈到清除腐败问题。在外交方面，1997年俄罗斯成为西方“八国集团”的正式成员被认为是俄罗斯威望上升的明显例证，显然俄罗斯把这视为西方对其的一个巨大肯定，是符合俄罗斯应有的国际地位的。

1999 年的总统国情咨文是叶利钦作为俄罗斯总统发表的最后一篇，也是俄罗斯进入新千年前的最后一篇。叶利钦分别从经济改革、社会和政权等方面进行了阐述。1998 年经济危机的余波未散，俄罗斯经济急需从危机中恢复。1999 年俄罗斯经济的主要任务是消除危机影响，维持宏观经济的稳定。此外，俄罗斯与世界的关系在新千年来临之际也是必须给予关注的，只有意识到俄罗斯的独特性和参与世界发展的相互关系，才能实现俄罗斯巨大的大国潜力。俄罗斯能够并且应该成为有竞争力的大国，因为这个国家拥有历史悠久的权威学派、先进的技术、还未开发的生产潜能，要能够善于利用这些资源。

透过叶利钦任上发表的这 6 篇国情咨文，[①] 我们可以看清俄罗斯这一时期的自我定位。首先，尽管苏联解体的这近十年间里，俄罗斯的经济、社会一直处于危机四伏中，经济一直没有明显起色，但作为苏联继承国的俄罗斯，始终在国际社会中占有特殊的大国地位。其次，民主法制国家、市场经济这些经历痛苦转型才在俄罗斯得以确立的机制，只会被继续向前推进，俄罗斯不会回到苏联的专制体制。再次，尽管俄罗斯为了给国内进行中的各种改革创造良好的外部条件，选择与世界其他国家建立和平合作的关系，摒弃过去的敌对关系，但是它仍能感受到来自外部，尤其是北约对其国家安全的威胁，这是对俄罗斯国家利益的损

① 俄联邦总统国情咨文的原始文本来源于俄联邦总统的官方网站。——作者注。

害，而俄罗斯是不会在涉及国家核心利益的问题上有丝毫妥协的，会采取相应的反应和措施，以彰显俄罗斯相应的大国地位。此外，1996 年之前的俄罗斯，处于“破旧立新”阶段，取自西方的“民主政治”、“自由市场经济”等国家政治、经济框架处于搭建阶段，在国内各种关系还没有理顺的情况下，俄罗斯在对外政策取向上无法做到以本国利益为主导，属于游走于东西间的探索阶段，苏联“超级大国”遗产造成的“心理落差”，让国家对自身在国际社会中的定位还不够准确；到叶利钦第二个任期时，俄罗斯内部对国家利益已经逐渐有了明确认识，并确定了以国家利益主导外交的理念，这为俄罗斯定位自己设定了可供参考的坐标。

（二）普京的“大国梦”和国家形象构建实践

如果说叶利钦时代的俄罗斯，由于孱弱的国力而徒有“大国”之表，那么到了普京治下，国力的显著提升，使得新世纪里俄罗斯的大国复兴抱负，不再只是基于对本国过去的一种不切实际的幻想。尽管俄罗斯经济因为增长过度依赖能源经济而受到指责，但整个国家的经济实力在 21 世纪的头十年得到大幅度的提升确是不容争辩的事实。

在国家实力不断恢复、壮大的同时，对国家形象的构建也逐渐被提升到了国家战略层面。2000 年，有关国家形象的问题被提到外交政策的制定层面进行广泛讨论。2000 年的总统国情咨文中，普京提出：“外交活动的一个重要方面是帮助人们客观地理解俄罗斯，准确地报道我国发生的事件。如今这是一个关系到我国的声誉和国家安全的问题。”“为俄罗斯塑造正面有利的形象，应成为俄罗斯优先的外交任务”被写入 2000 年版的《俄联邦对外政策构想》。2001 年，普京在俄罗斯外交部发表讲话时，又专门用相当多的篇幅阐述了有关塑造国家正面形象的问题。“想单独谈谈一个问题。我相信，它应该成为外交部和我们的外交代表机构的中心问题之一。这里说的是促进国外积极地看待俄罗斯，目前这方面的情况不是很好的。我不特别在这里展开谈了，这个领域里的状况如何，你们不比我知道得差。我想，至今有些人还觉得拿危险的俄罗斯形象做文章对他有好处，会对为增加军事力量和在国际事务中使用武力的方针辩解有用。但是感谢上帝，世界已经相当牢固地确立了一种理解，那就是俄罗斯发生了质的改变。这无疑会影响到今天国际关系的性质。我们只是应该在自己的工作中通情达理地和精心地利用这一点。而且不是简单地利用，而是要把这种理解继续推进。争取影响国外的社会情绪正在成为最尖锐和迫切的对外政策问题之一，我们应该大大提高这方面的工作水平。为做好它，需要利用所有可能的杠杆：在大众媒体上发表演说，扩大社会组织方面的接触，宣传我国文化科学成就。我们的外交机构应该研究社会情绪，主动提出建议和进行协调。我想特别引起注意的是，必须积更积极地在外国大众媒体人士中开展工作。外交部的工作人员有义务在国内和国外解释俄罗斯对所有出现的问题的立场。”①

国际政治的实践证明，良好的国家形象能够在国际双边和多边交往中发挥巨大的影响力。国家形象，作为国家软实力的根本体现，能够起到维护和扩大国家利益的作用。当良好的国家形象可以成为一种有效的外交工具的时候，通过各种官方、非官方的途径，利用公关、传媒的渠道，是可以有意识有目的地进行构建的。对于俄罗斯这样一个急于要摆脱沙俄时期侵略扩张形象和苏联时期超级大国不良形象的国家来说，构建俄罗斯新的国家形象，是普京就任俄罗斯国家元首以来重要的战略目标之一，因为俄罗斯十分渴望获得国际社会的肯定，因为“我国在国际舞台上的威望以及俄罗斯国内的政治与经济形势，都取决于我们能在多

① ［俄］普京著：《普京文集：文章和讲话选集》，中国社会科学出版社，2002年版，第255页。

大程度上文明而有效地利用自己的外交资源”。[①] 因此，俄罗斯在实践上采取了主动。

虽然叶利钦执政后期，俄罗斯已经开始对自己的形象进行关注，但真正有的放矢的把形象构建作为国家一种系统的、常态的任务，是在普京任内开始的。普京在对俄罗斯自我认同有了比较符合国家利益的认识后，开始以这种自我认同为基础，借助公关手段和传媒力量，甚至个人魅力，透过不同的媒介渠道，向外界传递有利于形成俄罗斯预期国家形象的信息。其针对的对象，既有整个国际社会，也有特定某些国际行为体，同时还包括民众和舆论等。

首先是通过各种形式的国际论坛、会议等常态机制，建立起俄罗斯与世界近距离交流的平台。这些对话的平台主要包括：彼得堡对话”论坛、国际公众论坛“文明对话”、“瓦尔代国际辩论俱乐部”等等。俄罗斯政治精英层，特别是总统本人的积极参与，让这些交流的平台备受关注，赢得了各方媒体的高曝光率。

其次，通过在世界范围内普及俄语、设立俄语中心，提升俄罗斯和俄罗斯文化的吸引力，达到提高国家软实力的目的。相关的媒介包括：世界俄语教师联合会、“俄罗斯世界”基金会等。2008—2009年世界俄语教师联合会在“俄罗斯世界”基金会及联邦专项计划“俄语”的协助下，第一次举办了“俄语欧洲节”，在其框架内除了举办俄语比赛，还召开了各种圆桌会议、大师班。类似活动的开展，无疑为俄语在欧洲的推广提供了良好的契机。

① 2001年俄罗斯总统国情咨文。

二、俄罗斯国家形象构建面临的现实困境

尽管自苏联解体以来，特别是新世纪以来，俄罗斯在自身国家形象构建方面做出了很大努力，但现实是，俄罗斯在西方国家眼中的形象，一定程度上延续着冷战时期苏联的“敌人”形象。根据俄美间1992年2月1日签署的《布什总统和叶利钦总统新关系戴维营宣言》，双方正式宣布结束“冷战”，宣言向全世界宣告：“俄罗斯和美国不再相互视为潜在的敌人。”但是，在大多数西方国家中，对共产主义和俄罗斯的抵触、敌视情绪却并没有因为冷战的结束而停止。2001年1月戈尔巴乔夫在接受意大利《新闻报》的访问中就谈到，20世纪的最后10年中，包括北约东扩、南斯拉夫危机、国家导弹防御系统研发等在内的一系列事实，都表明美国实际上沿袭了冷战时代的意识形态对抗。

美国官方报告透露出的对俄罗斯的防范之心，也印证了戈尔巴乔夫的观点。2001年2月，美国中情局局长乔治·特尼特在提交给国会的报告中指出，“俄罗斯是美国潜在的威胁”，尽管“俄罗斯的未来走向看起来还不是很明朗”，但中情局确信，俄罗斯将尝试恢复曾经的军事力量和对世界的影响力。在2003年中情局的公开报告中，依然把俄罗斯描绘得很阴暗，称俄罗斯因为资金的短缺，向伊朗、印度和中国出售可用于制造大规模杀伤性武器的技术。

在西方媒体有关俄罗斯社会的报道中，俄罗斯也总是和黑手党、间谍、腐败、战争、犯罪、经济寡头、贫富差距巨大等负面新闻联系在一起。俄联邦委员会主席米罗诺夫曾经针对西方国家大量报道俄罗斯的负面形象问题表示了强烈的不满，他“很遗憾的指出，国外对我们了解还太少。不少国家的人在提到俄罗斯时，就会想当然地认为，这是一个贫穷的国家，气候寒冷，在边

远城市的街道上会有熊出没”。有不少俄罗斯学者认为，类似这样冷战时期遗留下的关于俄罗斯的印象，给今天的俄罗斯带来非常严重的负面的影响。俄罗斯甚至把没有能获得 2010 年世博会的举办权、失去了举办世界杯足球赛的机会也归罪于此。[①]

之所以美国等西方国家对俄罗斯的印象，在冷战结束十多年后仍然没有退去敌视色彩，除了有现实国家利益摩擦因素、文明和文化层面的冲突以外，历史上长期对立形成的思维定势和意识形态化，也是造成俄罗斯在西方国家中的负面形象难以消除的原因，成为现今俄罗斯不得不面对的困境。

(一)“上帝的选民”与“救世主”之争引发的敌视

从文明起源和归属的角度看，俄罗斯和美国等西方国家之间的一个共同之处就在于，他们都属于基督教文明，只是派别不同而已。古罗斯选择了东正教，而美国文化则是建立在新教基础之上。美国和俄罗斯虽然都是世俗国家，却都有着深厚的宗教基础。

马克斯·韦伯认为，美国的资本主义精神产生于新教伦理。清教徒致力于建设一个新世界、创造一种新的社会模式的使命感，使他们产生了一种新的民族认同，这种认同感将所有的宗教与世俗的成员都团结在一起。[②] 许多美国人认为，作为上帝选择的一个特殊国度，美国对人类的历史发展和命运承担着一种特殊的责任，负有把世界从“苦海”中拯救出来的“使命”。这种神话根深蒂固于美国白人文化之中，深深地影响着美国人对外部世界的看法与态度。当美利坚合众国作为一个主权实体开始发展与其他国家的外交关系时，这种使命观对政府决策者的思想产生了深刻影响，并在美国对外政策中体现出来，成为表现在美国对外

① Кашлев Ю., Галумов Э., Информация и PR в международных отношениях. М.: Известия, 2003, c239.

② 王义桅：《被神话的美国》，中国社会科学出版社，2008 年版，第 96 页。

关系上的一个显著特征。美国历史学家莫雷尔·希尔德等人在《文化与外交》一书的导言中写道："美国外交事务的出发点是这样一种信仰，即美国在外部世界关系中享有一种任何其他国家都不能享有的特殊使命。"[①]

无独有偶，在基督教世界里，具有这种特殊使命感的不只是美国。在俄罗斯历久弥新的永恒命题"俄罗斯思想"中，源于"基督救世"的"弥赛亚"使命意识早已成为俄罗斯对其历史定位问题的回答，长期以来一直深深地影响着俄罗斯人的自我认知观念。16世纪"莫斯科——第三罗马"的认识，让"救世使命"扎根到俄罗斯世世代代的民族记忆中。君士坦丁陷落了，莫斯科是"第三罗马"，上帝选择了俄罗斯，"俄罗斯民族将代表上帝在地上行使救世使命，负有重新恢复基督教世界的统一和使俄罗斯成为整个基督教世界政治中心的重任"。[②] 所以，俄罗斯成了在欧洲大陆专制统治的"救世主"；苏联肩负着呼唤世界革命，解放全世界无产者的"使命"，不仅如此，苏联还把欧洲从"法西斯"铁蹄下拯救出来。在这样的认知和历史现实面前，俄罗斯习惯了对自己大国、强国地位的认同。

同样的特殊使命感，到底谁才是上帝真正的"选民"？相似的身份认同带来相似的利益诉求，必然会在二者的交往中引发冲突甚至敌对。西方国家在冷战中的胜利，让美国人更加确定自己所肩负的"神圣使命"，而苏联的消失，让美国有更大的空间按照自己的意愿去完成拯救世界的使命。但是当俄罗斯从一片衰败之中得到喘息，重新开始恢复力量的时候，由于遭遇到美国"使命感"所具有的排他性，新一轮的敌视、冲突于是在所难免。

（二）历史形成的负面印象使俄罗斯的形象构建难有成效

尽管冲突在所难免，但是俄罗斯对改变在美国人心目中的国

---

① 王晓德：《美国文化与外交》，世界知识出版社，2000年版，第18页。

② 汪宁：《普京的"新俄罗斯思想"》，外语教育出版社，2005年版，第40页。

家形象表现出极大的主动性和积极性。普京在2007年12月12日回答美国《时代周刊》记者提问时明确地表示："过去的15年间，俄罗斯不仅说过，也多次用自己的全部政策来表示，我们不仅愿意成为美国的伙伴，更希望成为朋友。"然而，俄罗斯的表现似乎只是一厢情愿，美国决策层对这种示好的解读，却像罗伯特·杰维斯说的那样，"一旦一个人产生了对他人的印象，尤其是产生了敌对印象，模棱两可，甚至是前后矛盾的信息都会被纳入这种印象之中。人们所知觉的只是与自己的预期相吻合的东西。如果他们认为一个国家对自己有敌意，即便是那个国家表现出其他人认为是中立或友好的行为，他们也会无视或曲解这种行为，甚至认为是故意欺骗"。[①]

之所以美国不相信俄罗斯的示好，是因为苏联解体后美国对俄政策的一个基点，是美国对俄罗斯（苏联）的历史记忆、美俄（苏联）之间的历史联系，以及对俄罗斯（苏联）近现代发展史的基本印象。其中，苏共70年的执政史以及沙俄数百年的帝国侵略扩张史成为美国观察俄罗斯未来走向的一个重要参考因素。这一点在基辛格、布热津斯基、塔尔博特（克林顿政府时期的副国务卿、布鲁金斯学会主席）、罗德曼（小布什政府助理国防部长）等深谙欧、俄文化历史的现实主义战略家那里，尤其被反复强调。布热津斯基就明确表示，美国不能从"莫斯科和圣彼得堡表面的光辉、西方资金流入的主要受益者或者增长率的起伏"等表象来评判后苏联时代的俄罗斯或制定对俄政策，而应从"持续500年之久的俄罗斯帝国（这一帝国到了苏联时代扩展成更大的共产主义帝国）"这一历史视野看问题；他还强调说，"决不能低估七十年共产主义的历史"对俄罗斯民族和人民带来的深刻影响。基辛格则始终认为，苏联共产党和中国共产党之所以不同，

① ［美］罗伯特·杰维斯著，秦亚青译：《国际政治中的知觉与错误知觉》，世界知识出版社，2003年版，第61页。

在于俄罗斯文化所固有的侵略本性。赖斯在为小布什第一任外交进行政策设计时，其对俄政策同样首先建立在对俄罗斯历史文化的理解上。[①]

东西方的长期对立使许多美国人，尤其是那些活跃于政界的社会活动家形成了观察国际事务所特有的思维模式。所以即使是在冷战不复存在情况下，“冷战”留在美国人头脑中的固定思维模式不是朝夕可变的。[②] 美国精英层对俄政策态度的这种统一，使美国短期内难以改变对俄的防备、敌视态度，从而使俄罗斯的负面国家形象也变得难以改变。

（三）美国实用主义外交政策需要“负面”的俄罗斯

实用主义根源于美国历史文化，在实用主义指导下的美国外交政策，需要为自己寻找一个“敌人”，因为在美国这样一个多元化的移民国家，仅靠“自由民主”的价值观是远远不能把美国社会凝聚在一起的，寻找外敌、“一致对外”便可以顺理成章地成为美国社会的黏合剂。[③] 一个外部“假想敌”的存在可以给政府政策的实施、转移公众视线提供更多的可操作活动空间。担任过戈尔巴乔夫顾问的格奥尔基·阿尔巴托夫曾对美国人说：“我们正做真正令你们恐惧的事情——我们正在使你们失去一个敌人。”[④]

此外，实用主义决定了美国信奉实力的原则。在这种原则指导下，美国对自己国家的优势地位特别关注，因而对别国实力的增强也格外敏感，俄罗斯在新世纪的强势复苏不可能不引起美国的警惕。关于俄罗斯富有扩张性、侵略性的负面形象，一方面在

---

① 郑羽主编：《既非盟友，也非敌人：苏联解体后的俄美关系：1991－2005》，世界知识出版社，2006 年版，第 174 页。

② 王晓德：《美国文化与外交》，世界知识出版社，2000 年版，第 392 页。

③ 申家宁：《美国国家利益与美国的中国形象》，北大博士论文，第 27 页。

④ 洪兵：《剖析“美国利益”》，世界知识出版社，2000 年版，第 88 页。

国内为其提供了单边主义政策的口实，另一方面无形中也为美国在国际社会中的俄美博弈添加了筹码，使俄罗斯的影响力遭到削弱。在这种逻辑指导下，首先美国的精英层不会因为俄罗斯为改变自己形象做出的努力，而改变对俄罗斯的负面看法，相反，精英层还会利用传媒来影响民众的舆论倾向，以加深这种负面印象在民众心中的记忆。

美国在对俄罗斯形象问题上的实用主义声调，俄罗斯并非没有察觉，美国《时代周刊》的记者采访普京时问道："有一个问题在我们今天的谈话过程中变得越来越清晰了，您如何看待美国对俄罗斯、俄罗斯人民，以及对您和政府的误解？为什么会这样？如果您有机会跟美国人正面对话，您可以讲：'你们应该从以下方面了解我们，我认为这些东西是你们所不了解和不清楚的，大概还没有人对你们说过这些。'有哪些主要的误解是您会讲到的?"普京毫不避讳地答道："您知道吗，我不相信这都是误解。我想——我的感觉是，这是别有用心地塑造俄罗斯形象，试图借此影响我国的对内对外政策。"①

三、一点思考

在世界多极化和全球一体化的今天，看不见摸不着的国家形象却日益发挥着实实在在的巨大作用，大小国家皆使出浑身解数只为博得世人对自己国家的良好印象。国家形象引发了从政府到民间无限的关注和广泛的讨论。

解体后的俄罗斯在国家形象方面的构建实践和困境，向世人展示了"国家形象"这个有机系统的复杂性和主观性。在它的各

① ［俄］普京著，张树华、李俊升、许华等译：《普京文集》（2002—2008），中国社会科学出版社，2008年版，第651页。

组成部分中，能够对国家利益产生负面或正面影响的，能够对国家的软实力产生提升或打击作用的，能够对国家产生“增资”或“负债”效应的，更多的是取决于外部世界在接受到有关这个国家的各种信息之后，生成的那部分印象。这部分国家形象（印象）不一定等同于这个国家的自我认同，或者它自己所期望那种形象，也不一定等同于这个国家的现实情况。不仅如此，有时甚至出现巨大偏差。对于国家形象中的这一部分，国家的主动性构建行为能够对其施加的影响是十分有限的。因为国家作为“源”在发布了“信息”之后，到这些“信息”最终形成外部世界对这个国家的（印象）形象，中间的过程会受到很多因素综合作用的影响，其中包括国家身份、利益因素、历史记忆形象因素、传媒因素、意识形态因素如此等等。

专题探讨

20 世纪西方主要跨国移民理论述评

罗爱玲*

内容提要：由于自近代以来，西方国家在世界体系的形成与发展中占据主导地位，因而作为全球化主要推动力量之一的跨国移民活动在西方国家表现最为突出，西方既是近现代跨国移民的主要输出地，如今又是主要的跨国移民活动目的地，因此西方国家较早就对跨国移民活动进行了关注与考察，并站在自身的立场上，提出了一些重要的跨国移民理论。虽然这些移民理论最初的关注点都是从经济的角度来对个人移民的动机进行分析和探讨，但随着理论的逐步深化以及移民所带来的其他非经济影响日益突出，对跨国移民的研究也从个体拓展到了家庭、社区，从输入国、输出国扩大到了全球。本文拟对西方 20 世纪以来的几个主要跨国移民理论进行评述，以求从中窥探出国际移民研究视角的演变特点与世界经济发展的内在逻辑联系。

* 罗爱玲，上海社会科学院欧亚研究所副研究员。

一

关于现代国际移民与古代移民的根本不同之处，正如马克思所指出，古代的移民是“因为这些国家完全不知道在物质生产方面运用科学”、“生产力不够发展”所致，而现代的移民则完全相反，是生产力增长的结果。[①] 因此，现代跨国移民既是经济全球化的表现和要素，也是进一步推动全球化的主要力量之一，移民的跨国界流动之所以会成为当今全球范围内的一个引人注目的现象，根本原因在于自 1648 年的“威斯特伐利亚”体系确立以来的民族国家原则的存在。也就是说，“威斯特伐利亚”体系在政治上将国家利益和国家主权局限在一定的土地疆域内的同时，因西方的工业革命而形成的世界资本主义经济体系由于其全球性的拓展又将大规模的人口纳入了其发展轨道。所以，因经济全球化而出现的移民跨国界流动和以国家为本位的地缘政治、地缘经济之间不可避免地产生了一定的矛盾和冲突，使跨国移民在具有政治属性的国家和经济属性的市场之间不断地徘徊，并为移居国所排挤与反对，体现为经常成为移居国内各政治派别之间相互竞争时的牺牲品，甚至成为移居国经济形势恶化时的替罪羊。

从根本上说，世界移民的历史就是一部人类不断流动和迁徙的历史，迁移的动因主要有人口的增长、生产力的发展、自然环境的变化，以及战争或国家的建立等。自近现代国际体系建立以来，国际移民进程大致可分为以下几个阶段。第一阶段，资本原始积累时期的跨国移民（1500－1800）：先后以西班牙、葡萄牙、

① 《马克思恩格斯全集》第 8 卷，人民出版社，1963 年版，第 618－619 页；参见丘立本：“从世界史角度研究近代中国移民问题刍议”，《从世界看华人》，香港·南岛出版社 2000 年版，第 1—15 页。

荷兰、法国、英国等最先进入工业化时期的国家为代表，通过征服美洲大陆和非洲，建立了大量的海外殖民地，以便为欧洲日益增长的商业经济提供原材料，同时从欧洲大陆向美洲、非洲殖民地派遣了大量的武装人员、行政官员和传教士担当管理人员，并从非洲贩运了很多黑奴到美洲来弥补劳动力人口的不足，由此而揭开了全球化进程中跨国移民活动的序幕。据估计，到 1850 年为止，运往美洲的黑奴总数高达 1500 多万，为欧洲白人的 4－5 倍。① 第二阶段，欧美工业化时期的跨国移民（1800－1914）：这期间处于欧洲工业化革命的大发展、大扩张时期，由于工业化进程从欧洲大陆扩展到了以美洲为主的欧洲国家海外殖民地，所以在经济因素的推动下，出现了国际移民史上的第一次大规模迁徙浪潮，移民活动的构成主要以欧洲人为主，尤其是以最早进入工业化高潮的英国人为主，其次是来自德国、意大利、波兰、俄罗斯、西班牙和葡萄牙等国的移民。据美国社会学家 Massey 的统计，1846—1924 年间，共有 4800 万欧洲人向外移民，约为欧洲 1900 年总人口的 12％，其中英国向外移民占 1900 年英国人口的 41％，挪威占 36％，葡萄牙占 30％，意大利占 29％，西班牙占 23％，瑞典占 22％，丹麦占 14％，瑞士占 13％，芬兰占 13％，奥匈帝国占 10％，德国占 8％，比利时占 3％，俄罗斯和波兰各占 2％，法国占 1％。② 其移民的目的地主要集中于美国、加拿大、澳大利亚、新西兰和阿根廷，其中仅美国就吸纳了移民总数的 60％。③ 第三阶段，两次世界大战期间的跨国移民（1914

---

① R. T. Appleyard, *International Migration: Challenge for the Nineties*, Geneva, IOM, 1991.

② Douglas S. Massey, Patterns and Process of International Migration in the 21st Century, 2003；转引自丘立本："国际移民的历史、现状与我国对策研究"，《华人华侨历史研究》2005 年第 1 期。

③ Douglas S. Massey etc., *Worlds in Motion: Understanding International Migration at the End of the Millennium*, Oxford: Clarendon Press, 1988, pp. 1－2.

—1950)：这期间资本主义内部危机全面爆发，出现了1914—1918年和1937—1945年的两次世界大战，20世纪30年代严重的经济危机以及战后亚非拉殖民地半殖民地国家的民族解放运动，加之以美国为首的已经完成了民族国家建构的移民国家开始对移民数量进行限制，因此类似于第二阶段因经济因素驱动的跨国移民数量大为减少，取而代之的是因战争需要而具明显政治特征的移民活动，如一战期间英国、法国就从欧洲和他们的殖民地甚至中国征集了近50万劳工为其军事后援，二战期间法西斯德国从其占领的国家强行征集了750万外国劳工，[①] 二战后因大批劳工返回祖国以及一批新国家产生而导致的人口跨界流动。第四阶段，经济全球化快速发展时期（1950至今）：这期间的跨国移民活动完全颠覆了之前的特征，首先是移民的来源地不再是欧洲大陆，而是转移到了广大的第三世界发展中国家。与第二阶段工业化时期移民从人口稠密的工业化国家和地区流向人口稀少的正迈进工业化的国家和地区所不同的是，这次的移民活动是从人口稠密、处于工业化发展阶段的国家和地区流向人口同样稠密的后工业化国家和地区，即从广大的发展中国家流向了以欧美为代表的发达国家，因此该阶段的跨国移民活动可称之为后工业化时代的跨国移民。在工业化时期，由于其生产体系特征是以大规模的制造业和工业产品为代表，因此对移民的知识和技能要求不是很高，而在后工业化时期，由于欧美等发达国家的产业体系已经升级，从制造业迈向了以资本和知识密集型企业为主要特征的经济发展阶段，所以这些发达国家（也是当今跨国移民活动的主要目的地）一方面在将本国低端劳动力排除在资本和知识经济领域之外、造成一定失业率的同时，由于出生率低和老龄化问题，还是需要大量外来移民的补充，但这时国家政府处于整个国家经济利

① 丘立本："国际移民的历史、现状与我国对策研究"，《华人华侨历史研究》2005年第1期。

益和整体发展的考虑，只愿意接纳高技能的外来移民，因而开始采取种种移民限制措施，从而导致非法移民问题的出现。

对于跨国移民活动在不同阶段呈现出来的不同特征，经济学家、社会学家、人类学家、政治学家和历史学家都从不同的学科背景进行了各种各样的分析与解读，如人类学家研究的是移民带来的网络与跨国社会空间问题，社会学家和经济学家关注人力资本与移民定居后的社会融合问题，政治学家考察的是移民对国家主权和公民身份的影响，人口学家就移民对输出国和接收国的人口影响进行研究等等。最先对现代移民问题进行考察的是英国地理学家埃内斯特－乔治·莱文斯坦（Ernest－George Ravenstein），他于1885－1889年间发表了《移民的规律》（The Laws of Migration）一文，试图通过对19世纪的欧洲移民状况进行简单的梳理和描述，来对移民的迁移规律进行总结，他认为：人口迁移并非完全盲目无序流动，而是遵循一定的规律。左右人口迁移的动力，是推拉因素作用的结果，“推力”是指原居地不利于生存、发展的种种排斥力，如战争、动乱、天灾、生态环境恶化等对某地区具有普遍性影响的因素，或是某一小群体遭遇的意外或不幸；“拉力”指移居地所具有的吸引力，它既可是大量呈现的新机会，也可是仅仅对于某一小群体的特殊机遇。[①] 莱文斯坦的推拉模型为当今移民研究奠定了基本的理论基础和框架，二战后以“新古典经济学派”为代表的一系列移民研究范式的出现，方可称得上真正的移民理论。

① E. G. Ravenstein, “The Laws of Migration,” *Journal of the Royal Statistical Society*, 1885－1889, Issue 48, pp. 167－227 and Issue 52, pp. 241－301.

二

（一）新古典经济学移民理论（Neoclassical Economics）

该理论直接脱胎于W. 阿瑟·刘易斯“利用无穷劳动力资源来促进经济发展”的模型。[①] 该发展模型提出的移民在其中扮演重要角色的“双重经济”也许是最具有理论气质的移民思想。所谓“双重经济”指的是后殖民环境下的发展中经济，它包括一个与外部世界联系的现代部门以及一个依赖自然农业的传统部门。当现代部门要发展的时候，它便从边际效益为零的传统部门吸引走一部分劳动力。刘易斯曾作过这样的估计：当两部门的工资差距在30％左右时，就足以将劳动力从一部门吸引到另一部门。[②] 现代部门在获得源源不断的劳动力供应来源后，便有了在维持低工资的情况下求得发展、获取高额利润的可能。而对于传统部门，向外移民则是其解决剩余劳动力，使生产功能向高投入一产出比发展的唯一途径。在以刘易斯为代表的新古典主义移民理论流派看来，移民是经济发展的一个关键机制，因为它开发了经济差异所蕴涵的发展潜力，而且无论是传统部门还是现代部门，无

① W. A. Lewis, “Economic Development with Unlimited Supplies of Labour,” *Manchester School of Economic and Social Studies*, 1954, Issue 22. 该理论的其他代表人物包括：G.. Rainis and J. C. H. Feid（“A Theory of Economic Development,” *American Economic Review*, 1961, Issue 51.）, Larry A. Sjaastad（“The Costs and Returns of Human Migration,” *Journal of Political Economy*, 1962, Issue 705.），以及M. P. Todaro（“A Model of Labor Migration and Urban Unemployment in Less Developed Countries,” *American Economic Review*, March 1969; *Internal Migration in Developing Countries*, Geneva: International Labor Office, 1976.）

② 华金·阿朗戈：“移民研究的评析”，《国际社会科学杂志》（中文版）2001年第3期。

论是输出人口还是输入人口，全都从移民活动中获益匪浅。

该理论将微观的个人取舍同宏观的结构因素这两种视野有效地结合起来进行考察，即从国家间工资收入水平的高低、就业条件的差异以及移民成本的角度来分析跨国移民活动的产生动因。

在宏观层面，它考察的是相对价格差异形成的生产要素的地域分布，① 认为当劳动力和资本在地域上分布不均时，移民活动就会出现。根据该理论的观点，各国由于地理条件的不同而具有不同的劳动力需求和供给特征：在劳动力资源禀赋相对高于资本禀赋的国家，市场工资就会比较低，反之，劳动力资源禀赋相对低于资本禀赋的国家，市场工资就会比较高，于是人口就会从劳动力充裕但工资较低的国家和地区向劳动力短缺但工资较高的国家和地区。人口的如此流动在短期内会促成生产要素在地域上的重新配置，譬如移民流出国劳动力供给的减少以及工资水平的上升，而移民流入国由于劳动力增多则导致工资水平下降，长此以往还会拉平国家之间的工资差距。进而缩小或消除国家间的经济差距，因为在理想状态下，人口从劳动力富裕国家向劳动力稀缺国家的迁移带动了投资资本从资本充裕国家向资本稀缺国家的反向流动，而在资本相对稀缺的贫穷国家进行投资能够很容易地获得较高的回报率。② 这里的资本流动包含了人力资本的流动，因为高技能工人、职业经理、技师等专业人士在人力资源相对稀缺国家获得的回报会更高。在这里，新古典经济学理论将普通劳动力移民与具有一定知识和技能的人力资本的跨国流动进行了区分，并成为当代世界多数国家制定移民政策的主要理论依据之一，联合国提出的通过减少发展中国家与发达国家之间收入与经

① G. Ranis and J. C. H. Fei, "A Theory of Economic Development," *American Economic Review*, 1961, Issue51, pp. 533 — 565; M. P. Todaro, *International Migration in Developing Countries*, Geneva: International Labor Office, 1976.

② Mohsen M. Mobasher (ed.), *Migration, Globalization, and Ethnic Relations: An interdisciplinary approach*, Pearson Education Inc. 2004, p. 4.

济发展水平的差异，以减少南北之间的跨国移民数量和规模的观点也主要来源于此。

从微观角度来看，它将移民活动视为人们为了获取收入效应的最大化而发生的个人行为，即人们为了使自己的收入最大化，就会从低工资国家迁移到高工资国家。个人的理性因素决定了其移民行为，因为一旦个人通过成本一收益的计算得出移民产生的预期净收益为正，则会采取迁移行动。从另一方面来说，跨国移民也是对人力资本的一种投资，因为具有跨国迁移意向的行为人会通过对其技能的估算来选择最适合其迁移的目的地，不过在此之前必须作出一定的投资，比如旅行成本、迁移及在迁移目的地寻找工作过程中的一系列生活、语言及心理适应等成本。这个成本与收益的预期计算过程可从下列公式中得出：①

$$ER(0) = \int_0^n [P_1(t)P_2(t)Y_d(t) - P_3(t)Y_0(t)e^{-rt}dt - C(0)$$

在上述公式中，ER(0)表示行为人在迁移前（该时间为 0）计算出的预期净收益；$P_1(t)$表示行为人在移居地避免被驱逐出境的可能性（若为 1.0 则是合法移民，<1.0 则为非法移民）；$P_2(t)$表示行为人在移居国就业的可能性；$P_3(t)$是行为人在母国就业的可能性；$Y_0(t)$表示行为人在母国就业的收入，r 代表贴现系数（discount factor）；C(0)代表移民所产生的总成本（包括心理成本等）。若 ER(0)的数值为正，行为人就会选择移民；若 ER(0)的数值为负，行为人就会选择不移民；若 ER(0)的数值为零，则行为人就会对移民与否无所谓。在该理论中，具有移民意向的行为人最终会选择向预期净回报率最高的国家和地区移民。

---

① Mohsen M. Mobasher (ed.), *Migration, Globalization, and Ethnic Relations: An interdisciplinary approach*, Pearson Education Inc. 2004, p. 5.

该理论的主要观点可归纳如下：（1）劳动力的跨国迁移完全是其基于对就业和收入的充分估算而作出的个人理性选择；（2）迁移的根本动因是国家间存在着工资收入水平的差距，差距越大，则迁移的数量和规模就越大；（3）一旦国家间工资收入水平的差距得以消除，劳动力的跨国迁移就会停止下来；（4）具有一定知识和技能的人力资本的国际性流动主要基于资本回报率的高低，劳动力的人力资本特征越突出，在移居国找到工作的可能性就越高，获取的收益也会相应地增加，因此劳动力的个人条件如教育、经验、语言水平等在增加劳动力跨国迁移的可能性的同时，也会减少迁移所带来的有形或无形的成本付出；（5）劳动力市场是促使劳动力跨国流动的主要结构性因素，其他市场因素的影响都没有如此明显；（6）政府对跨国移民流动的管理应该是以对移民输出国和接纳国的劳动力市场进行管制和影响为主。

新古典经济学移民理论盛行于 20 世纪六七十年代以及 80 年代的前五年。在那期间，全球经济处于高速增长阶段，经济活动日益全球化，经济移民成为最突出的移民活动，同时方兴未艾的第三世界非殖民化运动使民族经济也如火如荼，这一切使国内和国际移民越发活跃。在这 25 年里为各种移民理论作出重要贡献的都是些经济学家，可以说既符合了那个时代的潮流背景又反映了那个时代的大气候和移民流的具体特征，即以经济移民为最，其他类型的移民在规模上远远不及求富裕的本能所酿成的移民大潮。20 世纪 70 年代中期以后，跨国移民无论性质和特点都发生了与以往不同的变化：移民越来越全球化，亚非拉等发展中国家和地区已经取代欧洲成了主要的移民输出地；移民的成分也越来越复杂，除了之前的经济型移民，以改变身份为目的的新型跨国移民现象越来越突出；各移民输入国对外来劳工逐渐采取了五花八门的限制性入境政策后，非法移民又开始大行其道。所有这些新的变化使新古典经济学移民理论陷入了困境：首先，按照新古典经济学派的理论，今天的跨国移民数量应该比以前大得多，因为在当今，发达国家与发展中国家间在国民收入、工资和福利待遇上的差距都越来越大，而移民数量却没有相应地增加，这说明经济差距只是促使跨国移民行为发生的一个重要原因，而非充分条件；其次，按照该学派的逻辑，跨国迁移的规模和数量应该与移民输出国和移民输入国之间的经济差距成正比，但当今的跨国移民现状却并未按照这一逻辑运行；第三，该学派认为跨国移民会逐步消除移民输出国和输入国之间的生活福利差距，且当两国间的工资差等于迁移成本时，移民活动就会停止，而现实情况也与此并不吻合。以欧盟为例，它对其 27 个成员国之间实行的是人口自由流动原则，且各成员国之间也存在一定的差距，但它们之间的劳动力流量却不大，相反，外来劳动力大部分都来自于非欧盟成员国，而欧盟各国对来自这些非欧盟成员国的劳动力移民却采取了各种限制性措施。这说明了两个关键问题：第一，移民的动力取决于一国国民的绝对收入或福利水平，当福利达到一定水平后，这种外迁的动力就会减弱；第二，新古典经济学移民理论只适用于跨国迁移相对自由宽松的时代，尤其适用于受限制较少、文化适应比较容易的国内移民。总之，该学派的最大缺陷在于只是简单地挪用了经济学中关于相对价格如何造成生产要素流动的理论，而忽略了对政治与社会文化因素的考虑，以至于当世界各国都对外来移民入境采取限制性政策后，它就开始失效。可见，在跨国移民的输入与输出问题上，政治与社会因素的作用要远远大于国家之间的工资差距。

（二）新经济学移民理论（The New Economics of Migration）

其代表人物是奥德·斯塔克（Oded Stark）。[①] 本质上，该

---

① 其代表作：*The Migration of Labor*，Cambridge：Basil Blackwell，1991。其他代表人物及其代表作有：O. Stark & J. E. Taylor，"Relative Deprivation and International Migration，" *Demography*，1989，Vol. 26，No. 1；J. Mincer，"Family Migration Decisions，" *Journal of Political Economy*，1978，Vol. 85，No. 5。

理论是对新古典经济学理论的内部修正，因为它与新古典学派都有一个共同的基调——强调移民活动是行为人为了追求效用最大化而做出的理性选择。所不同的是，它将追求效用最大化的主体从个人延伸到了家庭，同时将移民活动放置于整个广泛的市场体系中来进行研究，而不再仅仅局限于狭窄的劳动力市场。

首先，它将移民行为看作一个家庭为将收入风险减少到最低限度，如稳定的就业机会、获得资本来从事企业活动的机会以及从长期着眼应对风险的需要而做出的集体决断，[①] 它往往意味着一个家庭争取收入和生存机会最大化的战略。在这里，是整个家庭而非个人根据对整个市场体系的判断来对家庭的劳动力资源进行合理分配，如哪位家庭成员适合参与当地的经济活动，哪位成员适合参与国外的经济活动，这样一旦国内的经济条件恶化、收入减少时，就可以依赖在国外工作的家庭成员的移民汇款来支撑整个家庭。在发达国家，由于市场体系的规范和社会保障体系的完善，家庭收入减少的风险可以通过私有化的保险市场、信贷市场或国家社保体系来加以规避，但在发展中国家，由于缺乏完善的农作物保险市场、期货市场、失业保险市场以及资本市场，促使人们将移民活动视为规避家庭收入风险的渠道之一。在此，移民的驱动力是出于规避家庭收入风险的考虑而非国家间的工资差异，即使国家间不存在工资差额，也会发生移民活动，若移民输出国的市场不完善、收入分配不均，移民活动照样会发生。可见，移民输出国经济发展的高低有助于减少向外移民的压力。

其次，移民活动所追求的收入效用最大化也不再具有绝对性，而是在跟移民所在社区的参照群体进行比较后作出的理性决定，即移民行为是一个家庭在跟社区周围的其他家庭进行收入比较产生了“相对贫困感”后才决定的。也就是说，同样的收入水

① 斯蒂芬·卡斯尔斯：“21世纪初的国际移民：全球性的趋势与问题”，《国外社会科学杂志》（中文版）2001年第3期。

平对处在不同收入分配点和居住在收入分配标准不一样的社区家庭的影响也是不同的。另外，政府关于收入分配的经济政策措施也会改变家庭的相对贫穷感，从而削弱他们的移民积极性，即使移民输出国政府提高了平均收入分配的水平，但如果相对贫困家庭没有从这提高了的平均收入分配中获得好处，其移民的决心也不会停止。

在斯塔克和泰勒看来这种家庭收入的“相对贫困”可用以下公式进行表述①：

假设 F(y)代表累积的收入分配（cumulative income distribution），y 表示有移民意向的家庭收入，h[1－F(y)]表示该家庭在进行收入比较后产生的不满意度(h[1－F(y)]represents the dissatisfaction felt by a household with income y from not having an income that is slightly higher than y(i. e. , y＋⊿)，则代表相对贫穷的 $RD(y)=\int_{y}^{ymax}h[1-F(z)dz$。

这里，ymax 表示该家庭所属社区内的最高收入，而 h[1－F(y)=1－F(y)需要满足两个条件：家庭收入相对较高的家庭比例要大于 y，另外这些社区内的高收入家庭与有移民意向的家庭的收入分配有一定的差异（the average difference between these higher household incomes and y)。假设在同一个社区里，富裕家庭的收入增加，而另一家庭的收入却未发生变化，则家庭的相对贫穷感就会加强，即使该家庭的日用开支并未受到影响，他们也会加入移民活动的队伍，通过让家庭成员到国外工作来弥补这种相对贫穷感。

总之，该理论主要关注的是移民输出国一方造成移民的原因，以及移民与周围环境的互动关系。由此可以推演出这样一个结论：移民既是发展的结果，又是发展的动因。发展导致移民，

---

① O. Stark & J. E. Taylor, “Relative Deprivation and International Migration,” *Demography*, 1989, Vol. 26, No. 1, pp. 1－14.

因为经济与教育两个方面的进步使人们有能力离乡去国，谋求改善生活的机会，而随着国内收入增长，移民数量往往下降。[①]

通过上述的分析可以发现，新古典经济学移民理论与新经济学移民理论都属于微观层面的行为决定模型，不过两者也存在以下几个方面的差异：首先是关注的源头有所不同，前者从移民输出国的角度来分析根源，后者则是移民接受国的角度；其次是行为决定的主体不同，前者是个人的理性选择，后者是整个家庭的理性选择；第三是作出决策的参照背景不同，前者是在完备而成熟的市场体系下追求个人收益的最大化，后者是在功能不完全的市场体系下尽量将家庭收入风险减少到最小值。

（三）双重劳动力市场理论（Dual Labor Market Theory）

与前两个跨国移民理论相反，双重劳动力市场理论主要从移民接收国的劳动力市场结构来对移民的原因进行宏观考察，也就是将移民行为与现代产业经济条件下的结构性需要联系起来进行分析。该理论的代表人物是迈克尔·J. 皮奥里（Michael J. Piore）。[②] 皮奥里认为，移民并非输出国的推力因素（如低工资或高失业率等）促成，而是接收国的拉力因素（如对外籍劳工的长期需求）引起的。由于以欧美为代表的先进工业化国家存在着劳动力市场结构的分层化，因此需要外来劳工来填补本国劳动力不愿从事且妇女儿童也不宜再从事的工作岗位（这些工作岗位通常具有报酬低、不稳定、技术要求不高且危险等特点），正是这一劳动力的结构性需求导致了国际移民活动的发生。

发达国家之所以存在上述不稳定且报酬低的工作岗位，在于

---

① United Nations Working Group on International Migration，1998.

② 其代表作：*Birds of Passage*：*Migrant Labor in Industrial Societies*，Cambridge：Cambridge Univ. Press，1979。其他代表性人物为：D. S. Massey & J. Arango etc.，*Worlds in Motion*：*Understanding International Migration at the End of the Millennium*，Oxford：Clarendon Press，1998。

其经济被分割成了两个不同的部门——高效率、资本密集型的主要部门和低效率、劳动密集型的次要部门，正是这种分层导致了劳动力市场的层次化。而且劳动力市场的这种分层化即使运用正常的市场机制也无法消除，因为倘若提高了最低级劳动岗位的工资报酬，那么为了维护整个等级结构，上面岗位的报酬也要相应提高，从而会造成结构性的通货膨胀。同时，发达国家对低端劳动力的结构性需求也无法像过去那样由妇女和童工来填补，因为发达国家的出生率已经越来越低，法制的健全使得童工不再那么容易获得，而且妇女受教育程度越来越高，她们的认同场所也从家庭转移到了职业领域，因此从事次要部门工作的比率越来越少。在发达工业化国家，工资不仅反映供需状况，也体现了一个人的社会地位和名望。所以一方面，发达国家的工人认为从事次要部门的工作不但有伤脸面，而且向上流动的机会太少，因此不愿进入次要部门；另一方面，来自低收入发展中国家的劳工移民，愿意接受这种相对低报酬的次要部门工作，因为工资再低，也比在母国时挣得多。从这个角度来看，该理论有效地解释了发达国家多年来存在的怪现象：一方面对外来劳工有着很强的结构性需求，另一方面又维持着较高的失业率。

但单纯从需求一方来研究跨国移民现象的双重劳动力市场理论与单纯从供给一方来看待跨国移民现象的新经济学理论都只是唯见树木不见森林的理论，因为发达国家招募外国劳工的措施根本不是造成当今跨国移民活动的唯一原因，往往是先出现移民现象，形成了供给后，才产生岗位需求，即先有人后有职。

（四）世界体系理论（World Systems Theory）

与双重劳动力市场理论一样，世界体系理论也从宏观的社会过程入手，认为存在着发达工业化国家一些部门对低工资劳动力的结构性需求，但该理论认为这种结构性需求并不是导致跨国移民的根本动因，相反，它把移民活动视作经济全球化的发展以及市场体系跨越了民族国家边界并不断拓展的一种自然结果，是资本主义的全球渗透给经济欠发达国家带来的混乱造成的，即经济发达的中心国家对欠发达的外围边缘国家的资本和原材料压榨是导致跨国移民的原因，国际体系的不平等或不均衡促成了跨国移民的产生。可见，该理论将研究的视角从国内市场延伸到了全球市场。

而该理论的基石则是著名的历史社会学家伊曼纽尔·沃勒斯坦（Immanuel Wallerstein）于 20 世纪 70 年代中期提出的“现代世界体系学说”。① 沃勒斯坦当今这个让欧洲称雄的世界体系形成于 16 世纪，并由核心国家、周边地区和外围地区三个同心圆组成。而以萨森（Sassen）、波蒂斯（Portes）和马塞（Massey）为代表的一批学者便从沃勒斯坦的世界体系说出发，依据历史结构论的观点对跨国移民进行了解释：跨国移民现象的实质，在于资本主义生产方式由核心国家向周边、外围地区的扩展，其中以跨国公司为主体的外国直接投资在这个扩展过程中发挥了关键性的作用。为了抵消由于本国工资上涨造成的利润下滑，并攫取额外利益，核心国家的公司和企业开始将生产经营活动向周边和外围地区扩展以获取廉价的土地、原材料和劳动力。② 这种渗透是以农业的现代化和商业化进行的，它导致周边和外围地区的传统生产方式被资本主义的生产方式所取代，其中

---

① Immanuel Wallerstein, *The Modern World System: Capitalist, Agriculture and the Origins of the European World－Economy in the Sixteenth Century*, New York: Academic Press, 1974. 世界体系理论的代表人物和代表作有：A. Portes and J. Walton, *Labor, Class and the International System*, New York: Academic Press, 1981; S. Sassen, *The Mobility of Labor and Capital: A Study in International Investment and Labor Flow*, Cambridge: Cambridge Univ. Press, 1988; D. S. Massey & J. Arango etc., *Worlds in Motion: Understanding International Migration at the End of the Millennium*, Oxford: Clarendon Press, 1998。

② D. S. Massey & J. Arango etc., *Worlds in Motion: Understanding International Migration at the End of the Millennium*, Oxford: Clarendon Press, 1998.

农业和制造业领域受到的冲击最为严重，出现了许多因失业而生活没有着落的工人。这部分剩余劳动力被迫转移到城市里生产率极低的传统第三产业，一个无根无系、随时准备飘洋过海的无产者阶层于是产生。这些无产者由此被吸纳到了核心国家，而交通与通讯条件的改善则为这一吸纳过程提供了便利，这可以说是当初核心国家为了方便与外围和边缘地区的商业联系而建立的交通与通讯联系所产生的一个副产品，只不过跨国移民这一副产品的流向与商品和资本的流向正好相反，前者是从外围到核心，而后者却是从核心到外围。无产者到了核心国家后，则主要从事廉价劳动，被人赚取高额利润，如此循环往复，跨国移民作为全球劳动力的供应体系不停地运转着。[①]

世界体系理论虽然不是一个完全的专门研究移民的理论，但它可以帮助我们了解为什么从前的宗主国和殖民地之间在今天易于形成移民的输入和输出关系的本质原因以及造成移民现象的某些发展机制。在该理论看来，所谓的跨国移民不过是强权的“人质”，是资本原始积累麾下的世界进程的抵押品。[②] 移民是资本主义发展过程中的一种再分配现象，是资本主义经济关系渗透到边缘地区的非资本主义国家后导致的人口流动，因此它是一个必然要发生的结果。[③] 同时资本主义世界体系的扩展在核心国家和外围国家之间也建立了文化上的联系，如塞内加尔人学法语、使用法郎作为交易货币，印度和巴基斯坦人学英语、接受英式教育，以及墨西哥人模仿美国的消费方式等等。核心国家语言、文化与消费方式在外围和边缘地区的影响，以及交通、通讯的便利

① S. Sassen, *The Mobility of Labor and Capital: A Study in International Investment and Labor Flow*, Cambridge: Cambridge Univ. Press, 1988.

② 华金·阿朗戈：“移民研究的评析”，《国际社会科学杂志》（中文版）2001 年第 3 期。

③ Mohsen M. Mobasher (ed.), *Migration, Globalization, and Ethnic Relations: An interdisciplinary approach*, Pearson Education Inc. 2004, p. 13.

为跨国移民前往核心国家提供了渠道。而核心国家全球性城市的存在更是增加了对来自外围地区跨国移民的拉力。核心国家具有代表性的城市如美国的纽约、芝加哥、洛杉矶和迈阿密，欧洲的伦敦、巴黎、法兰克福，亚洲的东京、大阪和大洋州悉尼等。这些全球性城市吸纳了大量的资本和高技能、高水平的知识性人才。虽然重工业生产已经从这些全球性城市转移出去，转而以电子信息、生物、金融等行业为主，但在服务领域（如家政、酒店等）却对低技能的劳动力存在着大量的需求，全球性城市的这种双重劳动力市场结构决定了它们对高端劳动力和低端劳动力的需求都很旺，而对中端劳动力的需求就相对要少些。不过由于核心国家本土的低技能劳动力出于面子的考虑不愿意进入低端劳动力市场，于是这些低端行业只能将目光投向外来移民。

从上述分析中可以看出，世界体系理论认为跨国移民的流动遵从了全球市场扩张的政治与经济逻辑，表现在：

（1）跨国移民是资本主义市场在发展中国家形成后的一个自然结果，而全球经济对边缘地区的渗透则是导致人口国际流动的催化剂，所以跨国移民与国家间的工资差距和就业状况没有直接的关系，而是与全球经济的结构相关，即商品、资本和信息的国际流动，必然推动国际人口迁移，因此跨国移民潮是市场经济全球化的直接结果。

（2）劳动力的跨国流动与商品和资本的国际性流动是同时进行的，只不过流动的方向与商品和资本是相反的。以跨国公司为主体的核心国家对边缘国家的直接投资使边缘国家出现了大批无根无系的无产者的同时，核心国家与边缘国家之间又因经济活动而具有了很强的物质与文化联系，进而导致人口的跨国流动。因此，跨国移民与近现代世界体系形成时期殖民宗主国与殖民地国家之间因文化、语言、投资、交通等联系而构成的一定范围内的跨国市场和文化体系密切相关。

（3）既然跨国移民根植于市场经济的全球化，那么影响移民流量的根本之道就应该是对跨国公司的海外投资活动进行管制，同时限制资本和商品的国际流动。可在现实生活中，却很难进行这样的管制，因为它会引起国际贸易争端、使世界经济陷入衰退，甚至会出现这样一种情况，即核心国家为保护其跨国公司在相关边缘国家的经济利益而不惜动用武力进行干涉，但这同样会产生另一种形式的移民活动——难民。

可见，世界体系理论只是为具体的国家间的移民关系作了个背景性的勾画与描述，而不能对当今多样化的移民形态提供具体的解释。

三

随着对移民研究的深入，在上述几个主要理论的基础上，又陆续衍生出了一些新的跨国移民理论，其中最典型的当数移民网络（Migration Network）与累积效应说（Cumulative Causation）和移民系统理论（Migration Systems Theory）。

（一）移民网络与累积效应说[①]

该学说的产生主要得益于西方国家在 20 世纪下半叶以来实行的为“家庭团聚”开绿灯的移民政策。该政策由于促进了网络的延伸而产生了一种“移民增殖效应”，西方学者由是提出了该观点。此论认为，网络是实现移民的中介，是移民最重要的原因之一。移民网络的存在与否对各国人口国际迁移状况具有较大的影响，移民网络一旦形成，便具有了“乘法效应”，使移民过程

---

① 移民网络说的代表人物和代表作主要是：D. S. Massey & J. Alarcon etc., *Return to Aztlan: The Social Process of International Migration from Western Mexico*, Berkeley and Los Angeles: University of California Press, 1987。

获得自行发展的内在机制，像滚雪球一样越滚越大，因为移民网络形成后，移民获得的信息会更准确、更容易传播，而且这种网络还可以提供各种形式的援助，如助人钱财、代谋差事、提供住宿等，从而降低了移民的成本和风险，使得移民潮得以持续。[①]这里的移民网络是指由血缘、乡缘和情缘等纽带构成的一系列人际关系的组合，它在移民活动中扮演了一种“资本”的角色，尤其是在各移民输入国不断收紧移民政策的今天，这种网络的重要性也就越来越大。每一个网络的形成都是在为以后的移民活动牵线搭桥，成为后来者可以利用的社会资本，而新的移民活动也会进一步导致网络的扩展。

同时，移民的行为能够使社会现实发生改变，并进一步造就新的移民。而由移民造成并反过来引起新移民的一系列机制中，除了移民网络的扩大这一重要因素外，还包括：移民输出地区的相对贫困、移民文化的发展、不合理的人力资源分布、移民所从事的工作在其移居国被贴上社会标签并为移居国的本土工人所贱视等。而一旦这种反馈机制形成后，就会以其自身的逻辑进行运转，如一提到菲律宾移民，就会情不自禁地想到他们所从事的以女性为主的保姆职业。

该理论使移民研究的视野转到了个人决策的微观层面与社会结构的宏观层面之间，充分利用了社会学的研究成果。它虽然不能解释移民最初发生的原因，但却有助于说明移民活动持续不绝的状况，有助于对未来的移民动向进行预测。

① D. S. Massey & J. Arango etc., *Worlds in Motion: Understanding International Migration at the End of the Millennium*, Oxford: Clarendon Press, 1998, pp. 42—43.

(二) 移民系统理论①

该理论可以说是世界体系理论和移民网络说的补充和延伸，它认为跨国移民活动不仅是特定经济关系的产物，也是特定政治、文化和历史的产物，它与商品、资金和信息在特定地域的流动有着密切的联系，因此其流向具有显著的地域特征。在全球化背景下形成的若干相对独立的“国际移民体系”② 都与移民输出国和输入国之间在殖民时期就已形成的复杂关系有关，如印度、巴基斯坦和牙买加人移民到英国，阿尔及利亚人移民到法国等，都与此前殖民统治所形成的政治、经济与文化关系紧密相关。这里的“移民系统”实际上是一种空间概念，它包含了一组移民输入国与一些移民输出地区之间相对稳定的关系，并因这种关系而产生了后续的大规模移民。该理论认为移民系统存在着宏观和微观的双重结构：宏观结构是指世界政治经济、国际关系以及政府的移民政策与法律制度；微观结构是指移民链，即移民网络，它有助于移民风险与成本的降低，使移民过程变得更为安全、稳妥。

从上面的分析可以看出，对跨国移民活动的研究始于经济动因的分析，并逐步扩展到了社会与政治领域的宏观与微观考察。这其中，关于跨国移民活动的新古典经济学移民理论、新经济移民理论以及双重劳动力市场理论均属于强调经济因素的古典和新古典主义的“均衡”范式，认为人口流动是由物质资源分布不均衡引起的，通过移民则可以使经济要素在地域间形成新的平衡。世界体系理论则属于“结构—历史—功能主义”范式，认为人口

① 该理论的代表人物和代表作主要是：M. Kritz，L. L. Lim and H. Zlotnik，*International Migration Systems：A Global Approach*，Oxford：Clarendon Press，1992。

② 目前主要有北美移民体系、欧洲移民体系、波斯湾移民体系、亚太移民体系以及拉美南角移民体系等五大国际移民体系。

流动并非完全由物质资源分布的不均衡所导致，而是与一系列的传统、结构与历史因素有关。这种范式带有功能主义的色彩，人口的流动被视为对特定结构的回应，跨国迁移的结果最终满足了结构的某种需求。移民网络说、累积效应说是在借鉴了吉登斯、布迪厄等人的社会学理论成果的基础上提出的，属于“主体—实践”范式，该范式强调移民也是一个完全的、能动的社会主体和政治主体，他们随时都在以自己的“实践”来创造新的东西，而非完全为“结构”所规定的行为者，[①] 即移民本身即在参与迁移的过程，同时强调非经济因素对移民迁移的影响。移民系统理论可以说是一种综合取向，认为应该综合考虑经济因素与非经济因素对移民的促动作用。

21 世纪后，随着全球化的不断深入，移民对其移居国家的政治与文化影响日益突出，同时移民输出国政府也逐渐加强了对其海外移民团体的重视与动员，因此西方学术界对跨国移民问题的研究开始从经济与社会学方面进一步拓展到了对移民的认同问题以及以移民为代表的族裔政治等政治学领域。因为通过历年的研究与考察，西方学术界已经意识到，除了经济、社会与文化因素外，跨国移民问题产生的另一根源还必须到政治领域去寻找，正是由于因经济全球化而出现的移民跨界流动和以民族国家为本位的世界政治体系之间的矛盾和冲突，才使得跨国移民在具有政治属性的国家和经济属性的市场之间不断地游走与徘徊。

① 钟涨宝、杜云素：“移民研究述评”，《世界民族》2009 年第 1 期。

新中国成立以来华侨华人与国家建设和国家成长

郭中军*

内容提要：华侨华人①研究在国际学术界属于移民学的范畴。国内学者对华侨华人与中国关系的研究较多集中在经济发展、祖国统一、软实力增强等视角，较少论及华侨华人对中国政治发展和国家成长的作用与影响。笔者认为，作为一个独特的政治群体，华侨华人在中国国家建设中具有举足轻重的战略地位，尤其是在1949年新中国成立以来，华侨华人在中国国家建设和国家成长中起着不可估量的推动作用。因而，从政治学的视角考察1949年以来华侨华人在国家成长中的地位与作用，具有重要的理论意义。

---

* 郭中军，上海社科院当代中国政治研究中心助理研究员，博士。

① 这里的华侨华人泛指在海外的华侨、华人，归国华侨。

一、华侨华人是国家建设中的重要力量

19世纪中叶，西方强国对清王朝的侵略战争使中国开始了“外源型”现代化进程，与此同时，中国也由一个古老的封建王朝向现代的民族国家转型。如果说早期的洋务运动尚处于一种技术层面的改良，那么随后的君主立宪运动、辛亥革命、社会主义思潮则已经深入到了国家制度层面的重构。在内忧外患面前，海外华侨华人心系祖籍国，纷纷通过捐钱、捐物、出人等各种方式支援中国反帝反封建的民族民主革命，为国家制度重构和民族国家建立作出了卓越贡献。

（一）投资办厂，发展实业

华侨华人在国内积极投资办厂，发展实业，促进了中国民族资本主义发展和市民社会的孕育。1872年，陈启沅在广东南海创办继昌隆缫丝厂，是华侨在国内投资的先声。据统计，1919—1927年，华侨投资企业5904家，金额1.67亿元；1927—1937年，华侨投资出现高潮，投资企业12253家，金额2.50亿元。[①]华侨华人在国内的投资设厂不仅带来了西方先进的技术设备，而且还引入了资本主义的管理理念，促进了生产力的发展，为国家制度建构奠定了社会经济基础。

（二）兴办学校，开启民智

随着民族危机的加深，华侨华人意识到，现代国家的建立，除了投资办厂之外，还要学习西方先进的科学文化技术，大力发

① 林金枝：《华侨华人与中国革命和建设》，福建人民出版社，1993年版，第94页。

展国民教育。1872 年，中国留美学生容闳在广东省香山县南屏乡集资创办了“甄贤社学”（现为珠海市南屏学校）。19 世纪末，广东、福建两省先后出现华侨捐资、集资创办或助办的书院和书塾。从 1912 年到 1949 年，华侨捐资办学进入一个重要发展时期，不仅为祖国家乡创建了一批文化教育阵地，也为国家制度重构培养了一大批骨干和人才。著名爱国华侨陈嘉庚以个人的财力在辛亥革命后的十余年内办起了从小学到大学的完整教育体系。他认为教育是民主共和推行的先决性条件，是现代化的基础性工作。在《1919 年 7 月筹办厦门大学附属高等师范通告》中，他说道：“专制之积弊未除，共和之建设未备，国民之教育未遍，地方之实业未兴，此四者欲望其各臻完善，非有高等教育专门学识，不足以躐等而达。”

（三）捐款捐物，投身革命

在由封建王朝向现代国家转型的改良、革命中，华侨华人都是一支举足轻重的力量。“无论资产阶级领导的旧民主主义革命，还是无产阶级领导的新民主主义革命，华侨都是一支不可忽视的革命力量，是革命动力之一。”[①] 中国民主革命的先行者孙中山本人也是华侨，他最初的革命活动也是在华侨社会中展开的。孙中山称“华侨乃革命之母”。何香凝也认为，“中华民国得以建立，华侨之力，实占三分之一”。[②] 华侨华人是辛亥革命的积极追随者和支持者，他们为革命活动慷慨解囊、捐款捐物，甚至回国投身革命。1911 年“三二九”广州起义中，在已经查明的 86 位殉难烈士中，就有 32 位华侨。据估算，从 1895 年到 1911 年

---

① 任贵祥：《海外华侨华人与中国改革开放》，中共党史出版社，2009 年版，第 35 页。

② 尚明轩、余炎光编：《双清文集》下卷，人民出版社，1985 年版，第 334 页。

4月广州起义，华侨华人给予了约62万元的经费支持。[①] 华侨华人还是早期马列主义传播者之一，在推动中共组建、国共合作、团结抗日等方面都做出了突出贡献。

华侨华人具有精英化、跨文化性、外缘性等群体性特点，这构成了这一群体在国家制度建设中的独特优势。华侨华人参与国家制度建设可以发挥精英治理的优势，提升社会主义民主政治的质量。不仅如此，广大海外侨胞、归侨、侨眷在实现祖国和平统一、改善中国的国际关系与国际环境等方面也具有战略优势。因而，在国家制度的建构与成长历程中，华侨华人发挥着重要作用。

二、华侨华人参与国家建设的机制与路径

1949年新中国以来，除了“文革”等特殊历史时期之外，历届政府重视海外华侨、归国华侨、侨眷等侨界人士在国家建设中的战略地位，通过创造政策条件和制度环境支持和鼓励他们参与国家建设。

（一）历届国家领导人重视华侨华人在政治上的战略作用

华侨华人不仅具有对中国经济建设的独特优势，还具有对国家制度建设的独特优势。建国以来，华侨华人等侨界人士被纳入在爱国统一战线框架之下。为了发挥侨界在统一战线中的独特作用，毛泽东等第一代中共领导人早在1945年就提出了“保护华侨利益，扶助回国华侨”的方针，这一方针成为建国后制定侨务政策的基本依据。

① 陈菲：《现代化视野中的华人华侨与中国的关系》，《八桂月刊》2002年第3期。

改革开放新时期，邓小平提出了侨务工作的“独特机遇论”。他指出，“对于中国来说，大发展的机遇并不多。中国与世界各国不同，有着自己独特的机遇。比如，我们有几千万爱国同胞在海外，他们对祖国做出了很多贡献”。[①] 他提出要充分利用这种机遇，“把中国发展起来”。邓小平所指的独特机遇，不仅仅针对中国的经济建设而言，而且还针对中国的政治建设，即广大海外侨胞、归侨、侨眷同样是中国民主政治建设的独特机遇。邓小平还进一步强调了侨界人士在新时期爱国统一战线中的政治作用，这种作用突出表现在实现国家统一、反对国际霸权上，“台湾同胞、港澳同胞和国外侨胞心向祖国，爱国主义觉悟不断提高，他们在实现祖国统一大业、支援祖国现代化建设和加强国际反霸斗争方面，日益发挥着重要的积极作用”。[②]

此后，国家领导人在继承发展邓小平“独特机遇论”的基础上更加强调侨界人士在统一战线中的重要作用。20 世纪 90 年代，江泽民指出：“海外侨胞作为促进我国改革开放和现代化建设、促进祖国统一的积极力量，有着独特优势，在振兴中华的伟大事业中发挥着重要作用。”[③] 他提出要“加强同民主党派和无党派人士的团结，做好民族工作、宗教工作和侨务工作，坚持‘一国两制’方针，调动一切积极因素，为完成祖国统一大业和实现中华民族的伟大复兴而共同奋斗”。2005 年 2 月，胡锦涛在会见全国侨务工作会议代表时说，“广大海外侨胞和归侨侨眷是推进我国现代化建设、实现祖国完全统一和中华民族伟大复兴的重要力量”。[④] 2008 年 3 月 7 日，为了发挥侨界的独特优势，胡

---

① 国务院侨务办公室、中共中央文献研究室编：《邓小平论侨务》，中央文献出版社，2000 年版，第 12 页。

② 国务院侨务办公室、中共中央文献研究室编：《邓小平论侨务》，中央文献出版社，2000 年版，第 30 页。

③ 江泽民：《江泽民文选》第 3 卷，人民出版社，2006 年版，第 153 页。

④ 《侨务工作研究》2005 年第 1 期。

锦涛在全国政协十一届一次会议上对侨务工作提出了具体要求，即“要按照凝聚侨心、汇集侨智、发挥侨力、维护侨益的要求，最大限度地把归侨侨眷和海外侨胞团结起来，最大限度地把归侨侨眷和海外侨胞的积极性调动起来，最大程度地把归侨侨眷和海外侨胞的独特优势发挥出来”。

（二）通过制度安排支持和引导华侨、归侨参与国家建设

新中国成立后，中共领导人十分重视华侨的政治地位和作用，通过种种制度安排积极吸收他们进入社会主义的政权组织中。早在筹备和召开第一届全国政协会议期间，毛泽东等中共领导人就邀请一些华侨和归侨代表共商国是。归国侨领陈嘉庚、司徒美堂在政协会议期间被安排在会议主席团里。陈嘉庚被选为第一届政协常委，他和司徒美堂、蚁美厚等6名华侨代表当选为全国政协委员。

建国之后，各级人大和政协通过制度安排积极吸纳华侨、归侨、侨眷进入自身的组织结构，充分发挥其在国家制度建设中的作用。为专门处理侨务事宜，保障侨界人士的利益诉求与合法权益，全国人大常委会设立了“华侨委员会”，全国政协常委会设立了“华侨委员会”（后改为“港澳台侨委员会”）。在第一、二届全国人大代表的选举中，“国外华侨”曾被列为单独的选举单位以选举产生一定数量的侨界全国人大代表。到第三届全国人大代表选举时，由“归国华侨”界别取代“国外华侨”界别，作为单独的选举单位。到了第四届全国人大，华侨不再作为全国人大的选举单位，但归侨人大代表仍有适当名额。1982年修改的《选举法》也作出了相应规定，华侨不再作为单独的组成单位，但仍应有适当名额的归侨代表。因而，华侨人大代表并没有因此减少，只是改由各省、自治区、直辖市、解放军等选举单位选举产生。例如，从第五届全国人大开始至今，归国华侨仍然保持在35—37人，占全国人大代表总人数的1.2%左右。建国之后，侨

界也逐渐成为各级政协的组成界别。在历届各级政协委员中，都有适当名额的侨界人士。以新一届政协为例，十一届全国政协就有侨联界委员 30 名；全国县以上各级人大有归侨侨眷代表 1671 名，各级政协有侨联界委员 7720 名，归侨侨眷和侨联组织在国家政治生活中的地位进一步提高。

（三）通过健全侨务系统为华侨华人参与国家建设提供组织载体

1949 年至今，中国已经建立了世界上最庞大、最完善、最独特的侨民管理机构，即“侨务机构”。[①] 新中国成立之初，政府各级机构中都设有侨务组织。中央人民政府下设华侨事务委员会，归政务院总理周恩来分管，由民主人士何香凝任主任委员。1954 年，《宪法》和《国务院组织法》规定将中央人民政府华侨事务委员会改为中华人民共和国华侨事务委员会（简称“中侨委”），负责保护华侨的正当权利，管理华侨事务。一般省区设侨务工作委员会，华侨众多的专区设侨务局，县设侨务科，乡镇建立侨属工作委员会或乡侨务委员会等组织。据初步统计，新中国成立初期，各级侨务部门的专职工作人员有 1000 多人。[②]

为了充分保障侨界人士的合法权益、支持侨界人士参与国家建设，在中共中央和中侨委的关心指导下，还成立了归侨侨眷的群众团体——“侨联”。1956 年 10 月，中华全国归国华侨联合会在北京成立，陈嘉庚任主席。随后，凡有归国华侨和侨眷的市、县、镇大都设立了归国华侨联合会，逐步形成了全国性的侨

① 程希：《华侨华人：作为研究对象的“特殊性”及其与中国的关系》，《东南亚研究》2005 年第 1 期。

② 任贵祥：《海外华侨华人与中国改革开放》，中共党史出版社，2009 年 3 月版，第 41 页。

联组织网络。到1956年底，全国共建立七八十个侨联组织。[①] 作为侨界群众的组织，中国侨联和地方侨联在维护侨界群众权益、引导侨界群众参与社会主义现代化建设和民主政治建设方面发挥了积极的作用。

“文革”期间，各级侨务组织的工作全面瘫痪。“文革”之后，在邓小平的积极倡议和指导下，1978年1月，国务院成立了华侨事务办公室，继承和发展了过去中侨委的职能。与此同时，全国29个省、自治区和直辖市（除西藏之外）也陆续设立了侨务办公室，主管各地的侨务工作。1978年4月，中国侨联和地方侨联都相继恢复并开展工作。同年12月，第二次全国归侨代表大会选举产生了新的侨联委员会。1981年，归国华侨联合会被确定为全国性人民团体。此后，侨联组织随即出现了大发展的态势。据统计，在改革开放初期，侨联的基层组织仅有400余个，到2008年，这一数字变成了1500多个。[②]

（四）通过制定法律法规保障归侨、侨眷参与国家建设的权利

国家重视华侨、归侨、侨眷在国内的合法权益，通过制定法律法规加以保障。建国之初，中国人民政治协商会议第一次会议就将“尽力保护国外华侨的正当权益”写入了《共同纲领》。1954年《宪法》更是以国家根本大法的形式明确规定了“中华人民共和国保护华侨的正当权利和利益，保护归侨侨眷的合法权利和利益”。在此后的历次《宪法》中，也都明确规定要保护华侨、归侨、侨眷的正当权利和利益。

为了进一步保障华侨、归侨、侨眷的政治权益与其他合法权益，1990年9月7日，全国人大常委会制定并通过了《中华人

① 任贵祥：《海外华侨华人与中国改革开放》，中共党史出版社，2009年3月版，第41页。

② 林军：《在纪念改革开放30周年暨中国侨联恢复活动30年座谈会上的讲话》，2008年9月28日。

民共和国归侨侨眷权益保护法》（下称《侨法》）。2000 年 10 月 31 日，全国人大常委会又根据实际情况对《侨法》进行了修改和完善。《侨法》是新中国成立后第一部保护归侨、侨眷合法权益的基本法律，它明确提出了对归侨、侨眷政治权益的保护，这主要体现在：第一，保护归侨的参政议政权利。《侨法》第六条明确规定，“全国人民代表大会和归侨人数较多地区的地方人民代表大会应当有适当名额的归侨代表”，这为归侨在国家权力机关中拥有适当的席位和发言权提供了保障。第二，保护归侨、侨眷的结社权利。《侨法》第七条对归侨和侨眷结社作了明确规定：一是规定归侨、侨眷有权依法申请成立社会团体；二是规定归侨、侨眷有权进行适合自身需要的合法的社会活动；三是明确依法成立的社会团体的财产受法律保护。第三，明确了全国侨联和地方侨联在保护侨益中的地位和作用。《侨法》第八条规定，中华全国归国华侨联合会和地方侨联代表归侨、侨眷的利益，依法维护归侨、侨眷合法权益。除此之外，国务院还制定了专门的行政法规，以贯彻落实《侨法》。1993 年 7 月，国务院制定了《中华人民共和国归侨侨眷权益保护法实施办法》（以下简称《实施办法》）。在《侨法》修改后，2004 年 6 月，国务院第 53 次常务会议通过了新修订的《实施办法》，并于 2004 年 7 月 1 日起施行。《宪法》、《侨法》、《实施办法》的“三位一体”组成了保障侨界人士政治权利的法律体系。

（五）通过政党组织吸纳华侨华人开展政治活动

加入中国共产党和民主党派，通过政党身份开展活动，是华侨、归侨等侨界人士参与国家制度建设的又一种路径。中共领导下的多党合作与政治协商制度和《归侨侨眷权益保护法》为侨界人士参与政党组织，开展政治活动提供了制度框架。

侨界人士不仅可以加入作为执政党的中国共产党，而且可以加入作为参政党的各民主党派。20 世纪 80 年代以来，就有一大批归侨、侨眷知识分子加入了中国共产党。[①] 这些归侨、侨眷以执政党党员的身份开展政治活动，在社会主义民主政治建设中发挥了重要作用。此外，还有大量归侨、侨眷加入民主党派，尤其是致公党。中国致公党成立于1925年，它是以归侨、侨眷中的中上层人士和其他有海外关系的代表性人士组成的具有政治联盟性质的政党，它致力于维护华侨的正当权益和祖国统一、国家富强。建国以来，致公党主要通过以下方式参与国家建设：（1）参加国家政权，参与国家大政方针和国家领导人选的协商，参与国家事务的管理以及方针、政策、法律、法规的制定执行；（2）积极发挥民主监督作用，促进国家决策的民主化和科学化；（3）维护归侨、侨眷的合法权益以及海外侨胞的正当权益，积极向政府反映他们的意见和合理要求；（4）积极开展同海外华侨华人和港澳同胞的联谊活动，促进祖国和平统一大业。各级致公党组织是同级归侨、侨眷、海外侨胞的参政党组织，以归侨、侨眷作为自身的群众基础，积极发展侨界人士作为该党党员，积极反映侨界人士的意见和主张，维护他们的合法权益。

三、华侨华人推动国家成长

1949年成立以来，华侨华人以极大的热情投身于祖国的现代化建设，推动了中国经济的飞跃发展，与此同时，华侨华人积极参政议政，参与国家政治生活，推进了国家的成长。

（一）推动了人大制度和政协制度的发展

参与人民代表大会以行使国家权力，参与人民政治协商会议

① 毛起雄、林晓东：《中国侨务政策概述》，中国华侨出版社，1993年版，第138页。

以参政议政，是侨界人士参与国家制度建设的两个重要形式。侨界人士在全国和地方各级人大代表中一直占有相当的名额。据统计，全国人民代表大会的归侨代表，第一届至第四届均有30名，第五届至第十一届也分别有35名、40名、49名、36名、37名、38名、37名，[①] 截止到2009年10月，全国县以上各级人大已有1600多名归侨侨眷代表。[②] 1983年6月，第六届全国人民代表大会决定设立全国人民代表大会华侨委员会，主要负责审议、拟定有关侨务的议案或法律草案；检查监督侨务法律的执行情况等。之后，22个省、自治区和直辖市的人大及其常委会也相应设立了侨委，100多个地级市、200多个县、市人大设立了侨（工）委。[③]

侨界一直是人民政协的重要界别。1991年1月11日召开的全国政协第七届全国委员会将“归国华侨界”改为“中华全国归国华侨联合会界”（简称侨联界）。第十一届全国政协侨联界委员有30名，比第二届全国政协的华侨界委员增加了15名。[④] 在县级以上各级政协，有7700多名侨联界委员。[⑤] 侨界政协委员认真履行参政议政职能，在2008年全国政协十一届一次会议上，侨联界政协委员提案118件，平均每位委员提案3.9件，比全国政协委员提案平均数2.1件高186%。[⑥] 1995年3月，政协第八

---

① 任贵祥：《海外华侨华人与中国改革开放》，中共党史出版社，2009年3月版，第516页。

② 林军：《新中国成立六十年来侨联工作：实现新跨越，开创新局面》，《人民日报》2009年10月22日。

③ 《华侨与华人》1995年第1期。

④ 任贵祥：《海外华侨华人与中国改革开放》，中共党史出版社，2009年3月版，第516页。

⑤ 林军：《新中国成立六十年来侨联工作：实现新跨越，开创新局面》，《人民日报》2009年10月22日。

⑥ 任贵祥：《海外华侨华人与中国改革开放》，中共党史出版社，2009年3月版，第508页。

届全国委员会常委会第十二次会议将华侨委员会和祖国统一联谊委员会合并为台港澳侨联络委员会。1998年3月，政协第九届全国委员会常委会第一次会议定名为港澳台侨委员会，其主要职责在于团结海外侨胞和国内侨眷，维护他们的合法正当权益，就侨务工作开展活动，发挥政治协商、民主监督作用。

改革开放以来，全国和地方各级侨界人大代表、政协委员积极履行职责，通过提案的方式积极参政议政，为国家的发展作出了重要贡献。上海市著名归侨人士张仲礼先生，从1983年开始，连续当选为第六、七、八、九届全国人大代表的，20年间共提交了50多个议案，仅被编为“一号议案”的就有8个，他因此获得了“议案大王”的称号。① 各级侨界人大代表、政协委员都利用召开人大和政协会议的契机，及时反映侨界社情民意，表达侨界的诉求与意见，通过参与人大立法、执法检查、基层调研、工作视察等方式保护归侨、侨眷和海外侨胞的合法权益。2003年12月，上海市人大侨民宗委组织部分在沪全国及上海市人大代表赴虹口区曲阳街道，对贯彻实施《中华人民共和国归侨侨眷权益保护法》的情况进行了执法检查。除此之外，上海市侨界人大代表、政协委员还围绕全市中心工作建言献策，提交议案和建议。据统计，上海市区两级侨界人大代表、政协委员提议案每年均在400份左右，不少具有较高的质量。在上海市政协十一届一次会议上，上海市侨联有一份团体提案被评为市政协2008年优秀提案。2008年1月，在黄浦区“两会”期间，侨界代表委员共提出议案、提案37件，创历届数量之最。

（二）推动了基层群众自治建设

基层群众自治是中国民主政治的重要组成部分，中国社会的基层群众自治也为侨界人士参与民主政治建设提供了制度空间，

① 田晓玲：《张仲礼：半个世纪的报国情》，《文汇报》2008年4月6日。

归侨、侨眷通过参与基层群众自治来参政议政，为当地的经济建设和社会发展提供意见建议。全国各级侨联组织由11200个发展到现在的15000多个，组织力量进一步壮大，组织功能进一步健全，形成了具有紧密型、开放性、协作强的组织网络。各地侨联的组织网络，涵盖了各层次侨界人士，最大限度地团结联系了归侨侨眷，吸收他们参与基层自治。据统计，近年来在上海市闵行区龙柏街道，侨界委员来信就有40封，占政协委员来信总数的29.2%；在政协委员提出的89条意见和建议中，侨界委员的意见和建议有27条，占委员意见和建议的30.3%。[①]

（三）推动了“一国两制”和国家统一

香港、澳门和台湾问题是历史遗留问题。实现国家完全统一是民族复兴的现实要求。邓小平创造性提出了“一国两制”的科学构想，并在香港、澳门取得了成功实践。“一国两制”是在一个中国框架内容许两种制度并存的融合思维，对于解决台湾问题也具有指导意义。“一国两制”从科学构想到成功实践，离不开广大华侨华人的推动作用。

20世纪80年代初，邓小平在会见美国华人协会主席李耀滋、美国新泽西东大学教授杨力宇，提出并阐述了“一国两制”的构想，得到了世界各地华侨华人的赞许和支持。1997年7月1日，中国政府对香港恢复行使主权，来自34个国家和地区的300名华侨华人应邀参加政权交接仪式。港澳回归祖国，海外华侨华人以游行集会、升旗仪式、焰火晚会、文艺演出、图片展览等形式开展庆祝活动，宣传“一国两制”的成功实践。越来越多的华侨华人也认为，“一国两制”是解决台湾问题的最好机制。2000年，民进党上台后大肆进行分裂活动，世界各地的华侨华

① 龙阳街道：《以网格化管理为依托不断开拓社区侨务工作新局面》，中共上海市委员会闵行区党务公开网，http：//www.mhdw.gov.cn/Detail.aspx? Id=30570。

人发动了全球范围内的“反独促统”运动，打击了“台独”的嚣张气焰。

（四）提升了民主政治的质量

民主政治的实践有个质量问题。从精英主义的视角看，民主政治的质量除了取决于制度化、规范化的政治参与渠道之外，还受制于公民自身的受教育程度、道德修养、认知水平、政治觉悟等因素。因而，要提升民主生活的质量，需要提高民众的整体素质。现代政治的实质是大众民主，这是历史的进步。不过，有学者也提出，大众参与政治会使民主出现“拉平化”效应，因而需要精英来弥补其不足。海外侨胞、归侨、归国留学人员等侨界人士大都具有较高的学历和专业知识，这一政治界别和社会群体参与国家制度建设，恰恰在大众民主政治中加入了一些“精英”的成分，起到调和大众民主的作用，在一定程度提升了民主的质量。由于具有专业性、精英化、外缘性的优势，侨界人大代表和政协委员常常就社会经济生活中比较复杂、专业性要求较高的问题提出意见或建议，其提案一般具有较高的技术含量，从而促进了政府决策的科学性。以上海市为例，上海各级侨界人大代表、政协委员每年提交的议案、提案达到 400 多份，其中有不少优秀议案、提案受到市领导和各方面的重视，为政府有关部门所采纳，在促进经济社会协调发展中发挥了积极作用。

（五）丰富了政治文化

政治文化是一国居民中当时盛行的态度、信仰、价值观等，它包括政治情感、政治认知、政治信仰、政治态度等。一些学者依据政治认知的不同将公民分为狭隘观念者、顺从者和参与者三种类型。狭隘观念者主要指那些不关心政治事务，对国家的政治过程毫无意识的公民。顺从者是指那些关心政治事务，但却不主动、不积极参与政治过程并试图影响政府的公民。参与者则不仅对政治事务有一定的认知，而且在可能的条件下会利用各种参与机会主动地影响政府决策。当前，中国的公民文化更多地停留在狭隘观念者和顺从者的层次，参与者的公民文化尚待发展。侨界人士中的华侨、归侨、归国留学人员等都有长期侨居海外的经历，大都经历过不同的政治文化背景，具有跨文化的特点，这也形成了他们自己的政治认知、政治情感、政治信仰和政治态度，从而表现出独特的政治认知模式和政治行为方式，在主体政治文化之外构成了一种政治亚文化。从这种意义上说，侨界人士参与民主政治建设，不仅为民主政治建设注入了“精英”的成分，而且也带来了不同的政治亚文化，这种政治亚文化对主体政治文化无疑是一种丰富和完善。

（六）为经济建设提供了智力支持

海外侨胞、归侨、侨眷等侨界人士除了通过投资创业、引荐外资、人才引进等方式支援祖国的经济建设之外，还通过参政议政、政治协商、民主监督等方式最终为经济建设提供智力支持。侨界人士通过人大、政协参政议政，可以充分利用侨智为国家制定经济发展规划提供政策建议。归侨、侨眷参与民主政治，通过人民政协开展政治协商和民主监督，不仅可以对政府行为进行监督，而且也为国家的经济建设发挥着智囊团的作用；对于国民经济发展中遇到的难点问题、技术性问题等，侨界人士可以依据自身的人才优势提出合理的解决方案。归侨、侨眷积极参政议政，反映侨界群众的利益诉求和主张，就会在一定程度上影响政府公共政策，从而为利用侨资、发挥侨力创造更加有利的制度环境。

（七）保障了华侨、归侨的合法权益

海外侨胞、归侨、侨眷同国内其他公民相比，最突出的特点是他们家庭中的一些成员或大部分成员居住在境外或国外；归侨、侨眷与境外或国外的亲属之间存在着密切或较为密切的财

产、经贸联系、通讯往来及抚养或赡养等权利和义务的联系。正是因为有着海外关系，侨界人士在中国内地的合法权益曾一度被忽视甚至被侵害。“文化大革命”期间，由于“海外关系”被视为“反动的政治关系”，有海外关系的人受到歧视、排挤甚至打击迫害，产生了许多冤假错案，归侨、侨眷的合法权益受到严重侵犯。这些错误做法极大地伤害了华侨、归侨为国或回国奉献的积极性。

改革开放后，国家在平反涉侨冤假错案的同时，通过完善制度和法律来保障侨界人士参与民主政治的权利，为他们反映自身的利益诉求、维护自身的合法权益提供畅通的制度渠道，确保侨界人士在政治体系中的话语权和政治地位。《归侨侨眷权益保护法》等涉侨法律的制定和出台，与归侨、侨眷和侨联组织的参与密不可分。《归侨侨眷权益保护法》又以法律的形式进一步明确了侨界人士的政治权益。通过政治协商和参政议政，各级侨联依法维护归侨、侨眷和海外侨胞在国内的合法权益，使许多涉侨问题得到了合法、合理、公平的解决。据统计，从 1999 年 6 月至 2002 年 9 月，仅经全国各级侨联帮助挽回的归侨、侨眷、海外华侨投资经济损失达千万元之巨，有 5272 个侨资企业和涉侨经济案件在全国各级侨联的努力下获得解决，共挽回经济损失近亿元。[①] 通过参与国家建设，归侨侨眷和侨联组织在参与社会管理和公共服务方面的作用进一步增强，在国家政治生活中的地位进一步提高。

① 林明江：《在中国侨联维护侨益工作座谈会上的报告》(2002 年 9 月 11 日)。

吉尔吉斯政局危机与美俄在中亚的新博弈

傅 勇*

内容提要：吉尔吉斯斯坦虽是中亚的内陆小国，却是世界上唯一一个同时拥有美国和俄罗斯两个大国军事基地的国家；吉尔吉斯斯坦曾是中亚的“民主样板”，近年来国家政局却处于持续动荡之中；从 2005 年 3 月的“郁金香革命”到 2010 年 4 月的政治骚乱，短短五年间政权出现了两次非正常更替。吉尔吉斯乱局的背后推手是美、俄这两个在中亚角逐的大国，目前两国在中亚的博弈出现了新态势。

一、吉尔吉斯斯坦政局动荡及其原因

吉尔吉斯斯坦在苏联解体后的一段时间里曾被称为中亚的“民主样板”，阿卡耶夫总统执政期间政局相对稳定。进入新世纪以来，特别是 2001 年“9·11”恐怖袭击发生后，随着阿富汗战

* 傅勇，上海社科院欧亚研究所副研究员，博士。

争的打响和美军进入中亚基地，吉尔吉斯的政局开始出现不稳定的迹象。2005 年 3 月在美国和西方势力支持下，吉尔吉斯上演了“郁金香革命”，阿卡耶夫政府被推翻，亲美的巴基耶夫总统上台执政，此后吉尔吉斯政局开始持续动荡。2010 年 4 月 7 日，吉尔吉斯斯坦首都比什凯克再次发生骚乱，巴基耶夫政府被推翻，反对派接管国家，并成立了以前外长奥通巴耶娃为首的临时政府。6 月 27 日，吉尔吉斯举行全民公决通过新宪法草案，奥通巴耶娃成为吉过渡时期总统，使吉国暂时摆脱了当前的政治危机。

此次吉尔吉斯斯坦政局动荡，主要原因是金融危机后的经济恶化和贫富差距加剧，以及巴基耶夫家族的贪污腐败和任人唯亲，使得巴基耶夫的统治失去了社会基础和政治精英的支持。此外，巴基耶夫在美国驻吉军事基地问题上的出尔反尔，失去了美、俄两国对其的信任，在某种意义上也成为吉局势动荡的幕后推手。

（1）引发动乱的直接导火索是经济因素，民众对生活极端贫困的不满是巴基耶夫政权瓦解的最重要原因之一。吉是世界最贫困国家之一，资源匮乏，经济基础薄弱，社会发展缓慢，近 1/3 国民生活在最低生活水平线以下。去冬今春，天然气和食品等生活用品价格大幅上涨，直接危及民众的切身利益，一直积聚的社会怨气和不满随之爆发。贫穷的人们上街游行，并占领了比什凯克附近的土地，最终被反对派利用并导致政局出现动荡。

（2）巴基耶夫执政的五年间，国内各派之间围绕是维持总统制还是实行议会制这一问题展开纷争，政府与议会之间一直龃龉不断。总统批评议会、总统与总理矛盾公开化、议长辞职等一场场政治风波不断。各种政治力量分化组合，“当政者”与“反对派”的角色不断互相转换。反对派曾多次集会，要求巴基耶夫辞职并进行宪法改革，据统计，2005 年和 2006 年每年游行示威都达上千次之多。老百姓稍有不满就上街游行示威，有的甚至扬言要再次冲击总统府。规模最大的一次是2007年夏，吉反对派积聚上万人在总统府前示威要求巴基耶夫下台，并宣布成立新的内阁。后来，在国际社会的斡旋下，巴基耶夫总统作了一定妥协，方才平息这场风波，街头政治已经成为吉国政治不稳定的主要表现。

(3) 巴基耶夫家族的腐败和任人唯亲成为反对派要求推翻政府的重要原因。虽然吉两任总统名义上是民选，但实际上推行的都是家族治理。巴基耶夫不仅没有改变前政府的贪污腐败现象、解决民生和经济问题，反而通过两次修改宪法，建立包括检察、司法、安全等强力部门在内的直接隶属于总统的国家决策院。他任命自己的兄弟控制国家安全部门，任命儿子掌控国家信贷和涉外金融流动的中央机构，其子被普遍看成是2014年巴基耶夫任期届满之后的接班人。这种安排打破了执政集团内部的平衡，使巴基耶夫当年的政治盟友也被排斥在权力中心之外，最终导致体制内的其他利益集团和政治精英们联合起来向巴基耶夫发难。

(4) 吉尔吉斯斯坦骚乱背后实际上隐藏着美、俄两国的新较量。吉在美军基地撤留问题上出尔反尔，导致吉与俄罗斯关系出现裂痕。俄罗斯以吉使用首批贷款不当为由，停止了向其提供的20亿美元的后续贷款。与此同时，俄罗斯媒体开始抨击巴基耶夫执政上的一些失误，导致吉俄两国关系裂痕加大。当巴基耶夫再次将巴特肯基地出让给美国后，俄宣布大幅提高对吉的石油和天然气出口关税，导致吉国内油价上涨30%，热水、天然气和电力等生活必需品的价格也随之大幅上升，直接危及民众的切身利益。吉各地大规模的抗议行动逐步演变成了政治要求，并最终导致了比什凯克的夺权事件。

二、吉动乱后俄美在中亚博弈的新态势

苏联解体后，中亚地区成为美俄等大国博弈的棋盘，吉尔吉斯斯坦因其重要的战略位置，自独立以来一直是俄美在中亚博弈的要地之一，俄美在吉尔吉斯斯坦的角逐是俄美角逐中亚的缩影。

2001 年“9・11”事件后，随着反恐战争的扩大，中亚的地缘战略重要性大增，美国加大了在中亚扩张的力度。美国在比什凯克近郊的马纳斯国际机场建起一处空军基地，作为美军向阿富汗运送非军事物资的重要中转站，从马纳斯基地向驻阿富汗美军提供补给相比从沙特阿拉伯美军基地出发要缩短 6 小时飞行航程，对于驻阿美军有着极大地利优势。但吉是原苏联的加盟共和国，与俄罗斯关系密切、利益交织，俄罗斯也一直将包括吉尔吉斯在内的中亚视为其后院，因此对于美军的存在感到不满。2003 年俄罗斯与吉尔吉斯斯坦达成协议，重新启用位于比什凯克以东 20 公里的坎特空军基地。坎特空军基地与美国驻吉尔吉斯斯坦的马纳斯军事基地相距只有几公里远，是独联体集体安全条约组织集体快速反应部队在中亚地区的重要组成部分。这样，吉尔吉斯成为世界上唯一一个同时拥有美国和俄罗斯军事基地的国家，美军基地也成为莫斯科和华盛顿争执的焦点，两国的博弈加剧了吉尔吉斯斯坦的政治和社会动荡。

此后两国为了保住自己在中亚的影响力，加强了在吉尔吉斯斯坦的利益争夺，并于 2005 年吉国爆发“颜色革命”时达到高潮。2005 年在美国和西方的支持下，吉尔吉斯发生了“颜色革命”，阿卡耶夫总统出走莫斯科，亲美的巴基耶夫上台，美国在此轮的竞争中占据优势。但是，最近两年随着俄罗斯的重新崛起，以及金融危机对美国和西方国家的巨大影响，两国围绕美在

吉驻军问题的相互较量越发激烈。俄罗斯一再催促吉政府要求美国撤走在吉尔吉斯的军事基地。2009 年 2 月 3 日，巴基耶夫与俄罗斯总统梅德韦杰夫达成协议，俄罗斯向吉尔吉斯提供总额 20 亿美元贷款和 1.5 亿美元无偿援助，免除吉 1.8 亿美元债务，还要在吉境内建设一座耗资 17 亿美元的水电站。与美国先前租用马纳斯空军基地每年开支 1740 万美元相比，俄罗斯优惠甚丰，为此巴基耶夫在莫斯科表态将关闭美军马纳斯空军基地。但是，6 月 23 日吉政府却公开表态同意继续向美国提供马纳斯空军基地作为美军向阿富汗转运物资的中转机场。在签署的续约协议中，美军承诺向吉尔吉斯提供总共约 1.8 亿美元，其中包括 6000 万美元的机场年租费，一次性 6700 万美元的机场维护费，2000 万美元的联合发展基金，以及 3200 万美元的缉毒和反恐资金。俄罗斯认为把名称从军事基地变成转运中心只是表面掩饰，美军在中亚的真实存在没有改变，这有违俄罗斯利益，有背俄罗斯与吉尔吉斯斯坦政府先前达成的协议。为了稳住俄罗斯，吉尔吉斯又同意俄罗斯在其国内建立第二个军事基地。可是，吉政府不久后又同意美国在吉南部的巴特肯州开工修建“反恐训练中心”，用于培训吉军事人员和安全人员。美国的“反恐中心”和俄罗斯的第二个军事基地均将设在吉南部巴特肯州或者奥什州，使得吉尔吉斯斯坦南部形势更加复杂。吉尔吉斯斯坦与美、俄两个大国搞“军事平衡合作”令美俄双方都不高兴，也加剧了俄美在吉的竞争态势，还导致与邻国乌兹别克斯坦关系紧张。

然而，此次吉尔吉斯政局变化过程中，俄美在吉的力量对比和优势地位都发生了微妙变化，俄美在中亚的博弈呈现出新态势。俄罗斯相对主动灵活，改变了在中亚美攻俄守的被动局面，美国则在某种程度上寻求与俄罗斯合作，咄咄逼人的进攻性态势受到阻遏。

俄罗斯从吉国骚乱中不仅赢得一个强有力的伙伴——吉国临时政府领袖奥通巴耶娃，还成为这场俄美最新角逐的赢家。西方分析家认为此次吉事件有可能是莫斯科支持的一个“反颜色革命”行动，甚至指责俄罗斯策动了这一次的政权更迭。事件发生后，奥通巴耶娃首先致电普京，而普京把奥通巴耶娃视为新的政府首脑，俄罗斯政府决定向吉尔吉斯斯坦提供 1000 万美元的额外援助，向吉提供 2 万吨柴油和 1500 吨小麦种子作为人道主义援助物资。此外，双方还达成取消燃料供应税的初步协议，以降低吉国内汽油和柴油的价格。与此同时，俄罗斯宣布增派 150 个精锐伞兵到设在坎特地区的俄罗斯军事基地，协助确保基地内的俄罗斯军人及其家属的安全。吉尔吉斯斯坦临时政府过渡总统奥通巴耶娃表示，俄罗斯是吉尔吉斯斯坦最大的盟友和最重要的战略伙伴。

从总体上说吉尔吉斯斯坦政权更替后俄罗斯的影响暂居优势，但俄对过多介入吉内部事务却相当谨慎，尽量避免直接派遣俄军介入冲突。6 月 11 日危机再次爆发之后，吉尔吉斯斯坦曾经两次呼吁要求俄罗斯等邻国派兵进驻吉尔吉斯斯坦，但俄罗斯却始终按兵不动。俄认为奥什地区的骚乱是吉内部冲突，目前不具备使用俄武装力量进行干预的条件，俄方不会派出军事维和人员，吉尔吉斯斯坦必须依靠自己解决问题。一方面，自苏联解体以来俄没有派兵介入中亚国家内部冲突的先例，如果贸然出兵奥什地区，这会引起独联体内部对俄是否会以此为先例干涉他国内政的担忧，俄方则担心可能引发当地民众不满。同时，俄也会面临很大的国际压力，西方可能会指责俄“帝国野心复活”，俄也非常害怕重蹈当年轻率出兵阿富汗的覆辙。

而对于美国来说，最紧迫最优先考虑的问题毫无疑问是马纳斯空军基地的未来，而不是吉尔吉斯的民主问题，也不是经济发展问题，美国希望通过与俄罗斯和吉尔吉斯合作来保住在马纳斯的基地。美国国家安全委员会俄罗斯和欧亚地区事务部主任马克福尔在谈论俄美关系时指出：美国把俄罗斯当作在前苏联空间，特别是吉尔吉斯斯坦享有充分权利的伙伴。美国政府关注马纳斯转运中心的继续运行，准备在此问题上与吉尔吉斯斯坦和俄罗斯合作，并且呼吁各方尽快解决所有阻碍转运中心恢复工作的问题。他说，美国现在处在和吉尔吉斯斯坦过渡政府非常有趣且又非常复杂的谈判阶段。俄罗斯同样确认坚持合作。美国相信，马纳斯转运中心的运行既符合美国的利益，符合俄罗斯的利益，也符合吉尔吉斯斯坦的利益。美国以谨慎乐观的态度看待今后与俄罗斯和吉尔吉斯斯坦新政府的合作，这会对所有人都有益。此外，美军深陷伊拉克和阿富汗战争，没有余力、也没有意愿对吉尔吉斯斯坦作出军事承诺。但批评家认为美国为了保住吉国马纳斯美军基地，以维护吉国稳定为借口对前总统巴基耶夫贪污腐败保持沉默，以致变得没有立场发言，因而成为此轮竞争中的最大输家。

不仅如此，美国总统奥巴马对于吉尔吉斯斯坦的新政府也给予了立即的承认，并且非常肯定地表示此次吉事件不是俄罗斯策划的反美的军事政变。在一些美国媒体指责俄罗斯试图趁机将美军从吉国马纳斯基地撵出去时，白宫又出面为克里姆林宫辩护，称俄没有这样的意图，双方已就如何向吉尔吉斯提供帮助并就此展开多边磋商达成了初步理解，因为俄罗斯与美国在这一地区有共同利益。美国国务卿希拉里·克林顿与俄罗斯外交部长拉夫罗夫就吉尔吉斯斯坦国内局势进行了电话磋商，双方对吉国内近期暴力活动和持续的种族关系紧张表示关切。希拉里与拉夫罗夫就美俄两国在向吉尔吉斯斯坦临时政府提供人道主义援助和其他支持的问题上加强协调进行了讨论，以帮助吉方恢复局势安全、稳定，促进民族和解。希拉里和拉夫罗夫还就吉尔吉斯斯坦国内局势的最新进展交换了看法。双方认为，吉就新宪法草案举行全民公决是吉主权决定，美、俄鼓励吉方在欧安组织及其他相关机构的监督支持下，依据国际准则组织公决。

事实上，俄、美两国对吉尔吉斯斯坦南部骚乱的应对措施是协调一致的，吉尔吉斯斯坦总统巴基耶夫能够安全地离开，正是奥巴马和梅德韦杰夫联合努力的结果。它们既希望吉南部骚乱早日平息，局势稳定，又避免自身卷入该国的内部冲突。美、俄都不允许吉南部骚乱进一步扩大，因为奥什和贾拉拉巴德这两个城市位于素有“中亚火药桶”之称的费尔干纳盆地，该地区是三股势力——毒品、走私和有组织犯罪的聚集之地，也是“基地”组织等恐怖组织对外渗透的重点地区之一，如果吉国内局势无法实现稳定，整个中亚地区的安全和稳定将受到严重影响，这不符合美、俄的战略利益。

三、俄美博弈新变化的动因

俄罗斯和美国围绕在吉军事基地存续问题上一直明争暗斗，两国也曾经在诸多问题上相互指责，但现在双方在处理相关冲突时都宣称要尊重对方的利益，这种接近在吉尔吉斯斯坦的大动乱中表现得尤为突出。俄美之间的相对缓和以及合作的趋势，与近年来特别是格鲁吉亚战争以来国际局势出现的巨大变化有关。

首先，格鲁吉亚战争以来，俄罗斯在独联体范围内的进攻性态势，赢得了在吉尔吉斯政局变化中的主动权。随着俄罗斯逐渐从 20 世纪 90 年代的衰退中恢复了主权和国力，俄罗斯越来越将独联体这个“优先利益区”作为俄罗斯政府的首要外交目标。俄格战争后，梅德韦杰夫总统将这个“优先利益”作为外交五原则之一，并提出政府保护海外俄罗斯公民的责任。① 尽管俄罗斯成功地扩大了在世界上的影响力，但俄罗斯并不想恢复苏联，只是希望它在后苏联空间的至关重要的利益得到尊重，希望美国和西

① President Dmitry Medvedev, interview by Russian TV channels, August 31, 2008, http://www.kremlin.ru/eng/speeches/2008/08/31/1850_type82912type82916_206003.shtml.

方承认独联体是俄罗斯的利益范围。俄罗斯外长拉夫罗夫多次提到，俄罗斯和独联体国家有着特殊的关系，他们都曾属于苏联和俄罗斯帝国的文化范畴。[①] 从其大国地位和周边安全的重要依托和战略缓冲区的角度出发，俄罗斯希望将独联体地区重新一体化，希望独联体大多数国家能够加入俄罗斯主导的安全机制（集体安全条约组织）和一体化计划（欧亚经济共同体），以及加强俄罗斯在该地区能源综合体中的领导地位，增加其作为后苏联地区政治经济中心的吸引力。事实上，2008 年 8 月的格鲁吉亚战争以来，特别是俄罗斯利用经济危机的机会，加强对吉尔吉斯、白俄罗斯和阿塞拜疆等国的经济援助，成功地使独联体国家开始发生变化。乌克兰总统选举后，亲俄的亚努科维奇上任，俄成功缓和了与乌克兰的关系，改善了在独联体内的处境。格鲁吉亚战争后，俄公开承认阿布哈兹和南奥塞梯的独立，美国和西方对此除了呼吁俄撤出上述两个地区外，并无制约和惩罚俄罗斯的有效办法。在吉尔吉斯更是如此，吉临时政府希望得到俄罗斯的帮助缓和危机、摆脱经济困境。

其次，奥巴马上台后美国外交采取了适度收缩的全球战略，中亚地区被放到了相对次要的战略位置，美国在这一地区的影响变得相对脆弱，减少了在独联体地区的政治经济渗透和公开竞争，这也是美国在其实力相对下降情况下的无奈选择。金融危机后美国的国际影响力明显下降，单边主义和称霸世界的能力受挫。奥巴马政府认为在国际金融危机的背景下，美国需要改变思维和决策机制，不应单独承担过多的国际责任，应与欧盟、日本、澳大利亚等传统盟国，以及中国、印度、俄罗斯等新兴大国一起协调，共同处理国际经济和安全事务。为此，美国开始提出

---

① Sergei Lavrov, "Russian Foreign Policy and the New Quality of the Geopo-liticalSituation," Ministry of Foreign Affairs of Russia, December 29, 2008. http: //www. mid. ru/brp _ 4. nsf/e78a48070f128a7b43256999005bcbb3/bc2150e49dad6a04c325752e0036e93f? OpenDocument.

新的外交原则，奥巴马频频谈论全球治理、多边外交、“软实力”等外交新思维和新理念等。在吉尔吉斯问题上，奥巴马政府也愿意以合作取代对抗，寻求两国的共同利益。随着美俄关系持续改善，重塑两国关系已成为双方的共同目标。俄罗斯想继续缓和与美国的关系，吸引西方的技术和资金，实现经济发展方式的转变，早日说服美国支持其加入 WTO，恢复经济的增长。因此，俄不愿与奥巴马政府在吉尔吉斯斯坦局势问题上产生矛盾。

第三，奥巴马重启对俄政策以来，俄美关系在总体上得到缓和，两国在中亚的博弈也趋向于合作。苏联解体以来俄美关系一直处于不断的调整之中，但其基本态势是俄守美攻，美国始终占据相对强势和主导的地位；[①] 俄罗斯因受国力衰落影响，无力掌控俄美关系的走势，或是一厢情愿地伺机向美国示好，或是强烈地反抗美国的遏制和包围。俄美关系的缓和总是以俄做出重大妥协、退却为前提。然而，在全球金融危机的背景下，俄罗斯通过 2008 年 8 月的俄格冲突，对美国等西方国家的紧逼进行主动和强势反击，使得美攻俄守的被动态势正在悄然发生变化。俄罗斯在关乎其最根本利益的问题上不再准备让步，其外交政策将日趋独立和主动，这种积极进攻态势表明：俄罗斯被动地接受西方游戏规则的时代行将结束，俄将追求与美国更加平等的双边关系。

在俄美关系的这种态势下，吉尔吉斯临时政府在外交上的选择余地也不大。吉将继续多边外交的方针，但难以在美俄之间达成均衡。巴基耶夫曾企图在俄美之间搞平衡，却最终遭致被推翻的命运，这应当成为临时政府的前车之鉴。虽然临时政府领导人希望延长美国租用的马纳斯机场的协议，美国也表示继续支付国际过境转运中心的租赁费用，但在近期的俄美关系调整过程中，俄罗斯在中亚地区已经呈现出更主动的态势，吉可能表现出更多

---

① 袁鹏：“俄美关系的变与不变——兼论美俄新冷战说”，《外交评论》2006 年第 10 期，第 30 页。

的亲俄倾向。俄罗斯对吉政治、经济和人文的影响力在增强。梅德韦杰夫在接受《华尔街日报》专访时表示，北约在阿富汗的行动结束后，美国应该停止使用马纳斯空军基地。俄罗斯还试图控制美国驻吉尔吉斯斯坦空军基地的燃料供应，以便使俄罗斯在认为没有必要支持北约在阿富汗作战行为的情况下，迫使美方快速关闭该基地。而美国利用“颜色革命”在中亚推行民主体制被证明是行不通的，巴基耶夫在夺权后逐步走向专制；奥巴马执政后美国减少了对中亚国家腐败政权的指责和压力，其放任结果也可能导致其在吉尔吉斯的利益受损。如果吉尔吉斯被迫关闭其境内的美军基地，美国将来如何在“后苏联空间”中进行战略布局、美俄如何在中亚博弈都值得我们高度关注。

"伊朗威胁论"与内塔尼亚胡政府的游说外交

赵建明[*]

内容提要：在伊朗核问题久拖不决和八国举行年度峰会的背景下，以色列的内塔尼亚胡政府开始了强大而广泛的游说外交。内塔尼亚胡政府的外交主要围绕地区国家、俄罗斯等大国和美国三条路线展开。以色列的游说目的就是通过宣扬"伊朗威胁论"来实现过境许可、停止对伊朗的军售、督促严厉制裁伊朗、获得打击伊朗的许可等目的。尽管内塔尼亚胡政府在游说大国问题上遭受了挫折，但取得了苏伊士运河通行权等重大成功，这为以色列发动对伊朗的袭击开辟了新路。

作为以色列右翼势力利库德集团的主席，内塔尼亚胡于2009年3月再度就任以色列总理。这时伊朗恢复浓缩铀的生产已经三年有余，这一期间安理会对伊朗的制裁难以将伊朗的核活动重新拉回到暂停状态。而前任奥尔默特难以在同艾哈迈迪内贾德的外交舌战中取得主动，抑制伊朗的反对犹太、反对以色列的

* 赵建明，上海社会科学院欧亚研究所助理研究员，博士后。

言论。在这种情况下，内塔尼亚胡除了表示必要时对伊朗核设施采取单边军事行动之外，还开展密集而强大的游说外交，推动建立反对伊朗的国际同盟。中东出现了以色列同伊朗尖锐对峙的局面。

一、内塔尼亚胡的伊朗威胁论

以色列总理内塔尼亚胡对伊朗怀有深刻的仇恨，并认定伊朗是以色列最大的安全威胁。他的“伊朗威胁论”的主要论据包括：

（1）伊朗支持恐怖主义的行为危及了以色列的国家安全。内塔尼亚胡表示，“伊朗是恐怖主义的母国”（mother regime），它支持哈马斯、黎巴嫩真主党等反对以色列的激进组织，威胁了以色列的国家安全。[①] 以色列不能再容忍在以色列的主要城市附近存在伊朗的恐怖基地，就像美国不能容忍纽约附近有“基地”组织的基地一样。[②]“我认为以色列应当对付这些代理人后面的支持者并削弱它的权力。”如果削弱了伊朗的权力，“加沙就能够得到和平”。[③]

（2）伊朗的核威胁。内塔尼亚胡将伊朗类比为 1939 年的纳粹德国。他表示，“纳粹德国在 1938 年谋求发展核武器并发动了

---

① Transcript：Prime Minister Netanyahu on NBC's Meet the Press，21 June，2009，http：//www.pmo.gov.il/PMOEng/Communication/Interviews1/eventpress210609.htm.

② Bret Stephens，“Benjamin Netanyahu：Iran Is the Terrorist“Mother Regime，” *Wall Street Journal*，24 January，2009，http：//online.wsj.com/article/SB123275466964911679.html.

③ “Netanyahu：Neutralizing Iran would reduce danger of Hamas，Hezbollah，” Haaretz News，29 January，2009，http：//www.haaretz.co.il/hasen/spages/1059908.html.

第二次世界大战；现在伊朗也在发展核武器并谋求发动对以色列的战争。[①] 内塔尼亚胡认为，"以色列的战略纵深狭小，将难以从伊朗的核打击中恢复。以色列的生存不能建立在伊朗政权的理性基础之上。如果要做阻止伊朗核冲动的事情的话，耶路撒冷只能自己单边去做并承担相应的后果。以色列绝不能容忍伊朗拥有核武器。犹太民族是有着 3500 年历史的民族。犹太民族经历过其他民族没有受过的威胁。以色列保留着保卫自己民族的权利。犹太人民的未来只能依赖于以色列的未来"。[②] "目前国际社会尚有时间来阻止德黑兰获得核武器，如果不能奏效。以色列也不再是被牺牲的羔羊，以色列将全力阻止伊朗获得核武器。"[③]

（3）内塔尼亚胡认为伊朗拥核将产生极为恶劣的后果。第一，伊朗将为恐怖分子提供核武器或核保护伞。这将让中东和世界永无宁日。这将对以色列、稳健的阿拉伯国家、欧美构成严重威胁。如果伊朗获得核武器，西方文明注定将失败。而且将在中东引发核多米诺骨牌连锁反应。内塔尼亚胡表示，"如果伊朗拥核，周边国家将竞相效仿。本来多事之地的中东，如果引发核军备竞赛，中东将变成一个难以控制的火药桶。"最后伊朗拥核将促使阿拉伯国家脱离美国滑向伊朗。中东的弱小国家易于跟随地区大国抛弃外部大国，约旦王国就是最重要的例证。为此国际社会应当极力阻止伊朗拥有核武器。[④]

---

① Peter Hirschberg, "Netanyahu: It's 1938 and Iran is Germany; Ahmadinejad is Preparing Another Holocaust," *The Haaretz Daily*, 14 November, 2006, http: //www. haaretz. com/hasen/spages/787766. html.

② Transcript: Prime Minister Netanyahu on NBC's Meet the Press, 21 June, 2009, http: //www. pmo. gov. il/PMOEng/Communication/Interviews1/eventpress210609. htm.

③ Peter Hirschberg, "Netanyahu: It's 1938 and Iran is Germany; Ahmadinejad is Preparing Another Holocaust," The Haaretz Daily, 14 November, 2006, http: //www. haaretz. com/hasen/spages/787766. html.

④ Jeffrey Goldberg, "Netanyahu to Obama: Stop Iran—Or I Will," Atlantic Exclusive, March 2009, http: //www. theatlantic. com/doc/200903u/netanyahu.

二、内塔尼亚胡政府的地区游说

上台伊始，内塔尼亚胡政府开展了以推动制裁和军事打击两个核心游说内容的密集强大游说攻势，试图建立反对伊朗的战略同盟。内塔尼亚胡的游说路线共有三条，其游说外交的主题是伊朗核威胁，但是在会谈中内塔尼亚胡采取强调伊朗核威胁为主、巴以和谈为辅的方式。

（一）地区国家路线

内塔尼亚胡于5月11日和14日先后同埃及总统穆巴拉克和约旦国王阿卜杜拉二世举行会谈，同埃、约领导人会谈是内塔尼亚胡正式访问美国并同奥巴马会谈的序曲。埃、约两国是阿拉伯世界中为数不多的承认以色列的国家，也是以色列攻击伊朗的几条路线所必需经过的国家。[①]

团结反对伊朗威胁的共识是内塔尼亚胡会谈的重要议题。以色列此前表示，“内塔尼亚胡要告诉穆巴拉克，以色列和稳健派阿拉伯国家应当一致行动面对来自伊朗的共同威胁，伊朗试图寻求发展核武器干涉地区事务”。[②] 在同约旦国王阿卜杜拉二世举行的阿奎巴（Aqaba）会谈中，后者接受以色列关于哈马斯和伊朗威胁地区安全的说法。埃约两国的共同之处是它们都同以色列建立外交关系，而同伊斯兰革命后的伊朗断绝外交关系，因此三

---

① 一般认为，以色列最有可能通过空袭打击伊朗，空袭线路主要有三条：第一条是通过约旦经伊拉克进入伊朗，这是最短的攻击线路；第二条是通过约旦经沙特阿拉伯进入伊朗的攻击线路；第三条是向北经土耳其进入伊朗的攻击线路。第三条因为伊朗同土耳其关系良好而不太可能采用。

② “Israeli PM Discusses Iran with Egypt’s Mubarak,” Al Arabiya New Channel，11 May，2009，http：//www.alarabiya.net/articles/2009/05/11/72560.html.

国在应对伊朗威胁方面容易达成共识，同时它们对伊朗的核态势发展表示担忧。

但是需要指出的是，相对于伊朗威胁而言，埃、约两国对巴以和谈更感兴趣。约旦国王表示，巴以问题存在极端微妙的时刻，如果巴以和谈不能有效推进，巴以关系将再度恶化。[①] 巴以冲突中的两国方案是实现中东和平的先决条件，敦促内塔尼亚胡尽快宣布"两国方案"并接受阿拉伯和平倡议，采取必要步骤推动两国方案。[②]

埃及总统穆巴拉克也表示，"建立巴勒斯坦国是实现以色列同阿拉伯国家和解的前提条件。以色列必须接受巴勒斯坦国，否则恐怖主义和暴力将持续不断。你不应当说以色列同阿拉伯国家关系正常化，然后我们在巴以和平取得进展。以色列应在巴以和平问题取得重大进步，并鼓励阿拉伯国家。如果我们在和平问题上达成了一个解决方案，那么阿拉伯国家将准备同以色列发展关系"。[③]

尽管如此，经过会谈，以色列同埃及在过境通行上取得重大进展。2009 年 7 月 3 日，以色列 1 艘海豚级潜艇经苏伊士运河参加红海埃拉特（Eilat）海域举行的军事演习。[④] 以色列海豚级潜艇续航能力为 4500 海里并可以发射带铀核弹头的巡航导弹，

---

① Mohit Joshi，"Tight Security Ahead of Netanyahu's Visit to Egypt，" Top News，11 May，2009，http：//www. topnews. in/tight－security－ahead－netanyahus－visit－egypt－2165042.

② " Netanyahu Arrives in Jordan for Talks with King Abdullah II，" Gulf News，14 May，2009.

③ Sarah El Deeb，"Mubarak to Israel：Progress Before Recognition，" 12 May，2009，http：//www. blnz. com/news/2009/05/12/Mubarak _ Israel _ Progress _ before _ recognition _ 9195. html.

④ "Israeli Sub Sails Suez，Signaling Reach to Iran ，" Reuters，3 July，2009，http：//www. reuters. com/article/newsOne/idUSTRE5621XZ20090703.

这意味着它无需加油就可以通过经红海到达海湾实施对伊朗的打击。[①] 以色列 2 艘萨阿－5 级（Sa'ar－5 class）导弹护卫舰于 2009 年 7 月 15 日穿越苏伊士运河到达红海。埃及和以色列两国的军事联系被认为是向伊朗发送的威胁信号。[②]

三、内塔尼亚胡政府的美国游说

美国路线是内塔尼亚胡政府游说的重点，这不仅因为美国是以色列的坚定盟国，而且也因为美国是坚定遏制和威慑伊朗的最重要国家。美国路线主要包括行政部门、美国国会和美以公共关系委员会（American Israel Public Affairs Committee，AIPAC）3 个渠道。其中，以色列总理内塔尼亚胡同美国总统奥巴马是最重要的渠道。

5 月 18 日，内塔尼亚胡同美国总统奥巴马会晤。伊朗威胁和以色列的国家安全是内塔尼亚胡同奥巴马会面的重要议程。内塔尼亚胡强调："伊朗发展核武器不仅是对以色列，也对稳健的阿拉伯国家、欧洲和美国和其他大国构成威胁。我们的共同目标是和平，但伊朗是对地区和平的最大威胁，如果伊朗获得核武器。它将向恐怖主义分子提供核保护伞，最坏的是向他们提供核武器。这样我们所有人都处在伊朗的巨大威胁之下。"[③] 因此国际社会在必要时向伊朗施加压力制裁伊朗，并像美国总统奥巴马

---

① Dan Williams, "Israeli Sub Sails Suez, Signaling Reach to Iran," Reuters, 3 July, 2009, http：//www.reuters.com/article/newsOne/idUSTRE5621XZ20090703.

② Yaakov Katz, "Two IDF Warships Cross Suez to Red Sea," *The Jerusalem Post*, 14 July, 2009, http：//www.jpost.com/servlet/Satellite? pagename＝JPost%2FJPArticle%2FShowFull&cid＝1246443805951.

③ Transcript of Prime Minister Benjamin Netanyahu's Interview on CBS's Evening News , 15 June, 2009.

所表达那样不能跨越红线，保留所有的政策选择。

在巴以问题上，内塔尼亚胡坚持巴以问题同伊朗核问题分开的原则，他表示"我们想处理巴勒斯坦问题而无论伊朗发生什么，我也希望美国阻止伊朗获得核武器的举动而无论巴勒斯坦发生什么"。① 同巴勒斯坦和阿拉伯国家实现和平与对付伊朗的核武器威胁之间不存在政策联系，而只是因果关系。如果我们在巴以实现了和平，就能够团结反对伊朗的阵线。相反如果伊朗拥有了核武器，也将危及和平进展并对中东地区产生破坏作用，并危及现存的和平协定。②

对此奥巴马回应主要包括两点：第一，伊朗威胁同巴以和谈的关系问题。实现"两国方案"不仅符合巴勒斯坦人民的利益，也符合以色列、美国和国际社会的利益。③ 美国需要以色列的冻结承诺作为启动巴以地区和平和获得国际社会支持严厉制裁伊朗的政策工具。但内塔尼亚胡担心以色列落得停建了定居点但美国未能推动地区和平举动的双输局面。"如果说在伊朗和巴以和平进程之间存在联系，那就是我们让以色列同巴勒斯坦谋求和平将加强我们在国际上应对潜在伊朗威胁的实力。如果真主党和哈马斯被削弱，伊朗制造麻烦的能力也将减弱。反过来也如此。"④ 第二，接触伊朗问题。奥巴马表示接触本身不是目的，而只是阻

---

① Jeffrey Goldberg，"Netanyahu to Obama：Stop Iran—Or I Will，" Atlantic Exclusive，March 2009，http：//www. theatlantic. com/doc/200903u/netanyahu.

② Remarks y President Obama and Prime Minister Netanyahu of Israel，the White House Office of the Press Secretary，18 May，2009，http：//www. whitehouse. gov/the _ press _ office/Remarks－by－President－Obama－and－Israeli－Prime－Minister－Netanyahu－in－press－availability/.

③ Matt Spetalnick and Jeffrey Heller，"Obama presses two－state solution in U. S. － Israel talks，" May 18，2009，http：//www. reuters. com/article/topNews/idUSTRE54H0P520090518.

④ Leslie Susser，"Trading a Settlement Freeze for Action on Iran，Arab Ties，" 13 July，2009，http：//jta. org/news/article/2009/07/13/1006497/trading－a－settlement－freeze－for－action－on－iran－arab－ties.

止伊朗获得核武器能力的手段。美国希望伊朗成为国际社会的完全成员，但这不可能通过拥有核武器来获得。奥巴马说，美国致力于接触伊朗为的是说服伊朗寻求核武器并不符合其利益。但是美国不会让谈判永远谈下去，不会让伊朗用谈判的方式拖住自己，并将谈判作为拖延时间以发展核武器的手段，伊朗大选后美国将加快谈判进程。①

内塔尼亚胡同奥巴马的会晤为巴以问题和如何解决伊朗核威胁定下了基调。这也让内塔尼亚胡等官员在国会和美以事务委员会的游说打了折扣。内塔尼亚胡在访美期间先后会见美国国会众议院议长南希·佩罗西（Nancy Pelosi）、众议院少数派代表约翰·博纳（John Boehner）和参议院外交事务委员会成员。佩罗西对内塔尼亚胡提及的伊朗威胁和巴以问题的回应是，她本人支持以色列的两个国家解决方案，但必须是民主犹太人以色列同巴勒斯坦共处的方案。伊朗问题是国会关切的事情，这对整个世界也是个重要问题；这需要大家共同努力来保证伊朗不会发展大规模杀伤性武器。②

内塔尼亚胡通过美国以色列公共关系委员会（American Israel Public Affairs Committee，AIPAC）等压力集团开展工作。2009 年 5 月，内塔尼亚胡通过卫星电视向美以公共关系委员会年会发表演讲。除了提出关于巴以和平的“两国方案”之外，内塔尼亚胡表示伊朗要获得核武器是阿拉伯人和犹太人近世纪以来首次面临着共同的危险。我们必须合作：以色列同阿拉伯世界合

① Transcript：Prime Minister Netanyahu on NBC's Meet the Press，21 June，2009，http：//www.pmo.gov.il/PMOEng/Communication/Interviews1/eventpress210609.htm.

② “Netanyahu presses Congress over threat of nuclear Iran，” CNN Politics，19 May，2009，http：//edition.cnn.com/2009/POLITICS/05/19/mideast.netanyahu.dc/index.html.

作，以色列同巴勒斯坦合作。[①] 出席年会的以色列总统佩雷斯表示，"以色列愿意所有谋求和平的国家向所有阿拉伯国家伸出双手，结束战争、毁灭和仇恨。但是伊朗是以色列缔造和平的最大威胁。中东正处在伊朗制造的核威胁阴影中。伊朗没有受到任何国家的威胁，就选择发展核武器和远程导弹，这威胁了以色列的安全。此外伊朗还资助武装黎真主党和哈马斯，将恐怖、暴力和伊朗的意识形态强加给黎巴嫩和巴勒斯坦"。[②]

在内塔尼亚胡的游说中，打击伊朗问题并没有涉及。媒体表示，内塔尼亚胡认为，在小布什回绝奥尔默特的打击伊朗的请求之后，以色列很难在短期内获得奥巴马政府的打击请求。但出人意料的是，2009 年 7 月 6 日，美国副总统拜登在接受采访时公然表示，"以色列是个主权国家，美国不能为另一个主权国家决定它们做或不做的事情。以色列可以根据自己利益决定对伊朗和其他国家做什么。无论美国同意与否，以色列有权这样做。如果内塔尼亚胡政府决定采取有别于现在的行动的话，那是其主权所赋予的权力而不是美国的选择"。[③] 尽管美国总统奥巴马在次日做出澄清，表示"美国绝对没有给以色列发动袭击伊朗核设施开

---

① 以色列同巴勒斯坦的和平在内塔尼亚胡认为是可以实现的。为此内塔尼亚胡建议采取政治、安全和经济三轨并行的方法实现同巴勒斯坦和平的现实之路。但是三轨方案有两个前提条件：第一，和平不能在没有安全的情况下到来。如果以色列放弃安全，我们既不能获得和平也不能获得安全；第二，在最后的和平方案实现之前，巴勒斯坦人民必须承认以色列是犹太人国家，不许承认以色列是犹太人的民族国家。参见"PM Benjamin Netanyahu AIPAC Policy Conference 2009," 4 May, 2009, http://www.aipac.org/.../SpeechesByPolicymakers/PMNetanyahuPC09.pdf。

② "Shimon Peres AIPAC Policy Conference 2009," 4 May, 2009, http://www.aipac.org/.../SpeechesByPolicymakers/ShimonPeresPC2009.pdf.

③ "This Week," Transcript: Exclusive: Vice President Joe Biden, 5 July, 2009, http://abcnews.go.com/ThisWeek/Politics/Story?id=8002421&page=1.

绿灯，美国政府寻求在国际背景下解决伊朗核问题的立场并未改变。[①]

不管怎样，拜登发言是美国重要官员在对以色列打击伊朗立场上做出的最大的松动。发言让外界开始怀疑美国暗示赋予以色列以打击伊朗的相机决定权意味着美国和以色列之间已经达成了某种默契。美国是在逐渐放松对以色列的战略约束义务。这同上述埃及容许以色列潜艇和舰只通行如出一辙。

四、内塔尼亚胡政府的大国游说

尽管以色列在游说美国方面遭受挫折，但是以色列仍然积极开展对俄罗斯、法国和意大利的游说，这也是以色列游说外交的第三条路线。由于俄罗斯和法国等国在游说外交的意义有所不同，以色列对此采取分别推进的方法。

在对俄罗斯的游说中，停售 S—300 防空导弹系统和制裁伊朗是以色列的主要议题。为了说服俄罗斯停止对伊朗的军售，以色列的高级官员多次造访俄罗斯。停售 S—300 防空导弹系统对以色列意义重大。伊朗在购置道尔－A1 型号的防空导弹系统后，如果再获得 S—300 防空导弹系统，将大大增加伊朗的防空效能，将增加以色列实施有效袭击军事打击的难度。为此以色列极力要求俄罗斯取消此项军售。2009 年 4 月以色列提出向俄罗斯出售价值 5000 万美元的 50 台无人侦察机，交换俄罗斯停止向

① Herb Keinon and Hilary Krieger，"Obama：Absolutely No US Green Light for Attacking Iran，" 8 July，2009，http：//www.jpost.com/servlet/Satellite? cid＝1246443739359&pagename＝JPost%2FJPArticle%2FShowFull.

伊朗出售S－300防空导弹系统。但遭到俄罗斯的拒绝。[①] 2009年6月初，以色列外长利伯曼访问俄罗斯，寻求同俄罗斯建立战略伙伴换取俄对伊停止军售。[②] 但是俄罗斯外长拉夫罗夫重申俄罗斯对伊朗的军售是以不影响地区均衡为原则。[③] 而俄罗斯总统梅德韦杰夫直接告诉利伯曼俄已经签订S－300导弹系统销售合同并接受了首付款。"那笔钱是个大数目，俄罗斯在经历经济危机日子，很难过。如果以色列一定要阻止的话，那么可选择自己购买或说服沙特购买。"[④]

在严厉制裁伊朗问题上。以色列外长利伯曼表示，如果同德黑兰的对话失败，国际社会应当采取更严厉的措施阻止伊朗获得核武器，俄罗斯也应当利用同伊朗的关系向德黑兰施压。但拉夫罗夫仅仅重申了俄罗斯外交的一般原则：（1）美国总统奥巴马提出的接触伊朗政策将增加国际社会解决伊朗核僵局的机会。（2）俄罗斯将同常任理事国和德国一道采取联合行动。（3）俄罗斯向国际社会重申伊朗核计划只用于民用目的。[⑤] 这样，以色列对俄罗斯的游说无极而终。

2009年6月23日，内塔尼亚胡先后会见意大利总理贝鲁斯科尼和法国总统萨克奇，伊朗核威胁和巴以问题成为会谈最重要

---

① 俄罗斯一将军表示，在这个时间节点我们至多表示这一销售尚未进行的含混保证，但这种情况随时会发生变化，其中一个因素是以色列对伊朗的政策，参见Dan Williams，"Israel lobbies Russia on Iranian arms sales，" Reuters，13 April，2009，http：//www. reuters. com/article/worldNews/idUSTRE53C20P20090413。

② "Lieberman to Press Russia to Curb Iran Nuclear Program，" Haaretz News，31 May，2009，www. haaretz. com/hasen/spages/1089243. html.

③ Herb Keinon，"FM：View ME Conflict in Wider Context，" *The Jerusalem Post*，2 June，2009，http：//www. jpost. com/servlet/Satellite? cid=1243872315467&pagename=JPost/JPArticle/ShowFull.

④ Barak Ravid，"Netanyahu to Putin：Stop Selling Missiles to Iran，" Haaretz News，29 June，2009，http：//www. haaretz. com/hasen/spages/1096332. html.

⑤ "Israel Wants Russia to Dance to Its Tune，" 2 June，2009，http：//newsfromrussia. com/world/asia/02－06－2009/107665－israel _ russia－0.

的议题。内塔尼亚胡表示尽管伊朗核问题的演化难以预知，但是世界上所有负责任的领袖、政府和人民都应一致努力阻止伊朗获得核武器。法国总统萨克奇表示，同意内塔尼亚胡提出的伊朗拥有核武器不可接受的观点，并表示国际社会应当严厉制裁伊朗。意大利总理贝鲁斯科尼也表示伊朗政府不应该寻求获得核武器。

在巴以和谈上，意大利总理支持内塔尼亚胡要求建立去军事化的巴勒斯坦国的倡议，敦促以色列在占领的约旦河西岸停止建立新的犹太人定居点。[①] 法国总统萨克奇表示法国全面支持未来的巴勒斯坦国，因为这将是以色列未来的最佳保障；同时呼吁以色列采取所有可能措施在与巴勒斯坦的会谈中建立信任，而这应当始于冻结所有的定居点行为，要求内塔尼亚胡“在占领的约旦河西岸完全冻结”犹太人定居点。[②]

2009 年 7 月 10 日，八国峰会达成的共识包括：（1）在伊朗核问题上，八国峰会并未提出制裁伊朗的新方案而是赞同美国采取接触伊朗的政策；国际社会严重关注伊朗核问题，设定 9 月 24—25 日 G20 峰会之前是伊朗答复的最后期限；八国在同伊朗磋商解决核问题的决定上团结一致。（2）在巴以问题上，敦促以色列停止修建定居点，推动两个国家的方案，推动巴以和平。奥巴马总统向内塔尼亚胡表示，他需要以色列的冻结承诺以获得对伊朗实行更严厉政策的国际支持，如果美国对伊朗的外交举动失败的话。以色列方面同意这两个目标并准备在定居点问题上做出让步。[③]

美国总统奥巴马在八国峰会的总结发言上表示，现在国际社

---

① “Netanyahu, Berlusconi agree on Iran threat,” 23 June, 2009.

② John Keating, “Sarkozy, Netanyahu discuss Middle East and Iran,” 24 June, 2009.

③ Leslie Susser, “Trading a settlement freeze for action on Iran, Arab ties,” 13 July, 2009, http: //jta. org/news/article/2009/07/13/1006497/trading—a—settlement—freeze—for—action—on—iran—arab—ties.

会向伊朗开启了大门，让伊朗能更充分地加入国际社会。如果伊朗选择拒绝通行，将对伊朗采取更严厉的措施。"[①] 美国总统奥巴马表示，"我认为八国峰会在声明中达成了共识，并通过了重新评估伊朗磋商停止核武器政策的姿态"。[②] 法国总统萨克奇表示，我们需要利用一切谈判的机会；如果谈判奏效就太好了，如果谈判毫无成效，我们也不会罢休。[③]

八国在拉奎拉峰会上达成的共识给大国下一步解决伊朗核问题确定了基调，也给以色列的游说外交暂时划上了句号。留给以色列的是在推进"两国方案"的同时观望美国接触伊朗所取得的成效。这样内塔尼亚胡政府的游说活动以宣扬"伊朗威胁论"开场，以被敦促推进巴以和谈而告终。

五、对以色列游说外交的解析

（一）海湾的制衡关系与伊朗威胁

以色列和伊朗是中东地区水火不容的敌手，两国都视对方为自己国家安全的重大威胁者。尽管伊朗通过真主党和哈马斯对以色列形成战略牵制，但伊朗如果对以色列构成实质威胁还需要具备两个条件：一是有效突破海湾沙特、伊拉克的地区制衡和美国的外部制衡；二是掌握核武器等非常规武器。

---

① "Iran Preparing New Package for West," The Jerusalem Post, 12 July, 2009, http://www.jpost.com/servlet/Satellite?pagename=JPost/JPArticle/ShowFull&cid=1246443775000.

② "Obama Praises G－8 Consensus on Condemning Iran's Postelection Violence", 10 July, 2009, http://www.foxnews.com/politics/2009/07/10/obama－economic－recovery－ways/.

③ Jonathan Weiisman, "G－8 Voices Concern Over Iran Actions," Wall Street Journal, 10 July, 2009, http://online.wsj.com/article/SB124709081801314361.html.

伊朗所处的海湾地区安全格局存在沙特、伊朗、伊拉克三足鼎立的制衡关系，这种制衡还因为美国的参与而得以加强，美国通过维持同沙特的结盟关系来平抑伊朗和伊拉克的压力，防止两伊成为地区霸权国家。[①] 从海湾战争到伊拉克战争，随着伊拉克不断被削弱，三国之间的均势逐渐失衡。而美国却通过与沙特等国签订安全协定加强了对海湾地区安全事务的控制。美国前助理国务卿理查德·莫菲曾表示，美国不希望看到任何国家主宰海湾，如果一定要有国家主导海湾的话，那就是美国。[②] 美国逐渐承担起遏制伊朗维持地区平衡的角色，从离岸平衡手（offshore balancer）变成了地区安全事务的重要参与者。在伊拉克的人员伤亡和经济损失迫使美国奥巴马总统推出“伊拉克退出战略”。这意味着美国为了自身利益选择抛弃或减少在海湾地区承担的战略义务。而这不可避免地造成伊朗和什叶派影响在地区做大，并相应增加沙特和以色列的压力。伊朗和以色列迎头相撞的几率大增。而接触伊朗更加剧了以色列担心美国企图摆脱遏制伊朗核野心的战略义务忧虑。这种背景也是内塔尼亚胡极力渲染“伊朗威胁”的地区原因。

另外，已经拥有中程运载能力的伊朗如果再掌握核武器，将彻底打破以色列在中东的核垄断和在常规武器上的优势，彻底改变以色列对穆斯林世界的战略优势，并对以色列构成战略威胁。这是以色列最不愿看到的。尽管以色列深知 2006 年生产出低浓缩铀的伊朗距离获得核武器尚有数年之遥。但时间在伊朗那边，

---

① 美国学者詹姆斯·比尔利用矩形形容海湾地区伊朗、伊拉克、沙特阿拉伯和美国之间的制衡关系。他认为，海湾地区除了两伊和沙特三国之间存在着制衡关系之外，外部国家美国也充当着维护海湾地区军事的责任，参见 James A. Bill, “The Geometry of Instability in the Gulf: The Rectangle of Tension,” in Jama S. Al－Suwaidi ed., *Iran and the Gulf: A Search for Stability*, Adu Dhabi: The Emirates Center for Strategic Studies and Research, 1996, pp. 99－117.

② Christin Marschall, *Iran's Persian Gulf Policy: from Khomeini to Khatami*, London & New York: Routledge Cruzon, 2003, p. 160.

核问题拖得愈久对伊朗愈有利，以色列所感受的不安全感也就愈强烈。而且美国遏制伊朗的意愿降低和伊朗拥核的两个因素所形成的合力更加剧了以色列强烈的不安全感和危机意识，并促使内塔尼亚胡政府开始频繁的游说外交。

（二）三条路线与三环外交

以色列在宣扬伊朗威胁上可谓不遗余力，动用了几乎所有可资利用的战略资源。三条路线在实际上组成了以美国为内环、大国为中环、地区国家为外环的“三环外交”。这三者各具特色，相辅相成。美国路线是以色列游说外交的内环。行政部门、国会和美以公共事务委员会成为了以色列游说的三个阵线。由于美国奥巴马政府已经做出促和促谈的战略决策，屡试不爽的以色列游说外交并未收到预期的成效，会谈反而成为美国敦促以色列推进同巴以和谈的场合。大国路线是中环。俄伊之间的武器贸易是以色列的心腹大患。加上伊朗核问题已经转移到安理会层次，安理会五个常任理事国和德国（P5＋1）成为决定对伊朗行动的主导力量，也是以色列谋求通过国际多边力量削弱伊朗和增加打击伊朗可靠性的倚重力量。因此以色列只有让大国接受自己的伊朗威胁论，疏远伊朗及严厉制裁伊朗才有可能变为现实。地区国家路线虽然是游说的外环，但由于以色列在穆斯林世界是被孤立的国家，以色列的地区游说只能通过埃及、约旦等国开展，而且过境通行问题只能同这些国家磋商，并期望通过它们的国际威望和地区影响力来影响更多国家。

维系“三环外交”的依据就是凭借“伊朗威胁论”。内塔尼亚胡政府宣扬伊朗威胁的真实目的包括：（1）组织反对伊朗的战略同盟。将中东日程改变为稳健派国家同极端派国家（伊朗）之间的冲突。（2）为对伊朗采取单边军事行动做前期准备，寻求合法性。从埃及过境通行和向美国寻求获得打击伊朗的许可是在做单边军事行动前的准备。另外只有将伊朗威胁渲染到无以复加的地步，以色列对伊朗的军事打击才能得到国际社会的同情，获得军事打击伊朗的合法性。(3) 转移巴以冲突。内塔尼亚胡寻求建立反对伊朗的以色列－阿拉伯国家联盟具有分散国际社会关注巴以和谈的目的。在策略上，以色列采取了以宣传伊朗威胁为主，推介巴以和谈为辅的方式。但在同游说国家的互动中，主辅次序发生了颠倒，即这些被游说的国家规劝以色列作为当事方以解决巴以冲突为主。在以色列看来是次要问题的巴以问题反而成为国际社会要求以色列优先解决的问题。在相当程度上，这些国家坚持强势的以色列只有支持巴勒斯坦建立自治国家，并在停止修建定居点、东耶路撒冷等问题上做出实质让步，以色列才能获得真正的安全。

以色列在游说外交上有失有得。获得苏伊士运河的通行权是以色列游说外交的最大收获，海上攻击线路将成为长途奔袭的空中打击线路的替代选择或补充；而同俄罗斯的外交是彻底的失败，俄伊两国的军事联系将成为以色列打击伊朗最重要的障碍。

(三) 以色列的战略企图

以色列宣扬的伊朗威胁和刻意表现的受害者心理难以赢得阿拉伯国家的支持。埃及和约旦虽然能接受以色列的伊朗威胁宣传，并具有一定的地区影响力，但它们不是阿拉伯国家的全部。埃、约两国将难以在以色列和其他阿拉伯国家之间发挥桥梁作用。在以色列未在巴勒斯坦问题上做出实质让步，并遵循阿拉伯提出的“和平倡议”(Arab Peace Initiative) 的前提下，包括沙特阿拉伯在内的 58 个国家拒绝承认以色列的局面仍难以扭转。阿拉伯国家不是不清楚伊朗对地区安全造成的威胁，但更清楚以色列绝非善类，更不是弱者和受害者。以色列于 2006 年 6 月和 2008 年底发动的对真主党和哈马斯战争所造成的巴勒斯坦平民伤亡和人道主义危机仍然历历在目，这极大伤害着阿拉伯国家的民族感情。众多阿拉伯国家难以接受以色列所宣扬的组建阿拉伯国家和以色列同盟共同应对伊朗威胁的说教。伊朗威胁远远没有达到超越阿以矛盾和穆斯林认同的地步，以及成为动员和维系阿拉伯和以色列共同遏制伊朗的纽带。内塔尼亚胡政府所期望的阿以联合的远景难以实现。埃及学者苏坦（Soltan）表示，"以色列在发动地区国家以服务其自身利益上做了相当高超的工作。以期达到转移地区和国际社会对阿以冲突注意力的企图，但埃及不会落入这一圈套"。[①]

拥有核武器的以色列对伊朗发展核武器的指责难以称信于他国，削弱了伊朗威胁说教的可信性。这也反衬出以色列的伪善和别有用心。如果核武器同地区安全存在直接关联的话，以色列不能解释自己拥有核武器的正当性和合法性。埃及总统穆巴拉克在沙姆沙伊赫会谈中明确表示期望中东地区实现无核化。[②] 这表明埃及并不支持以色列拥有核武器的立场，暗示以色列应当消除自己的核武库。事实上，阿拉伯国家对任何地区大国的崛起都心怀警惕，在相当程度上，坐观这两个对阿拉伯世界构成威胁的非阿拉伯国家重演两伊战争的故事未必是坏事。

以色列游说并没有让美国战略转移到应对伊朗威胁上来，美以之间的战略分歧是以色列游说失败的根本原因。奥巴马政府中东战略的主体思路是战略收缩，为此美国要求以色列政策服从服务于自己的战略调整，而不是相反。在保障以色列安全上，美国目前强调巴以问题是中东问题的症结，解决巴以问题将有助于伊朗核问题的解决；只有推行"两国方案"建立巴勒斯坦国才能消除伊朗"代理人"真主党和哈马斯的存在基础和反对以色列的合

---

① Aya Batrawy，"Netanyahu，Mubarak Meet with Eye to Washington，" Xinhua Net，13 May，2009，http：//news. xinhuanet. com/english/2009－05/13/content _ 11362746. htm.

② Sarah Eldeeb，"Mubarak to Israel：Progress Before Recognition，" 12 May，2009，http：//www. blnz. com/news/2009/05/12/Mubarak _ Israel _ Progress _ before _ recognition _ 9195. html.

法性，从根本上消除其对以色列的威胁。也只有解决了巴以问题，才能恢复沙特等稳健派国家对美国在中东能够发挥建设性作用的信心，促成以色列同广大阿拉伯国家的和解。在伊朗核问题上，美国认为，伊朗核威胁虽然迫切但并未到不能解决的境地。接触政策被奥巴马政府认为是敦促伊朗弃核政策组合的首选，值得当作激励机制予以尝试，这将增加美国政策的弹性和活力。接触政策也表明美国企图穷尽外交手段在弃核中所发挥的作用，树立以“和”为核心的新中东政策。因此，在尚未有效推行接触政策之前，美国不愿采纳以色列有关贸然发动军事打击的建议，因为其结果只能是让问题更为复杂。因此尽管内塔尼亚胡政府多次强调伊朗的核威胁，但处于战略调整当口的美国只能对以色列的游说置若罔闻。

（四）以色列的影响力

以色列充其量是个地区大国，影响力相对有限是以色列大国游说失利的主要原因。俄罗斯、欧盟等国家积极介入伊朗核问题的目的是期望在核问题的乱局中为自己谋求利益。这些大国在伊朗核问题中所充当的是双重规制作用，即规劝美国和以色列不得军事打击伊朗，也规劝伊朗不得获取核武器。而且以色列为伊朗核问题提供的解决方法想法有限，除了敦促大国实施严厉制裁和寻求军事解决之外，以色列难以提供更多有益的建议和政策，在这方面，以色列是伊朗核问题的破坏者而不是建设者。这些国家是视美国的政策而动，美国战略调整的确给俄罗斯、中国等大国以期待，美国的和解信号对俄罗斯、中国、欧盟等国家和地区组织起到了风向标的作用。在美国寻求和谈的情况下，欧盟等国选择观望，其下一步政策将视美国的政策变化和接触政策的效果而定。在这种情况下，这些国家当然不会轻信内塔尼亚胡的威胁宣传。而俄罗斯的中东政策更是通过伊朗、叙利亚、哈马斯介入到中东事务。这也注定了以色列对俄罗斯游说的彻底失败。

结 语

尽管内塔尼亚胡政府在游说美国和大国方面遭遇了挫折，表明了以色列试图通过大国解决伊朗核问题实现无核化的道路将十分艰难；但是获得苏伊士运河的通行权是游说外交所取得的最大成功，这将为以色列军事打击伊朗开辟十分重要的通道。尽管以色列对伊朗发动军事打击需要根据伊朗核问题进展、大国外交努力的成效而定，但是以色列对伊朗（迫近）威胁的认知将是决定性因素。

1907年后的伊朗犹太社团生存境况研究

张忆南*

内容提要：由于伊朗社会从1976年伊斯兰革命后发生了急剧转变，伊朗犹太社团在革命前后生存境况表现出较为显著的不同，巴列维时期的犹太社团发展曾一度繁荣壮大，达到黄金巅峰时期。伊斯兰革命带来的剧变导致了伊朗犹太人的移民潮，社团发展长期陷入停滞。而在目前伊朗与以色列由于核问题而形成的僵局下，伊朗犹太社团的身份认同和终极移民问题则显得尤为敏感与尴尬。

在现代伊朗社会之前，犹太人仍旧被与穆斯林严格区分开来，长期居住在“隔都”里：“隔都”内道路非常狭窄，基本不超过5英尺宽。与之形成强烈对比的是道路两边12英尺左右的高墙，墙头的石材中被浇筑进锯齿状的玻璃碎片。住房统一安装了橡木门，在入口处以金属钉加固。由于穆斯林社会的歧视性规定，犹太人自建的房屋必须低于周边穆斯林住宅的高度，因此犹

* 张忆南，上海社会科学院欧亚研究所研究实习员。

太人不得不弯腰进入自家门户。犹太人的宗教生活也和日常生活一样受到限制，犹太会堂外部不得设有明显标志，因此难以从外表识别。社会上对于犹太人的谬误观念更是延续了近千年：在穆斯林的心目中，犹太人被描绘成在肉体和精神上不洁净的“异端”，甚至被看作是传染病的携带者。在伊朗民间传说和大多数文学作品里，犹太人往往扮演吸血鬼一类的角色，与 Mulana、Jalaledin Rumi、Nezami、Sadi 等邪恶的文学人物一样，遭到痛恨。穆斯林家庭经常警告儿童不要去犹太人区，以免遭到绑架。犹太人如若外出上门拜访穆斯林，则必须坐在一小块特殊的地毯上与其他客人隔开，也不能接受主人家里诸如茶、食物或水烟的招待，因为什叶派穆斯林深信，被犹太人碰过的东西是不洁的。犹太人如若与穆斯林商人进行交易，则要通过特殊中介机构以免污染到对方。犹太人还被规定不得靠近水源，下雨时必须闭门不出，因为接触到他们的雨水会污染土壤。在遭到迫害时，犹太人区的水源往往第一时间被切断。在此种深刻歧视性观念的影响下，在社会上犹太人与穆斯林之间的暴力事件时有发生。而这些苛刻的歧视性规定，长久损害了犹太人的社会行动、宗教信仰和法律地位。

一、西方世俗化下的黄金时代

1907 年伊朗立宪运动对于伊朗犹太社团的生活境遇来说，无疑是一个具有重要意义的转折点。早在 1905 年，犹太人、基督教徒和拜火教徒就建立了一个多种族秘密宪兵游击队，积极推动立宪思想。革命爆发之初，伊朗犹太游击队联合其他国内少数民族一起投入到立宪运动中去，最终成功建立全国协商议会，以此替代当时由宗教领导层限定的纯伊斯兰议会。1907 年宪法为穆斯林和非穆斯林男性公民提供了在宗教身份意义之外的全新、明确的民族平等概念。根据 1907 年颁布的宪法条文，这些曾经不被伊朗社会承认的少数宗教群体，从此获取了合法、平等的法律地位。伊朗犹太社团无疑是这场革命的受益者，他们从旧的枷锁中被解放出来，犹太教与伊朗官方宗教——伊斯兰教和平共处的权利得到正式认可。新宪法规定，犹太人、基督徒和索罗亚斯德教徒都有权每年向议会推选出一名代表，但他们无权参加议会其他代表的选举，新宪法还禁止非什叶派穆斯林成为政府人员。

立宪运动带来的变革并没有立即消除伊朗社会长久以来穆斯林对犹太人的歧视性做法和态度。历史上代表种族隔离的“隔都”虽然不再具有实质性的意义，但在 20 世纪初，马什哈德、德黑兰和大不里士的犹太人居住区仍然会常常遭遇宗教极端人士的攻击与劫掠。直到礼萨·汗即位后，犹太人才能够进一步消除隔离与宗教歧视，融入更广阔的伊朗社会。

礼萨·汗即位后在伊朗推行政教分离、西方化和世俗化政策，取消伊斯兰教什叶派国教地位，削减伊斯兰在伊朗的影响，并进一步废除了对少数民族的歧视性法律。礼萨·汗本人高度推崇传统波斯文化，出于犹太人和波斯人在历史上的友好关系，他尊重国内的犹太社团，不仅在穆斯林中澄清“犹太人不洁”的谬误观念，还在访问伊斯法罕的犹太社团时向《圣经》文本鞠躬致敬，并宣布伊朗议会将为犹太人永久保留一个席位。犹太人对于礼萨·汗的慷慨也报以积极的回应，赞美其为自居鲁士大帝之后第二位最伟大的伊朗领袖。在此段历史中特别值得一提的是，二战爆发后，礼萨·汗在奉行亲德政策的第三国外交战略的同时，仍关注本国犹太人的安危。为了保护国内犹太社团免遭纳粹毒手，礼萨·汗向德国宣称本国犹太人已经完全同化。[①] 二战期间的伊朗不仅庇护本国犹太人，还暗中帮助欧洲犹太人开辟逃往巴

① 伊朗对德国称本国犹太人为“kalimis”，此名称起源于古兰经中对摩西的称谓。

勒斯坦的通道。可以说，在整个战争时期几乎都是德国支持者的中东地区，伊朗却一直对犹太人坚守保护立场，未曾让反犹主义在中东地区兴风作浪。

在这一时期，伊朗犹太社团规模有了前所未有的发展和壮大，人数稳定上升，在德黑兰等大中城市形成了多个高浓度社区。例如在 1948 年的库尔德斯坦，就分布着大约 15 个定居点，定居点人数达到 1.2 万人左右。在社团生活的不断完善中，犹太政治组织和团体也不断催生，国内第一个犹太青年组织成立于 1938 年，以萨姆斯·罕迈特（Shamsi Hekmat）夫人为首的第一个伊朗犹太妇女组织（Sazman Banovan Yahud）也于 1947 年建立。萨姆斯·罕迈特夫人还在更多城镇积极活动，设立社团分支机构，在她的努力下，伊朗第一家犹太医院于 1958 年在德黑兰开张。[①]

以色列国建立后，受锡安主义影响，伊朗境内有不少犹太人移居至德黑兰，后再取道移民至以色列，这一变化举动激怒了伊朗社会穆斯林宗教极端分子。1950 年 3 月，库尔德斯坦地区的 12 个犹太人被暴徒杀害。暴行促使更多的犹太家庭集中到德黑兰，并公开要求伊朗政府出面保护。在犹太人问题上，巴列维政府仍然延续了与先前一致的宽容立场，答应确保移民家庭的安全通行。到 1951 年 3 月，约有 8000 名伊朗犹太人移民以色列，这也是 20 世纪犹太人移民以色列的第一股主要潮流。由于以色列建国后与周边阿拉伯国家和穆斯林世界的迅速交恶，中东地区除伊朗以外的所有穆斯林国家都将本国犹太人口驱逐出境。相对于如此大环境对比，伊朗犹太社团的移民骚动反而渐渐消退，大部分伊朗犹太人在巴列维政府实行的宽容政策下，愿意继续留在德黑兰、伊斯法罕等城市发展。[②] 他们兴建了很多犹太会堂、犹太

① Habib Levy:《The Jews In Iran》, Mazda Publishers, p. 484.

② 章波："巴列维时期伊朗和以色列战略关系的成因"，《西亚非洲》2007 年第 2 期，第 27 页。

学校和独立的社区文体活动中心。许多犹太人进入伊朗主流社会，成为商界精英，在石油工业与法律事务中掌控股权，并将传统集市经营得风生水起。[1] 无论从何种角度来看，至此之后一直到伊斯兰革命前夕，可称得上是伊朗犹太人发展史上的一个真正的“黄金时代”，这一时期伊朗犹太社团的规模最高达到8万人左右。

二、孤立中的安稳与矛盾

1979年爆发的伊斯兰革命，推翻了亲西方的巴列维政权，新政府不仅与以色列断交，与美国的关系也急剧恶化。严格的伊斯兰法律地位再次上升，反以情绪席卷整个伊朗，这对当时国内的8万名犹太人造成了极大冲击。很多犹太人，尤其是犹太富商巨贾们不得不选择离开伊朗移居美国，他们在离开伊朗时都被迫留下了大批财产，其余则生活在不确定的生存危机的恐慌中。伊朗国内犹太社团的发展一度陷于停顿。

在处理国内犹太人问题上，霍梅尼同处理伊以外交政策一样，具有复杂的两面性：

在对以政策上：一方面，霍梅尼为了维护伊朗共和国政权的需要，在言论上高调反美反以；另一方面，在严酷的安全环境下，伊朗不得不在暗地里重新重视发展与同样对阿拉伯国家抱有戒心的以色列的“外围联盟”战略。因为以色列同伊朗既没有宗教上的、领土上的矛盾，也没有历史和民族上的矛盾。伊斯兰革命后，伊朗公开与美苏交恶，外交关系十分紧张；同时，伊朗一贯的大国心态与积极向阿拉伯国家输出伊斯兰革命的做法也使得周边阿拉伯国家普遍对伊朗采取防范的立场甚至敌视的态度。加

---

① “Many Jews Choose to Stay in Iran,” Associated Press, 2006.

之两伊战争爆发后，伊朗原本由美国支持的军备由于受到革命清洗而倍显软弱。霍梅尼为了在两伊战争中保持国内高调反以意识形态的统一和国内保守派民众的支持，同时争取各种联络周边阿拉伯国家的可能性，因此对以色列采取一种“公开言论指责，暗地武器交易”的政策。在这种两面性政策的指导下，在巴以冲突中，伊朗对巴勒斯坦的支持不冷不热。以色列向伊朗提供武器弹药，作为交易，伊朗帮助释放真主党扣押的西方人质。①

以色列与伊朗的暗地接触同时也让霍梅尼默认了对当时伊朗国内犹太社团的生命保护：霍梅尼虽然强烈反对犹太复国主义，但他在对待自己国内犹太社团的问题上，却持相对宽容的态度。早在他从巴黎回国之初，就约见国内犹太社团代表，重申会延续 1907 年宪法中赋予犹太人的永久议会席位的规定。他也明确表示：自己会把犹太复国主义者和伊朗犹太人区分开来对待。只要伊朗犹太社团不与美国和以色列接触，且不发表支持美、以的言论，伊朗政府便会保护他们人身安全不受伤害。霍梅尼不仅在言论上作出如上许诺，在行动上也的确帮助过伊朗犹太社团。比如，在革命后的犹太移民浪潮中，他曾经允许愿意离开伊朗的犹太人取道巴基斯坦前往美国、澳大利亚和以色列等国家。②

在保障生命财产不受侵害的前提下，伊斯兰革命后的伊朗犹太社团在社会生活中仍然存在很多问题与矛盾。整体而言，在伊斯兰共和国各方面严格限制下，伊朗犹太人基本处于与外部犹太社团隔离的境地。他们只能在政治、经济、宗教等各方面的警戒线内，固守着自己摇摇欲坠的生存空间，与穆斯林的交往也远不如革命以前自由。

政治上，他们被禁止一切与“锡安主义”、“以色列国”有关

---

① New York Times, November 22, 1986.

② U.S. Department of State, International Religious Freedom Report 2009, Released by the Bureau for Democracy, Human Rights, and Labor Washington, DC, October 26, 2009.

的敏感话题，一旦犹太人被证实参与锡安组织，或者与美国有亲密接触，都会被监禁。犹太人申请护照出国旅游必须接受特别监视局的监控，并且一个犹太家庭的全部成员不允许在同一时间到国外旅游，尤其是家庭里的年轻人必须被要求留在伊朗国内，犹太家庭收到警告电话更是常事。教育上，政府加强了对国内犹太教育机构的监管。伊斯兰革命前，伊朗有 20 所犹太学校；革命后，伊朗外交部借口教育经费不足，关闭了其中大多数。在德黑兰的公立学校中，只有 3 所是犹太学生占多数，而且开设的都是伊斯兰教课程，只有每周五才有由犹太教正统派机构开设的希伯莱语和犹太教课程。犹太学生在结束本科教学后，也很难再进入研究生阶段继续深造。宗教生活上，犹太人更不敢在会堂里明确用祈祷词表露出对耶路撒冷的向往。经济上，犹太人在就业、住房等方面也受到不同程度的限制。[①] 虽然霍梅尼时期并没有从法律上再次禁止犹太人进入政府部门工作，但是实质上政府部分只聘用穆斯林，犹太人和其他少数族群再次被阻挡在政府大门外。在国有企业部门工作的犹太人也不太可能上升到最高层。以往从商者的自由现金流被政府密切监控，以确保没有资金流往国外。在这个时期的伊朗，社会上的反犹主义偶有发生，不过当然不如历史上欧洲的反犹恶浪那般反复和强烈。伊朗国内至今出现过两次反犹风波，一次是那份伪造的“锡安长老议定书”在国内的传播，还有一次即 1999 年的“犹太间谍”风波，[②] 根据国会小组委员会的书面证词，这些“间谍”其实是以“莫须有”的罪名被控入狱。据统计，霍梅尼时期约有一半犹太人离开，剩余的犹太

① 内容来源自网站 www.jewishvirtuallibrary.org。

② 1999 年逾越节前夕，13 名犹太人被伊朗政府逮捕并被指控为以色列和美国从事间谍活动，引起国际社会强烈反响。2000 年 9 月，伊朗法庭在非公开审判中判决其中 10 名犯有间谍罪，其余 3 名无罪释放。2001 年 3 月、2002 年 1 月，两名刑满人员先后被释放，其余 8 名于 2002 年 10 月被释放。这 8 名犹太人中，有 3 名是被伊朗最高领袖哈梅内伊所特赦，而另 5 名释放后至今仍然处于伊朗特工的长期监视之下。

社团人数则固定在4万左右。

三、伊朗核危机阴影里的认同危机

随着“9·11”后美国全球反恐战争的开始，伊朗被美国列为“邪恶轴心国”，并处于支持国际恐怖主义国家的黑名单之首。在阿富汗战争和伊拉克战争后，美国已经形成了对伊朗的全方位包围态势。随着伊朗安全环境的恶化，伊朗国内保守派势力进一步得到加强，因此加大了对以色列的指责。两伊战争后，伊朗重新启动巴列维时期停滞的核计划。以色列强烈反对伊朗重启核计划，指责伊朗意在寻求核武器，并力促美国、欧盟等国家向伊朗施压，迫使伊朗放弃核计划。伊朗核问题上升成为核危机，并成为继巴以和谈后以色列和伊朗之间针锋相对的核心问题，以色列与伊朗的敌对也进一步加深。伊朗强硬保守派新总统内贾德上台后，不仅高调质疑二战中纳粹大屠杀的真实性，称“德国纳粹二战时屠杀犹太人完全是一个编造的神话”，并且在一个名为“世界无犹太复国主义”的会议上，更是语出惊人，声称“必须要把以色列从地图上抹去”，“以色列的存在是对伊斯兰的一大威胁，这个犹太复国主义国家已经腐烂了、干枯了，很快将会被风暴摧毁”，以色列“正在走向毁灭”，整个中东地区“很快将会得以解放”。[①] 面对以色列的指责和整个国际社会的批评，内贾德多次辩称有关以色列应该被彻底消灭的言论是正确合理的，反映了全体伊朗人民的心声。内贾德如此言论目的如下：一是顺应伊朗国内政治的需要。反对犹太复国主义和反对以色列一直以来就是伊朗的基本意识形态，也是团结国内保守派民众最有效的政治工具。内贾德凭借反以言论，可以凝聚国内共识，获得政治上的支

① 何志龙：“伊朗视野中的以色列”，《国际论坛》2006年第6期，第32页。

持。二是借指责以色列来为伊朗争取周边阿拉伯国家的支持，从而冲破美国对伊朗的孤立，改善伊朗恶劣的外交环境。并且，将矛盾中心转向以色列也可以转移阿拉伯国家对伊朗核问题的怀疑和担忧。

在核危机的阴影下，伊朗犹太社团成了伊以之间一座尴尬的孤岛。如今内贾德政府实行的对犹太人的政策为“区分对待”、“希望同化”。[①] 尽管内贾德政府延续霍梅尼时期的限制政策，在浓烈战争火药味的笼罩下却依然将他们与以色列国区分对待，一再宣称民族平等，犹太人也是伊朗国民，和穆斯林一样应当被尊重，伊朗反对的是锡安主义和以色列国而非犹太人。在此宣言下，内贾德总统办公室还亲自带头为国内最大犹太萨皮尔医院捐款 2.38 万里亚尔。[②] 甚至伊以关系越是紧张的时候，内贾德越是表现出对国内犹太人的亲善。伊朗犹太社团的生活境遇成为内贾德标榜国内民族平等的一面旗帜。在他看来，从历史到现实，伊朗国内的犹太人都可以很正常地生活，伊朗限制犹太人但并没有迫害犹太人。既然如此，以色列国还有什么存在的必要呢！

与霍梅尼时期相比，近年来犹太会堂和犹太公墓在数量上进一步有所减少，现存的犹太公墓基本上处于满员状态，其中位于苏萨附近的著名的犹太先知丹尼尔的公墓非常受穆斯林的尊敬，因为穆斯林什叶派相信他预言了安拉的降临。同样受伊朗国民尊敬的还有位于哈马丹的以斯帖王后陵墓。犹太会堂数目也进一步减少，原来在伊斯法罕、设拉子等城市的很多会堂如今已关闭，但不少大规模的会堂在安息日时仍然人满为患。在社团生活上，如今的伊朗犹太社团有着完整的组织结构，其社团主席每四年选举一次，并继续保有自己的妇女组织，出版自己的季刊，社团同

---

① 统计数据分别来自于美国国务院发布的2006年《国际宗教自由报告》和美国康涅狄格州纽黑文市的伊朗人权记录中心。

② Aryeh Levin, The Jews of Iran: The Fragile Subsistence of an Ancient Community, Policy Study No. 1, 2007, p. 9.

时也接受伊朗政府的少量不定期资金帮助。

伊朗犹太社团对于伊朗政府的限制政策和内贾德的反以言论似乎并无强烈反应。面对内贾德“大屠杀是个神话”的言论，伊朗犹太议员毛瑞斯·穆塔迈德甚至站在政府立场上为内贾德辩解：“我必须为内贾德做出澄清，在大屠杀事件上，最大的灾难在于那数以千计的影片和记录资料，这对伊朗犹太人和整个世界来说是巨大的侮辱。”① 毛瑞斯·穆塔迈德意图说明，事实上，伊朗犹太人并不希望自己的犹太身份引起国际社会的关注。他不仅在大屠杀事件上为内贾德的过激言论做出辩护，在伊朗对外政策上，甚至伊朗核问题上也完全支持内贾德。在身份认同问题上，很多伊朗犹太人和毛瑞斯持相同态度，认为国籍的认同要先于宗教的认同，自己在身份认同上首先是伊朗人，其次才是犹太人。虽然他也承认伊朗犹太社团现在面临很多问题，但伊朗绝不存在类似于欧洲历史上的那种反犹主义。至于内贾德的惊人言论，他们认为这完全是出于稳定国内政治和引起全世界的注意的考虑——内贾德之前的伊朗甚至还算不上二流国家，而现在却能够成功地在全世界的穆斯林心中树立一个勇敢对抗美国和以色列的伊斯兰卫士形象。

自伊斯兰革命以来，犹太社团试图保持政治和国内选举规避性低调宣传，基本上不公开支持举办大规模社团集会。但是在 2009 年的伊朗大选中，根据以色列特拉维夫大学伊朗研究中心主任大卫·门纳什（David · Menashri）作出的统计，伊朗犹太社团对于总统大选表现出相对活跃的参与性。尽管内贾德对以色列和大屠杀发表过一系列颇有争议的陈述，但不少伊朗犹太人认为其对于国内少数民族的政策仍旧倾向于主流，对其连任总统表示并无异议。在选举中同时也有相当多的伊朗犹太人支持迈赫迪

① Rachel Safier, How Jew—Friendly Persia Became Anti—Semitic Iran, Moment, Dec, 2006.

·卡鲁比，他们认为卡鲁比和穆萨维的平台更容易实现对于国内少数民族和宗教少数派的友善。①

随着伊朗核问题的加剧，美伊、伊以之间的关系日渐扑朔迷离。以色列虽然迟迟未对伊朗做出最后的战略选择，但其有一部分很大的顾虑是来自于对目前伊朗犹太社团的安全问题。实际上，以色列当局早已意识到这一问题，一方面责令情报机关摩萨德制定营救计划。据俄罗斯《谍报网》披露，以色列摩萨德高官近来多次秘密出访毗邻伊朗的高加索国家。摩萨德试图说服伊朗邻国，一旦以色列与伊朗兵戎相见，希望这些国家向以军提供飞机着陆点和加油服务，以便能够顺利转运在伊朗境内的犹太人。② 另一方面，以色列在国内设立的专项基金给每个愿意移民到以色列的伊朗犹太人提供10000美元经济资助。全家移民另外还会得到数千美元补贴，其中一家之主2000美元，母亲和每个孩子1500美元。以色列试图通过建立“现金激励移民机制”来鼓励伊朗犹太人大规模向本土移民。根据伊斯兰在线报道：伊朗的犹太人对此现金诱惑断然拒绝接受，这无疑给以色列不懈努力地引诱世界各地的犹太人移居到特拉维夫泼了一盆冷水。“多少钱都不能买走伊朗犹太人的身份。”——《卫报》7月13日引自《伊朗犹太人社团》的声明，社团主席毛瑞斯补充说，“伊朗犹太人热爱他们的伊朗身份和伊朗文化。以色列这种不成熟的政治诱惑并不能达到去除我们伊朗国籍的目的，这种方式是对伊朗犹太人的侮辱”。

除了以色列方面的撤侨努力行动外，美国希伯来移民援助协会（HAIS）和一些美国犹太人组织也大力呼吁伊朗犹太社团撤离。但据HAIS的统计数字，2003年共有183名伊朗犹太人离开伊朗，2004年有297名，而2005年只有183名。并且据调

① 迈赫迪·卡鲁比曾强烈批评内贾德，认为他的一些“未经考虑”的言论造成了很多问题，伊朗为此付出了代价。

② 资料来源于http：//gb.cri.cn/8606/2006/05/22/1905@1054389_1.htm。

查，这一小部分犹太人离开伊朗主要是出于经济原因和家庭原因，而并不是出于 HAIS 原来设想的政治因素。面对伊朗官方的种种限制政策、总统内贾德的强烈反以立场和这场越演越烈的伊朗核危机问题，大部分伊朗犹太人却仍然选择留居国内，对是否移民以色列的态度并不明朗。走上伊朗街头，随处可见不戴面纱的犹太妇女，德黑兰仍有部分犹太会堂处于开放状态，伊朗犹太人的日常生活照旧且安稳。对于美国犹太社团的呼吁行为，德黑兰的犹太社团主席马瑞德·萨迪格（Mareh·Sadik）再次强调其对伊朗政权的忠诚，在他递交内贾德的信件中写道："我们伊朗的犹太人，是伊朗人，一直是伊朗人，而且将永远是伊朗人。我们准备牺牲一切，为我们祖国的缘故。尽管对外宣传我们将继续生活在我们出生的土地。"犹太社团还对美国试图干预伊朗内部移民问题提出指责："任何外国试图干涉伊朗犹太人内部事务都是对伊朗人民和伊朗内部团结的摧毁。和平是伊朗犹太人在这片国土上生活的明证。"①

从客观角度上分析，伊朗犹太人之所以在核危机的强大压力下选择留居伊朗，原因在于：其一，虽然伊朗犹太人生活中面对种种限制，但只要在政治上对以色列和西方闭口不谈，犹太人还是可以享有生活保障和一定程度的宗教信仰自由，过着稳定的犹太式生活。他们认为伊朗现在的保守和限制对每个国民都是平等的，而某些政策也并非完全针对犹太人。相反，犹太人反而还拥有一些穆斯林所不能拥有的权利，比如犹太人可以保留在家庭内酿制葡萄酒的习惯与饮酒的特权，在男女同校的希伯来学校里男女生可以共舞等等——这些都是在伊朗社会中穆斯林所不能享有的权利。其二，伊朗政府的反以立场并不完全等同于反犹。虽然有些媒体关于反犹太复国主义的宣传有时也会挑起针对犹太人的暴力事件，但政府基本能够坚持其承

① Washington Jewish Week, October 31, 2008.

诺，出面保障国内犹太人的安全。核危机爆发后，伊朗政府曾多次表示，以色列与伊朗犹太人是两个概念，不会因为以色列而伤害本国犹太人。如2006年夏天，伊朗某报纸拍下一组照片，照片上一些拿着以色列国旗的人们在犹太会堂里聚集，庆祝以色列国庆日。该报纸宣称此犹太会堂位于伊朗。对此，现任伊朗犹太议员毛瑞斯·穆塔迈德发言澄清，此事件经过伊朗安全机构调查，纯属捏造。[①] 其三，选择留在伊朗的犹太人认为自己对于生活现状很满足，经过多年的流散与融合，伊朗国内的犹太群体已经深深扎根于他们所处的社会，其融合问题与生活状况相对来说属于较好的水平。即便与政府之间依然存留不少问题，但这些问题的存在并非主要是由于文化、宗教、历史的差异，而是现实、权益等因素综合作用的结果。其四，出于现实经济利益考虑，他们选择留在伊朗是因为有自己的工作和生活，有部分移民到美国是为了更多的工作机会。并且，现今留居伊朗的犹太人大部分年事已高，不会说希伯来语、英语，只会说波斯语，并不适合移民。如果移民以色列，他们在经济利益上会损失更多，这远远不是以色列设立单纯的现金激励机制可以弥补的。

---

① Aryeh Levin, The Jews of Iran: The Fragile Subsistence of an Ancient Community, Policy Study No. 1, 2007, p. 9.

会议综述

"2010年中国极地战略与权益"研讨会会议综述

程保志*

2010年6月15日，由上海国际问题研究院与中国极地研究中心共同组织的2010中国极地战略与权益研讨会在上海举行。来自外交部、国家海洋局等政府部门，以及上海国际问题研究院、中国极地研究中心、国家海洋局第二海洋研究所、中国海洋大学、国防大学、军事科学院、海军指挥学院、江南社会学院、复旦大学、同济大学、华东政法大学、上海外国语大学等机构的专家共28人与会。本次会议主要围绕极地科学考察和资源开发、极地治理与国际合作、极地地缘政治与安全以及中国的极地权利与利益等四大主题集中展开探讨。

一、极地科学考察和资源开发

首先，中国极地科考一线的技术专家介绍了南极考察支撑体系现状与南极冰盖最高点昆仑站考察情况，增强了与会代表对中

* 程保志，上海国际问题研究院全球治理研究所助理研究员。

国极地科学考察的历程与现状的感性认识。由于极地蕴藏着丰富的油气资源，该项议题的研讨重点旋即转入油气资源的开发问题。该项讨论的主要议题和形成的观点如下：

1. 北冰洋大陆架油气资源的增量部分是各大国全球战略思考中比较重要的关注点，对美国、俄罗斯、欧盟的全球战略具有举足轻重的影响；虽然部分大国的北极战略并未真正定型，但其战略目标初步显露出为“为我所有”与“为我所用”的差异，而这种差异将会转化为全球油气战略的控制与反控制之争。

2. 大陆架划界直接关系到环北极各国的油气资源利益。截至目前，联合国大陆架界限委员会审议的涉及极地大陆架划界的国家主要有俄罗斯、澳大利亚、新西兰、挪威、英国、阿根廷、丹麦等国。上述国家的划界主张直接影响到作为人类共同继承财产的国际海底区域的大小，虽然目前还存在着极大的争议，但有一点可以肯定，北冰洋地区有国际海底区域，只不过是不同的方案大小和多少的问题。

3. 各国科学家经过考察得出结论，在2050年之前，由于北极融冰速度加快，连接欧洲与东亚、北美与东亚的北极航道将开通。北极航道一旦开通必将改变世界贸易格局，推动形成以俄罗斯、北美、西欧为主体的环北极经济圈，从而影响整个世界的经济和地缘政治格局；但国际社会还缺乏对北极航行的有效管理，北极航道的法律制度还处于形成之中。

4. 北极航道的国际化体现在法律规则的国际化，从现行的法律规则讲就是《联合国海洋法公约》，其设置的基本点是以距离决定权利。《公约》关于海上通道的独特概念就是国际航行海峡，因此北极航道的国际化问题实际上就是探讨国际航行海峡的通行制度问题。

二、极地治理与国际合作

全球治理是当今国际学界的热门词，极地的治理理所当然是全球治理的重要一环。南极目前有《南极条约》体系作为该地区整体治理的主要机制，而北极还缺乏此种具有支配性的政治和法律机制，因此该议题的研讨主要集中在北极治理问题。该项讨论的主要议题和形成的观点如下：

1. 北极治理模式是一个进行时，治理目标、治理主体、治理措施都在不断的争议中发生变化。目前其最重要的变化是从北极理事会主导的格局到北极五国（加拿大、丹麦、挪威、俄罗斯、美国）与北极理事会并存的格局，同时其他参与主体的力量不断加强。至于占据治理主体的主导地位是北极五国还是北极理事会，将以各发展阶段面临的主要问题而定。当以环境、气候等领域问题为主时，北极理事会是主要机制；但当主权争议突起时，北极五国则具有主导地位。两者某种意义上是并行的，分别处理不同的问题领域，北极五国为北极理事会扫除主要的合作障碍。美国全球战略的调整和其他非北极国家日益增加的北极利益，则是影响未来北极治理模式演变的较大变数。

2. 当前对北极治理的争论主要集中在是否构建新的多边架构或者仅是利用既存的机制。有学者认为，北极治理国际机制的构建与完善大体可分三步走。第一步是将在北极海域全面实施《联合国海洋法公约》作为过渡措施；第二步是制定一个专门适用于北极海域（甚至适用于包括陆地在内的整个北极地区）的综合性环境保护公约；第三步则是比照南极，由国际社会全体成员共同努力，在联合国的主持下订立并逐步完善《北极条约》及其相关文件体系。对此，有学者提出不同意见，认为北极治理问题既是全球性问题也是区域性问题，可主要还是区域性问题。全球性问题中气候变化的影响最大，北极航道问题则是跨区域问题。因此，北极国际合作或治理的模式不应该是单一的，以议题为导向的国际合作可能更适合北极治理的需要。

3. 在气候变化的视野之下，北极地区的法律问题已不仅仅是环北极国家的问题，而是关系到北极圈以外国家的共同利益。气候环境的法律地位虽然不同于“人类共同财产”或“人类共同遗产”，但它同样意味着国际社会作为一个整体对具有全球重要性的气候资源有正当关心的权利，同时也要求国际社会共同分担有关保护全球气候的责任和义务。因此，北极地区的气候变化对全球气候公共治理具有“牵一发而动全身”的作用。在后哥本哈根时代，北极法律问题，尤其是与生态和环境保护有关的法律问题，例如生物多样性保护、航道利用、渔业资源管理、原住民权利等完全可以纳入到全球气候变化磋商的讨论之中，作为全球气候公共治理的一部分，而且可作为其关键部分。

三、极地地缘政治与安全

环北极国家从2006年至2009年间集中出台了他们的北极战略报告，其中俄罗斯2007年在北冰洋底插旗事件标志着北极地缘政治竞争进入了新的发展阶段，而考察这些国家的北极战略是研究北极地缘政治与安全形势的一种视角。该项讨论的主要议题和形成的观点如下：

1. 环北极国家北极战略或政策的共同出发点是资源利益、环境利益、地区经济与社会发展的需要，其中美国和俄罗斯还包含了深远的安全利益考虑。各国明确加强在北极地区包括军事力量在内的实力，用军事实力、交通运输能力、科技力量、基础设施等综合力量来维护在北极的利益，并谋求地缘政治竞争优势；在加强竞争的同时，环北极各国也提出了“国际治理”的主张，但更多的还是在环北冰洋之间或者北极国家之内强调合作，对于外界的参与非常谨慎，明显表露出其国际合作的有限性和排他性。另外，环北冰洋的大国与环北冰洋的小国在与北极以外重要国家进行合作的态度上也有区别，总体来说，环北冰洋小国合作的意愿高于大国。

2. 从地缘战略看，北冰洋是典型的地中海形式，因此属于重要的国际战略海域。当今世界主要大国都集中在北半球，围绕北冰洋形成了一个环形部署，通过北冰洋到达各大国的距离最短；在全球化的背景下，面临气候变暖、资源显现、航道开通的剧烈演变，各大国势必会加紧对北冰洋的地缘战略争夺。北冰洋冰盖厚达数米，能有效阻挡空中飞机和水面舰艇对冰盖下潜艇的搜寻、追踪和攻击，因此北冰洋也是战略导弹核潜艇最理想最安全的发射阵地。

3. 有青年学者在总结现阶段地缘政治理论方法的基础上，对北极地缘政治研究做出了有益的理论探索，认为对于北极地缘政治研究实质上扩大了地缘政治理论中关于“地缘”的范围，其并不局限于地理相邻的概念，而是沿着北极航线的延长线延伸，因此宜采用自然科学中的模型方法——复杂网络理论，来准确定位北极航线地缘政治网络的现状。

四、中国的极地权利与利益

30 多年的改革开放正好赶上了全球化浪潮，中国的生产要素参与了全球生产分工，并且促进了自身经济的增长。与此同时，全球化也把中国的利益和关切引向了世界各个角落，其中包括南北两极地区。因而中国的极地权利与利益问题成为本次研讨会的重点内容，该项讨论的主要议题和形成的观点如下：

1. 要从战略眼光看待中国利益的全球化趋势。由于现有极地治理的国际机制尚在建构之中，这为伸张中国在该地区的利益，保护未来中国经济发展所需要的资源、航道等平台留下参与的可能；同时，这也与中国发展战略从开放战略到中国利益的全球布局战略的转变相契合。另一方面，在认识到自身利益的全球化趋势的同时，中国也要对自己的国际角色进行准确的定位。中国是一个新兴大国，是一个社会主义国家，是一个发展中国家，中国也应当由这些国际角色的定位来探索利益伸张的特点与方式。

2. 中国的极地战略规划应该纳入整体外交战略和安全战略思考，也就是要统筹全局，不能顾此失彼。随着中国 30 多年来经济实力的大发展，中国参与极地全球治理和体现本国利益的手段日益增多，其中有市场的杠杆、国际机制的杠杆、科学考察的杠杆，以及双边、多边关系的杠杆等。因此，中国的极地战略（政策）要在全球利益和国家利益之间寻找平衡点，要坚持和平、发展、合作的外交路线。

3. 具体到中国未来的北极政策和战略。有专家建言，首先要谋局，把整个全局大的政策定下来，然后再谋事，最后在具体问题上再谋略。目前还处在谋局的层次，因此要强调软力量，可以提出一些概念，通过“科学”、“和平利用”、“人类共同利益”等语汇来建立中国版的北极治理概念。有学者还指出，中国在北极科学考察问题上，未来 10—15 年不可能引领，只有在国际合作的前提下实现战略利益与目标，因此北极一定是合作；在南极科学考察领域中国已经处于技术领先团队之中，一定要引领，因为中国在南极有更大的空间，从而通过南极引领产生中国在极地领域的影响力。

4. 中国应当迅速规划自己的极地战略，并增加投入，加强对北极自然环境和资源分布的科学考察，形成自己的科学数据和分析结论，否则中国在相关气候和环境的全球多边谈判中会因为拿不出自己的有说服力的科学数据而处于被动局面。

5. 资源问题上。对于北极的油气资源，有学者建议中国可采取"为我所用"的战略，积极做好北冰洋油气资源开发利用的战略布局。除了参与多边合作机制（如北极理事会等），重点加强与挪威、加拿大、丹麦的双边能源合作，合作内容可包括金融投资、基础设施能力建设等方面。在加强国家层面合作的同时，可以地方政府、企业的身份针对相关国家的地方和企业作油气领域的先期投资。

6. 关于北极航道对中国经济发展的战略意义。有学者认为，由于中国的经济发展在很大程度上依赖对外贸易，特别越来越依赖海外资源，海上通道的安全与质量直接影响中国的发展；北极航道的开通将大大降低中国与西欧、北美其他两大经济区之间的物流成本，使中国更靠近北极这一能源和资源产地，并优化中国沿海地区经济发展的战略布局。因此，中国应积极参与北极航运新规则的制定，加强与环北极国家的双边协调与合作，争取成为对北极事务最有影响力的决策机构——北极理事会的永久观察员国，并开展商业破冰船的建造，推动中国破冰船制造技术的发展。

会议主办方在总结这次会议时指出，跨领域的专家们聚集在一起，共同讨论南极和北极的问题，研究中国极地的战略和权益保护问题。这样一种结合不是历史的巧合，这种交集恰恰反映了中国外交战略的一种发展方向——从传统国际政治和维护本土利益的外交开始向各领域外交延展。经济外交、能源外交、气候外交已经成为世界领袖们重要的国际活动，南极、北极已经成为国际政治角逐的舞台。中国极地战略的形成需要我们跨学科跨领域的合作。围绕极地问题，中国发展战略的制定要适应变化的地球，要适应变化中的全球经济和全球政治，也要适应变化中的中国利益。上海国际问题研究院和中国极地研究中心将继续合作提供一个研讨的平台，将各方面专家的意见汇集起来，产生供决策部门使用的建议，为中国极地战略的制定铺垫理论基础。

图书在版编目（CIP）数据

国际关系研究．2010年．第3辑：总第18辑，能源政治与世界经济新走向/上海社会科学院世界经济与政治研究院编．—北京：时事出版社，2010.11

ISBN 978-7-80232-374-2

Ⅰ.①国… Ⅱ.①上… Ⅲ.①国际关系—研究②国际问题—研究 Ⅳ.①D81

中国版本图书馆CIP数据核字（2010）第197741号

出版发行：时事出版社
地　　址：北京市海淀区万寿寺甲2号
邮　　编：100081
发行热线：（010）88547590　88547591
读者服务部：（010）88547595
传　　真：（010）68418647
电子邮箱：shishichubanshe@sina.com
网　　址：www.shishishe.com
印　　刷：北京百善印刷厂

开本：787×1092　1/16　印张：22.25　字数：276千字
2010年11月第1版　2010年11月第1次印刷
定价：55.00元
（如有印装质量问题，请与本社发行部联系调换）